프레디저 진로 설계

흥미와 적성에 따라 꿈을 디자인하는

창의적 진로독서

흥미와 적성에 따라 꿈을 디자인하는

창의적 진로독서

프레디저 진로 설계

지수근·임성미 지음

나비의 활주로

프롤로그

프레디저 프로그램을 소개합니다.

우리 아이는 꿈이 없어요.
좋아하는 것을 해야 하나요? 잘하는 것을 해야 하나요?
아이에게 꿈을 찾아 주고 싶은데 막연하네요.
기존의 진로 진단을 해도 나에게 맞는 건지 모르겠습니다.
진로 수업에 활용하면서 아이가 좋아할 진단이 있을까요?

 어린 시절부터 꿈을 갖고 그 꿈을 이루기 위해 노력하여 성공한 사람들을 우리는 접할 수 있습니다. 우리는 그렇게 자기 꿈을 일찍부터 찾는 사람들을 부러워합니다. 그리고 우리의 아이에게도 그러한 꿈이 생기기를 바랍니다. 하지만 그러한 꿈을 갖는 것은 쉬운 일이 아닙니다. 지금의 직업 교육, 진로교육 또한 그러한 꿈을 찾아 주는 것을 매우 중요하게 생각하고 있지만, 기존 대한민국에서 자연스럽게 자리 잡은 학습의 방법이 진로교육에도 영향을 미치고 있어서 우리는 진로교육에서도 정답을 찾으려 하는 것은 아닌지 모르겠습니다.
 프레디저 진단 프로그램은 프레디저 카드를 이용하여 아이에게 근본적인 꿈을 찾게 하는 프로그램이며 흥미, 잘하는 것, 사랑 등의 보다 근본적인 탐색을 통하여 아이에게 꿈을 심어주는 프로그램입니다.

그동안 프레디저 진단 프로그램은 일부 학교를 중심으로 알려지기 시작하였는데, 참여하는 아이의 높은 몰입도와 진단 방식의 참신함 그리고 무엇보다 흥미의 근원을 탐구하는 세계관으로 주목을 받아왔습니다. 그리고 프레디저 진단 프로그램의 이러한 방법을 초등학생과 중학생에게도 적용하자는 요구로 인하여 '주니어 프레디저 카드'가 개발되었으며, 특히 '주니어 프레디저 카드'는 개별해석의 부분을 '진로독서'와 연계하여 보다 풍부한 해석과 지도 방법에 새로운 지평을 열게 되었습니다.

주니어 프레디저 진단 프로그램은 카드Card로 되어 있어서 매우 쉽게 진단할 수 있습니다. 그리고 결과 해석에 컬러 클로버를 도입하여 보다 시각적으로도 편하고 이해하기 쉽게 구현하였습니다.

이제 아이에게 꿈을 찾아 주세요. 목표를 세워 주세요. 그 목표와 사랑에 빠지게 해 주세요. 이 책이 도움을 드릴 것입니다.

차례

프롤로그
프레디저 프로그램을 소개합니다

 **Part 1** 왜 프레디저 진로지도인가?

변화하는 시대, 변화하는 진로교육 ... 12
- 우리의 진로교육, 어떻게 바뀌어야 하나? ... 13
- 왜 아이는 꿈을 가지는 것이 어려울까? ... 14

진로지도는 정답 찾기가 아니다 ... 15
- 좁히는 것이 아니라 넓히는 것이다. ... 16

진로교육의 키워드, 사랑 ... 18
- 진로를 정할 때 어떻게 해야 하나? ... 18
- 프레디저 진단 프로그램이란? ... 19

 **Part 2** 프레디저 프로그램에 대하여

직업의 육하원칙이란 ... 24
> **TIP** 성인들의 경력관리 ... 28

'나 아닌 것 되기'와 '나 되기' ... 29
- '나 아닌 것 되기' 혹은 '나 되기' ... 30
- 변화하는 흥미에 따른 진로지도 ... 31

프레디저 카드를 사용하기 전에 ... 34
- 커플매니저가 되자 ... 34
- 평론가가 되자 ... 35
- 스토리 작가기 되자 ... 35

Part 3 프레디저 카드 사용법

프레디저 카드 진단 ... 40
    1. 진단 기획하기 ... 40
    2. 활동지(컬러 클로버) 준비하기 ... 41
    3. 주니어 프레디저 카드 열기 ... 42
    4. 진행자의 안내에 따라 카드 뽑기 ... 43
    5. 뽑은 카드 뒤집기 ... 44
    6. 활동지(컬러 클로버) 기록하기 ... 44
    7. 컬러 클로버의 내용 참고하여 해석하기 ... 45
    8. 카드별 내용에 맞춰 지도하기 ... 46
    9. 진단 기획에 따라 다음 진단 실시하기 ... 46
    TIP 0번과 53번 카드 활용하기 ... 47

컬러 클로버 ... 48
    1. 스탠더드 컬러 클로버 ... 48
    2. 프레디저 조하리의 창 ... 50

Part 4 프레디저 카드 유형과 해석

프레디저 해석의 순서 ... 54
어느 색이 가장 많이 나왔는가? ... 55
시간의 흐름 ... 73
적게 나온 것과 대척점 ... 77
    ● 적게 나온 것 ... 77
    ● 대척점 ... 79
의식과 무의식 ... 85
    ● 의식과 무의식 해석의 순서 ... 89
    TIP 성인의 의식과 무의식 ... 90
    TIP 해석의 팁 ... 93

Part 5 프레디저 카드와 진로독서

프레디저 진로독서 이렇게 활용하세요 ... 98

- **01** 계산하기 ... 100
- **02** 예산(돈) 관리하기 ... 104
- **03** 구분하기 ... 108
- **04** 편집하기 ... 112
- **05** 정리하기 / 분류하기 ... 116
- **06** 분석하기 ... 120
- **07** 간추리기 ... 124
- **08** 검토하기 ... 128
- **09** 단서 모으기 / 탐색하기 ... 132
- **10** 관찰 기록하기 ... 136
- **11** 확인하기 ... 139
- **12** 연구하기 ... 143
- **13** 심사하기 ... 147
- **14** 조립하기 ... 151
- **15** 수리하기 ... 155
- **16** 도구 이용하기 ... 159
- **17** 재배하기 ... 163
- **18** 수집하기 ... 166
- **19** 작동하기 ... 170
- **20** 만들기 ... 174
- **21** 나르기 / 운송하기 ... 178
- **22** 재료 구매하기 ... 182
- **23** 이동하기 ... 185
- **24** 현장 관리하기 ... 189
- **25** 건축하기 ... 192
- **26** 실험하기 ... 196

27 손님 모시기 ... 200

28 함께 일하기 ... 204

29 판매하기 ... 208

30 친구 사귀기 ... 212

31 도움주기 ... 215

32 이끌기 ... 219

33 상담하기 ... 223

34 격려하기 ... 227

35 훈련하기 ... 231

36 가르치기 ... 235

37 조언 / 충고하기 ... 239

38 협상하기 ... 243

39 화해시키기 ... 247

40 의견 주장하기 ... 251

41 설명하기 ... 255

42 글짓기 ... 258

43 짐작하기 ... 262

44 문제 해결하기 ... 266

45 의미 찾기 ... 269

46 홍보하기 / 알리기 ... 273

47 발표하기 ... 276

48 전략(작전)짜기 ... 280

49 다르게 보기 ... 283

50 생각 결합하기 ... 287

51 아이디어 내기 ... 291

52 발명하기 ... 295

에필로그
흥미와 비범성을 키워주는 비법, 책 읽기

Part 1

왜 프레디저 진로 지도인가?

변화하는 시대, 변화하는 진로교육

2014년에 발표한 옥스퍼드대학교 프레이 교수의 논문에 의하면 불과 몇십 년 후가 되면 '로봇의 습격' 등으로 불릴 만큼 과학기술이 발달하게 된다고 합니다. 그리고 앞으로 20년 내 현재 우리가 알고 있는 직업의 47%가 사라진다고 합니다. 미국 재무장관을 지낸 로렌스 서머스 하버드대 교수는 '1960년대에는 미국의 25~54세 인구 20명 중 1명만 일을 안 했지만, 앞으로 10년 내 7명은 놀게 될 것'이라고 말하고 있습니다. 이처럼 현재 우리가 알고 있는 직업들이 언제까지 존재할지 어떤 형태로 변할지 알 수 없습니다.

단지 몇몇 선진국만의 사정일까요? 우리나라의 사정은 어떠한가요? 고용 없는 성장이 계속되고 있으며 빈부격차는 더 심해지고 있습니다.

반면 최근 언론에서 보도되는 20대, 30대 창업자의 신데렐라 같은 성공 스토리는 위기와 함께 새로운 기회도 오고 있음을 알려 주고 있습니다. 이렇게 변화무쌍한 상황에 맞춰 에릭 슈밋구글 회장과 이코노미스트 잡지사에서는 앞으로의 변화에 따르는 대응과 그 문제의 해답으로 교육을 꼽고 있습니다.

로봇이 대체할 수 없는 비판적 사고, 감정적 교류 등을 강조하는 교육이 필요하다는 것입니다. 이를 위해 교육의 목표를 지식 습득이 아닌 인지능력 향상에 맞춰야 한다는 조언을 하고 있습니다. 아울러 진로지도와 직업교육 역시 좀 더 창의적인 것을 주문하고 있습니다.

우리의 진로교육, 어떻게 바뀌어야 하나?

우리는 우선 시대가 바뀌고 있다는 사실을 받아들이며, 기존 직업이 가지고 있는 속성에 대해서 다시 생각해야 합니다. 우리 아이에게 어떤 직업적인 목표를 세우는 데 있어 변화하는 시대에 대응하여 보다 근본적인 방향을 제시해야 합니다.

미래의 농부는 더 이상 현장에서 밭을 일구고 열매를 따는 사람이 아닙니다. 미래의 농부는 자기의 꿈을 일구고 정확한 통계와 전략에 의해서 해당 작물을 결정하고, 기계화된 농업 시스템 속에서 수확을 할 것입니다. 또한 마케팅 전략에 의해서 판매를 할 것입니다.

시대가 바뀌고 있습니다. 우리의 진로지도 방법도 바뀌어야 합니다. 아이에게 꿈을 심어 주어야 한다고 늘 이야기하지만 그 방법은 쉽지 않습니다.

프레디저 카드는 아이가 좋아하는 활동으로 진단합니다. 따라서 아이가 쉽게 사용할 수 있습니다. 진단하는 과정 중에 아이에게 꿈을 심어줄 수 있습니다. 또한 이를 토대로 진로독서로 연결할 수 있습니다.

일상이 안정된 성인도 경험하는 것에 따라 흥미가 생기거나 다른 것에 집중하기도 합니다. 우리는 한번쯤 흥미의 변화를 경험했습니다. 한창 새로운 꿈을 꾸는 아이의 흥미는 성인의 흥미보다 훨씬 쉽게 변합니다. 프레디저 카드는 변화가능성을 염두에 두고 새로운 진로의 방법론을 제시합니다.

왜 아이는 꿈을
가지는 것이 어려울까?

돈이 목적이 되어서는 꿈을 정하기 어렵습니다. 만일 직업을 돈을 벌기 위한 수단으로만 생각한다면 아무 직업을 선택해도 상관없다는 의미입니다.

많은 아이들이 어린 나이에도 자신의 꿈을 '공무원'이라고 이야기하는데, '안정적'이기 때문이라고 하는 이유도 바로 돈이 목적이기 때문입니다. 돈이 목적이 되면 어떤 직업을 갖건 결과는 돈으로 귀결이 되기 때문에 아무 직업이나 상관없다고 생각하게 되며, 당연히 안정적으로 월급이 나오는 직업을 선호하게 되는 것입니다. 즉 돈이 목적이라면 꿈과 흥미뿐만 아니라 다른 어떤 것도 돈을 극복할 수 없습니다. 그래서 직업 교육에 있어서 돈에 대한 부분은 배제하는 것이 좋습니다.

현대의 직업시장은 분업의 시대입니다. 어떤 이는 피아노 조율만 몇십 년을 하고, 또 어떤 이는 물건을 조립하는 작업을 평생 하기도 합니다. 이는 직업 교육에 있어서 꿈을 갖는 데 어려움이기도 합니다.

인간을 설명하기 위해서는 대학의 모든 학과를 다 동원해야 조금이나마 설명이 가능하다고 합니다. 모든 학문의 척도는 결국 인간이기 때문입니다. 그래서 예전의 위인들은 철학자이며 과학자이자 시인이었으며 작가이기도 했습니다. 그러한 통합적인 모습이 사실 인간의 자연스러운 모습입니다.

사람들은 여러 가지 경험과 관계를 통해 보다 성숙해지고, 가지고 태어난 잠재력을 발현시킬 수 있습니다. 그렇지만 현대는 말처럼 그리 쉽지 않습니다.

자라나는 아이는 다양한 과목을 공부하는 통합적인 모습으로 교육을 받고 있으며, 그 흥미도 수시로 변합니다. 그러한 아이에게 흥미를 빼고 직업을 이야기한다는 것은 분업화된 세계에 개인의 개성과 흥미는 무시한 채 분업으로 몰아넣는 잔인한 일이기 때문입니다.

따라서 앞으로의 직업 교육에서 '꿈이 뭐냐?'던가 '어떤 직업을 갖고 싶으냐?'고 묻기보다는 어떤 것을 좋아하는지 그리고 그러한 것을 어떻게 경험할 것인지에 대해 좀 더 관심을 가지고 접근해야 합니다.

앞으로의 교육은 한번에 직업을 선택하는 것보다 '내가 좋아하는 것', '좋아하는 동작', '좋아하는 사물', '좋아하는 활동'에서 먼저 출발해야 합니다.

진로지도는 정답 찾기가 아니다

성인에게 현재 직업을 갖게 된것이 처음부터 계획된 목표였는지 우연히 선택한 것인가를 물어보면 반 이상이 우연히 직업을 선택하게 되었다고 대답합니다. 실제 조사 통계도 이와 비슷한 결과를 보인다고 합니다.

자신이 정한 직업에 맞는 대학을 가고 그에 알맞은 자격증을 따고 스펙을 쌓고 일련의 과정을 거쳐 목표에 맞는 직업을 실현하게 되는 경우도 있습니다. 하지만 우연히 현재의 직업으로 연결될 때도 많이 있습니다. 태어나면서 나에게 맞는 직업을 발견하게 된다면 참으로 좋을 것입니다.

하지만 인생은 그렇게 되지 않습니다. 또한 그런 것이 있다고 해도 내가 그것을 선택할지 장담할 수 없습니다.

최근 과학기술이 엄청난 발전을 하고 있기 때문에 업무에 대해 개인에게 기대하는 부분이나 역할이 계속 변하고 있습니다. 그래서 한 가지 직업만으로 살 수 없을 지도 모릅니다. 이는 그리 멀지 않은 이야기입니다.

대기업에서 안정된 직업생활을 하던 직장인이 어느 날 퇴직자가 되어 새로운 기능을 익혀 다른 직장을 구하거나 창업하는 것을 우리는 심심치 않게 볼 수 있습니다. 그렇기 때문에 진로지도에 있어서 정답은 있을 수가 없습니다.

그럼 이렇게 변화무쌍한 세상에서 어떻게 진로지도를 해야 할까요? 어디에 중심을 잡고 어디서부터 풀어나가야 할까요?

좁히는 것이 아니라
넓히는 것이다

프레디저 진로지도는 내가 '지금, 여기' 무엇을 좋아하는지에 대해 이야기합니다. 우리가 무엇을 좋아한다고 하는 것은 매우 중요한 것입니다. 그것은 누가 준 것이 아니라 스스로 발견하고 만든 것이기 때문입니다.

좋아했던 것이 시간이 지나면서 그렇지 않을 수도 있고, 변할 수도 있습니다. 하지만 '지금, 여기'에서는 무엇을 좋아하는지 알게 되는 것이 중요합니다. 좋아하는 것은 변할 수 있기에 잘못된 것이 아닙니다.

진로지도를 할 때 필요한 것은 스스로 원하고 좋아하는 것을 보다 편하게 말할 수 있게 하는 것입니다. '무엇을 좋아한다'는 말을 부끄러워하거나 어렵게 생각하지 않도록 만들어야 합니다. 그리고 한 번 말했다고 해서 말한 것에 대해 책임감이나 의무감을 느끼게 해서도 안 됩니다.

사람이 성장하고 성숙하는 것처럼 내가 예전에 무엇을 좋아하고 어떤 직업을 갖고 싶다고 생각했더라도 그것은 그 후의 개인적인 생각, 교육, 자극, 환경, 사건 등에 의해서 충분히 바뀔 수 있습니다.

따라서 새로운 것에 눈뜨게 해야 합니다. 좁힌다는 의미는 내가 좋아할 것 또는 잘하는 것을 찾는 방식마치 정답을 찾는 것처럼을 말합니다. 하지만 프레디저 방식은 다른 사람과 차별화된 무언가를 찾아가는 진로지도를 하며, 좋아하는 것에 대해 더 알아보고 확장을 해서 풍부한 지식과 감성을 갖게 하는 실마리가 되어 주는 것입니다.

그래서 그것을 깊이 체험하고 책을 읽고, 관련 인물을 만나면서 확장을 해야 합니다. 그러다가 좋아하던 것에 싫증이 날 수도 있고, 대상이 변할 수도 있습니다. 그런 것이 잘못된 것은 아니므로 두려워하지 말고 성장과 변화를 축하해 주어야 합니다. 그것만으로도 아이는 성장한 것이며 자신을 이해하고 발견하는 데 한 걸음 나아간 것이기 때문입니다.

우리는 하나의 천직을 찾는 것을 멈추어야 합니다. 오히려 지금 무엇을 좋아하고 잘하는가에 집중을 해야 합니다. 기존의 진로지도에 있어서 질문이 '너, 평생 뭐 할래?'였다면, 앞으로는 '넌 무엇을 좋아하고, 어떤 것이 널 설레게 만드니?' 라고 바꾸어야 합니다.

진로에는 정답이 없습니다. 진로교육을 할 때 진로지도를 좁히는 것이 아니라 확장시켜야 합니다.

진로교육의 키워드, 사랑

어떤 것에 몰입하면 시간이 빨리 갑니다. 만들기를 좋아하는 어떤 아이가 '레고' 만들기에 집중하면 배고픈 것도, 시간이 얼마나 흘렀는지도 모르고 열중을 합니다.

주위에 성공한 사람들은 모두 자신의 일을 사랑한 사람들입니다. 에디슨도 전구를 발명하기 위해서 수천 번 실패했지만, 그것을 실패로 받아들이지 않고 성공하기 위한 단계였다고 이야기합니다. 이것은 에디슨이 그만큼 자신의 일을 사랑했다는 의미입니다.

진로를 정할 때 어떻게 해야 하나?

앞에서 이야기한 것처럼 사랑하면 됩니다. 사랑에 빠지면 그것을 하게 됩니다. 사랑을 하면 그것에 관심을 갖고 더 많이 알기 위해서 시간을 쏟고 공부를 하고 에너지를 쏟게 됩니다.

그럼 어떻게 사랑에 빠질 수 있게 될까요? 사랑에 빠지기 위해서는 우선 그것에 흥미를 가져야 합니다. 흥미를 갖게 되면 사랑에 빠질 확률이 높아집니다. 프레디저 진로지도에서는 진로지도에 과감히 '사랑'이라는 키워드를 도입하려고 합니다.

프레디저
진단 프로그램이란?

프레디저 진단 프로그램은 People/Things사람/사물 - Data/Idea자료/사고로 흥미의 기본을 구성하고 있습니다. 하지만 이러한 구분은 흥미의 방향만 표시합니다. 직업이 아닌 직업 이전의 '행위 방향성'입니다. 그리고 해석의 마지막 단계에서는 뽑은 카드에 대해 개별적인 사랑에 접근하는 방식을 이야기합니다. 어떻게 하면 그것을 알아보고 접근하고 체험할 수 있으며 활용할 수 있는지 이야기하고 있습니다.

프레디저는 진단 프로그램을 통하여 흥미를 발견하고 잘하는 것을 발견하게 합니다. 이를 통해 막연했던 나의 흥미를 알게 합니다. 미처 내가 좋아하는 것을 모르고 있다가 무엇인지 알게 된 순간, 그것의 가치를 새롭게 인식하고 더욱 좋아하게 됩니다. 바로 사랑에 빠질 수도 있습니다.

내가 나비를 좋아하고 사랑하면 나비에 대해 더 알려고 노력합니다. 그리고 자연스럽게 전공으로 선택하고, 직업으로 연결할 수도 있습니다. 여기서 진로지도의 할 일은 나비를 좋아하고 있음을 발견하게 만드는 것입니다. 즉 나비와 사랑에 빠지게 하는 것입니다.

사랑은 서로를 주인공으로 만들어 주는 것입니다. 나와 내가 좋아하는 것 모두를 주인공으로 만들어 줍니다. 프레디저 카드는 내가 좋아하는 것과 내가 잘하는 것을 알 수 있습니다.

사랑하는 사람들끼리는 멀리 있어도 쉽게 발견할 수 있습니다. 사랑은 힘을 내게 합니다. 그리고 사랑은 지켜봐 줍니다. 프레디저 카드는 사랑을 찾아가는 과정입니다.

사실 꿈은 없어야 할 것인지도 모릅니다. 꿈이라는 것은 결국 현재의 결핍, 불만족, 억압, 불편으로부터 출발하는 경우가 많습니다. 오히려 성숙한 사람은 억압 없이 스스로 원하는 것을 현재에서 하고 있습니다. 꿈을 꾸는 것이 아니라 바로 지금 그 꿈속에 사는 것, 자신이 좋아하는 것을 하고, 그 흥미가 자연스럽게 직업이 되어 남에게 봉사하며 자아실현을 하는 것, 더불어 경제적 불편 없이 사는 것이 가장 바람직한 삶이라고 볼 수 있습니다. 아이러니한 말이지만, 꿈이 없는 삶이 가장 행복한 삶이라고 볼 수 있을 것입니다.

앞으로의 진로교육은 아이에게 행복감을 심어주는 것입니다. 아이 스스로 흥미와 일을 찾고 다양한 경험을 쌓아 자연스럽게 직업으로 연결할 수 있도록 도와주어야 합니다. 아이가 좋아하는 동작, 좋아하는 물건, 좋아하는 활동을 매일 할 수 있는 직업을 가지도록 만들어야 합니다. 누구나 행복감을 느끼며 사회의 당당한 일원으로 살게 하는 일이라고 할 수 있습니다.

part 1　왜 프레디저 진로지도인가?　21

Part 2

프레디저 프로그램에 대하여

직업의 육하원칙이란?

프레디저는 진로지도의 방법론에 있어서 '직업의 육하원칙'을 제시합니다.

육하원칙은 '누가Who, 언제When, 어디서Where, 무엇을What, 어떻게 How, 왜Why'라고 하는 5W1H입니다. 이것을 프레디저 진단 프로그램에서 직업과 연관 지어 새롭게 배치를 하였고, 이 기준으로 프레디저 카드를 활용합니다.

우선 직업이란 내Who가 일생에 걸쳐When 하는 것입니다. 또한 직업은 무언가What를 나만의 방식How으로 하는 것이며, 그것을 하는 이유Why는 직업가치관으로 표현할 수 있습니다.

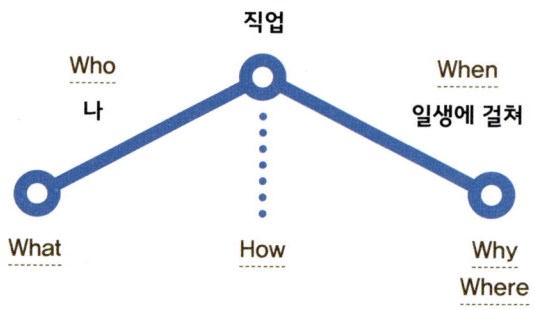

여기서 What은 흥미와 강점을 말합니다. How는 성격이나 일하는 방식을, Why와 Where는 가치관과 업무 환경을 말합니다. 진단으로 말하자면 What은 프레디저에서 말하는 흥미와 강점에 대한 진단이며, How는 성격 진단, Why와 Where는 가치관 진단입니다.

프레디저는 What을 이야기하는 진단입니다. 사랑하는 것이 무엇인지,

무엇을 해야 행복한지, 바로 '무엇을' 할 것인가를 정하고 이를 사랑하게 만드는 것이 바로 프레디저 진로지도의 방법론입니다.

지금까지의 진로지도는 How를 통한 직업적 연결고리를 강조한 것이 많았습니다. 즉 성격과 직업을 자꾸 연결시키려고 했습니다. 물론 성격과 직업을 연결하는 것도 의미가 있습니다. 하지만 성격과 직업을 바로 연결 짓는 것은 그리 쉽지 않으며, 정확한 연결이라고 말할 수 없습니다.

예를 들어 한 아이가 얌전하고 꼼꼼한 성격이라고 해서 선생님을 하는 것이 어떠냐고 묻는다면 어느 부분 동의할 수도 있습니다. 그러나 실제 미술 선생님, 수학 선생님, 체육 선생님, 국어 선생님의 성격적인 부분 중에서 다른 부분이 있습니다.

좀 더 깊이 들여다본다면, 성격이 그러한 직업을 규정한다는 것은 쉽게 이해가 되지 않는 부분이 있습니다. 성격의 접근은 How에 해당됩니다. 물론 일하는 방식과 좋아하는 것을 나타내는 방식도 중요합니다. 그러나 여기에서 출발하면 자칫 공무원, 선생님, 의사처럼 전통적인 직업군으로만 나뉘게 됩니다.

프레디저의 방식은 선생님이라고 하는 How를 먼저 내세우는 것이 아니라 무엇을 좋아하는가, 무엇을 사랑하는가를 먼저 내세웁니다.

어떤 아이가 동물을 무척 사랑한다면 동물이 What이 됩니다. '나는 동물을 사랑하면서 동물에 대해서 더 알고 싶고 더 공부를 하고 싶다.' 그래서 대학교 전공도 동물 관련 학과를 선택하는 것입니다. 이 아이가 직업으로 연결을 짓는다고 하면 동물학 교수, 수의사, 동물전문 사진사 등 다양한 방식How이 나타나는 것입니다.

프레디저 진로지도는 What에 집중을 해서 무엇을 좋아하는가? 무엇을 사랑하는가를 알아보는 것입니다. 그것을 도와주는 도구가 바로 프레디저 진단 프로그램입니다.

진로지도에서 '무엇을'과 '어떻게'의 차이

진로에 대해 '무엇을'로 접근	진로에 대해 '어떻게'로 접근
흥미로 접근 '무엇을 좋아하니?' 지금 여기 무엇을 좋아하는가 구체적으로 이해 방향성 제시	성격으로 접근 '네 성격엔 어떤 직업이 맞을 것 같니?' 전(全) 인생에 어떻게 할 것인가 추상적으로 이해 전통적 직업으로 연결

앞의 표는 진로에 대해 '무엇을'로 접근하는 것과 진로에 대해 '어떻게'로 접근하는 것에 대한 차이를 보여 줍니다.

프레디저 진로지도의 방법론인 '직업의 육하원칙'에 초점을 두어서 What에 초점을 맞추는 것이 구체적으로 접근할 수 있음을 알 수 있습니다. 그러나 아직까지 진로지도의 방식은 성격검사에 의한 진단결과를 중심으로 직업을 풀려는 시도가 많았습니다. 하지만 프레디저 진단 프로그램은 '직업의 육하원칙'에 있어서 '지금, 여기' 무엇을 좋아하는가에 초점을 둡니다.

내가 좋아하고 사랑하는 것을 찾는 노력을 해야 합니다. 그것은 작고 사소할 수도 있으며 변할 수도 있습니다. 프레디저는 이러한 것에 좋고 나쁨을 따지지 않아야 합니다. 어떤 결과이든 인정하고 지지를 해야 합니다.

지금까지 사람들은 진로를 찾을 때 '어떻게 살 것인가?' 또는 '인생에 걸쳐 무슨 일을 할 것인가?'로 접근했습니다. 이런 질문들은 그럴듯하고 거창해 보입니다. 정말 무언가 대단한 것을 줄 것처럼 보입니다. 하지만 우리가 미처 알지도 못하는 직업은 많이 존재하고 매일 새로운 시장이 열리며 직업 역시 생겨나고 있습니다. 어느 봄날 제각기 다른 모양의 수많은 새싹이 땅속에서 일어나듯 말이죠. 아이는 남들의 평가에 대해 걱정하며 자신의 꿈을 털어 놓지 못할 때도 많습니다.

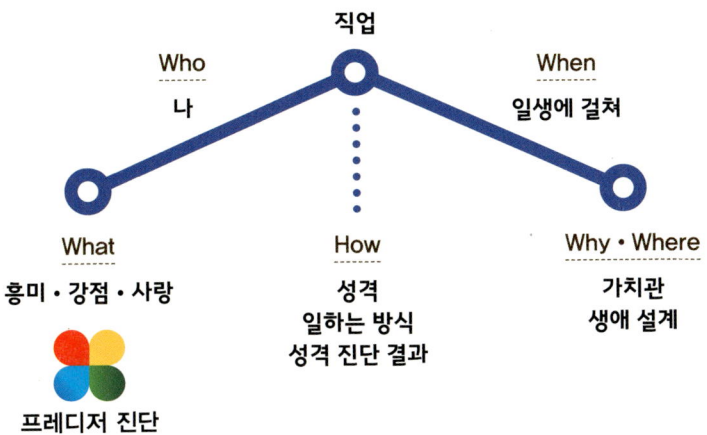

프레디저 방법론 - 직업의 육하원칙

tip

성인들의 경력관리 - 경력 전환에 있어서의 방법론

아이의 진로지도 방법론이 '직업의 육하원칙'이라고 한다면, 성인들의 경력관리·경력 전환을 위해 프레디저는 '카니자의 삼각형' 방법론을 제시합니다.

카니자의 삼각형은 이탈리아의 심리학자인 카니자가 1995년에 발표한 것입니다. 이 카니자의 삼각형은 보이지 않는 실재를 표현하는 데 많이 인용이 되고 있습니다.

세 개의 팩맨(한 쪽이 벌어진 원형)을 각각 흥미, 커리어 자산, 의미라고 합니다. 프레디저 카드를 통하여 이 세 개를 각각 진단하고, 그 이후에 세 가지를 중심으로 개인의 삶과 커리어의 통합 비전을 수립합니다.

그리고 이 통합 비전을 달성하기 위한 로드맵으로 흥미와 커리어 자산을 합하여 기반을 유지할 수 있는 직업옵션과 역량을 만들게 합니다. 커리어 자산과 의미를 합하여 새롭게 도전하는 신규 도전 직업옵션과 역량을 만들게 합니다. 끝으로는 흥미와 의미를 합쳐서 궁극적으로 준비해야 하는 직업옵션과 역량을 만들게 하는 것이 바로 카니지의 삼각형 방법론입니다.

이 카니지의 방법론 실현은 초등학생과 중학생 대상의 '주니어 프레디저 카드'를 사용하는 대신 '스탠더드 프레디저 카드'를 사용하는 것이 일반적입니다.

카니지의 삼각형(프레디저 경력관리 방법론)

커리어 자산

기반 유지 목표
직업, 역량

신규 도전 목표
직업, 역량

통합 비전

흥미

의미

궁극의 목표
직업, 역량

'나 아닌 것 되기'와 '나 되기'

직업적인 자아(Self)는 있을까요?
그 자아는 한 가지인가요?
나에게 딱 맞는 천직이 있는 걸까요?

직업적 자아는 하나가 아닙니다. 최근 많은 사람들이 직업을 스스로 원하거나 또는 원치 않음에도 바꾸고 있습니다. 남들이 선망하는 직업을 과감히 버리며 새로운 직업에 도전하는 경우도 흔히 볼 수 있습니다. 직업의 자아는 매우 많을 수 있습니다.

우리는 앞으로 대통령이 될 수도 있고 농부가 될 수도 있으며 발명가가 될 수도 있습니다. 동시에 두 개의 직업을 가질 수도 있으며 순차적으로 직업을 바꿀 수도 있습니다.

진로지도에 있어서 정답이 없다는 부분이 바로 직업적 자아가 하나가 아니기 때문입니다. 그래서 프레디저 진단 프로그램은 기존의 직업적인 부분에 대해서 새로운 가치관을 제안합니다. 바로 '나 아닌 것 되기'입니다.

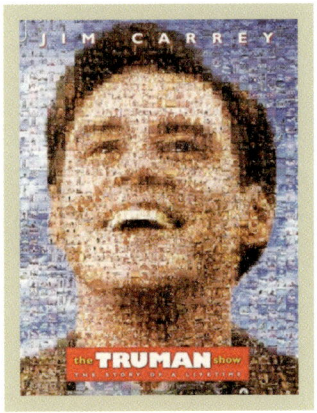

영화 <트루먼 쇼> 포스터
주인공 트루먼의 얼굴은 수많은 트루먼으로 구성되어 있다.

part 2 프레디저 프로그램에 대하여

진로교사 박 선생님은 학생인 미래에게 잘 알려진 직업흥미 검사를 했습니다. 미래는 XX형으로 나왔습니다. 그래서 박 선생님은 그러한 결과를 토대로 XX형에 맞는 직업군을 정리했습니다. 그리고 자신에게 맞는 직업을 보며 설레어 할 미래를 상상하며 뿌듯한 마음으로 미래에게 보여 주었습니다.

박 선생님 미래야, 이게 너에게 맞는 직업군들이란다.
미래 이게요?
박 선생님 그래 너는 XX형이기 때문에 이러한 직업이 맞는다고 나온 거란다.
미래 선생님 저 이거 싫은데요. 이런 직업 싫어요.

박 선생님은 깜짝 놀랐습니다. 당연히 좋아하며 관심 있어 할 줄 알았는데 나열한 직업이 싫다고 미래는 말을 하는 것이었습니다. 왜 이런 일이 생기는 것일까요?

'나 아닌 것 되기' 혹은 '나 되기'

진로지도에 있어서 두 가지 세계관이 있습니다.
하나는 '나 되기'입니다. '나 되기'는 하나의 자아가 있으며 그것을 찾아가는 과정이라고 진로지도에서 말합니다. 진로지도를 '나를 찾아 가는 과정'으로 보는 것입니다. 워낙에 이러한 사고가 많이 퍼진 까닭에 이러한 세계관만 있다고 생각하는 사람들이 많습니다.

이는 진로지도에 있어서 정답이 있는 것으로 생각할 수 있으며, 이런 생각을 주입 받은 아이도 나를 대표할 수 있는 무언가를 찾게 됩니다. 그 과정 중에 좌절과 조바심을 겪기도 합니다.

무언가를 찾아가는 것이 진로지도, 진로활동이라고 생각하기 쉽습니다. 이러한 가치관은 바로 'self'라고 하는 것이 있으며, 그러한 'self'는 무언가를 알고 있다고 생각하고 있는 데서 오는 것입니다.

또 하나는 '나 아닌 것 되기'입니다. 여기서는 'self'가 아닌 '마음'을 강조합니다. 앞의 박 선생님과 미래의 대화에서도 알 수 있는 것처럼, 진단을 통해서 'self'가 어떠한 부분에 대해서 나타났다고 하더라도 나의 '마음'에 들지 않으면 나는 싫다고 하는 것입니다. 즉 '나 아닌 것 되기'에서는 진로란 내가 좋아하고 흥미로운 것을 하는 것이며, 진로지도란 그러한 나의 마음이 어떻게 흘러가야 자연스러운지 아는 것입니다.

변화하는 흥미에 따른 진로지도

그런데 우리의 마음은 변하기 쉽습니다. 그렇다면 이러한 마음을 우리는 어떻게 알 수 있으며 어떻게 진로지도를 해야 할까요?

먼저 마음은 언제라도 변할 수 있으므로 아이의 흥미와 장점이 변할 수 있다고 인정을 해야 합니다.

실제로 아이는 주변 환경, 특정사건, 독서, 우연하게 본 영화, 주변의 친구 등에 의해서 흥미가 변하기도 합니다. 어떠한 특정 부분으로 인하여 그것이 흥미로 자리 잡히기도 합니다. 들뢰즈질 들뢰즈, 프랑스 철학자라는 철학자는 '나의 욕망은 타인이 욕망하는 것을 욕망하는 것'이라고 이야기하기도 했습니다.

아이에게 진로지도는 흥미와 사랑에 의한 것이며, 그것이 대략적인 행위 방향성이라도 인정해야 합니다. 설사 가지고 있던 흥미가 시간이 지나면서 싫증을 내거나 좀 더 깊이 파보면서 다른 흥미로 변했다고 하더라도 그것은 아이의 인생에 필요한 양분이 될 것입니다. 스스로를 이해하는 데 한 걸음 나간 것이기 때문입니다.

'나 아닌 것 되기'는 '나 되기'와 반대되는 개념이면서 또한 동질의 개념입니다. 왜냐하면 직업적 자아는 여러 개이기 때문에 '내가 아닌 것'이 된다는 것은 '내가 된다'는 것과 같으며, 내가 좋아하는 것이 있다고 하더라도 실제로 나타나는 직업적 방식은 매우 다양할 것이기 때문입니다.

그래서 무조건 '나를 찾기', '내 안의 나를 찾기'보다는 나를 틀에 가두지 않고 이 세계의 재미있고 흥미로운 것에 대해 눈을 뜨게 하는 것이 훨씬 효율적인 것입니다. '나 아닌 것 되기'는 유연하고 따뜻한 마음이 가는 것을 인정하고 수용하여 바라볼 수 있는 진로지도입니다.

'나 아닌 것 되기'와 '나 되기'의 차이

나 되기 (결정론적 사고관)	나 아닌 것 되기 (프레디저 변화 사고관)
SELF  너 자신을 알라. – 소크라테스	**마음**  나의 마음이 가는 것이다. 내가 사랑하고 좋아하는 것이다.
하나의 자아 **진로지도 – 나를 찾는 과정** 정답(正答) – 좁히기 단 한번의 진단 운명, 왜 사느냐? 성격, 가치관	여러 개의 자아 **진로지도 – 나를 확장하는 과정** 해답(解答) – 넓히기 여러 번의 진단 지금 현재, 무엇을 좋아하느냐? 흥미(興味), 사랑

프레디저 카드를 사용하기 전에

커플매니저가 되자

커플매니저는 말 그대로 아이에게 사랑의 감정을 느끼게 하고 아이가 좋아하는 것을 연결시키는 것을 말합니다.

우리가 사랑에 빠지면 그것에 대해 시간투자를 하고 많이 알려고 노력을 합니다. 프레디저 방법론의 화두는 바로 '사랑'입니다. 사랑은 서로를 알아봐주고 주인공으로 만들어 주는 것입니다.

따라서 우리는 사랑의 대상이 되는 근원적인 직업에 대한 흥미를 탐색해봐야 합니다.

프레디저 카드는 직업 이전 단계의 근원적인 직업 흥미를 탐색하게 합니다. 프레디저 카드는 직업카드가 아닙니다. 직업카드는 직업에 대한 안내와 정보를 주는 것이지만, 프레디저 카드는 직업을 갖게 하는 동력과 내가 무엇을 좋아하는가에 대한 근원을 탐색하게 합니다. 그리고 좋아하는 것을 뽑고 그것의 공통적인 범주를 알게 합니다.

아울러 카드마다 그것을 좀 더 깊이 알고 이해할 수 있는 책을 소개하고, 활동안내와 롤모델 등을 알려 주며 아이 스스로 좋아하는 것에 대해 느끼고 체험하게 할 것입니다

평론가가 되자

평론가는 작품에 새로운 시각과 의미를 부여하는 사람입니다. 작품에 대한 평을 할 수도 있지만, 그것보다는 작품을 다시 보게 하는 사람입니다. 눈을 트여 주는 것입니다.

아이가 자동차가 좋다고 한다면 한 걸음 더 나아가게 하세요. 자동차가 가진 자유와 속도의 이미지가 좋은 것인지, 그 안에 기계적인 동작과 작동 원리가 좋은 것인지, 자동차의 날렵한 곡선에 눈을 떼지 못하는 것인지 대화를 나눠 보세요. 바로 자동차라고 하는 대상을 소비가 아닌 생산의 흥미로 발전시켜 주어야 합니다. Part 5 참고

프레디저 카드를 활용하면 아이의 흥미와 강점에 대해 접근할 수 있습니다. 아이가 고른 각각의 카드에 대해 새로움을 주세요. 이 책을 모두 읽고 프레디저 카드를 사용한다면 도움이 될 것입니다.

스토리 작가가 되자

스토리의 시대라고 합니다. 멋진 스토리는 우리의 눈과 마음을 모두 사로잡습니다. 왜 사람들은 스토리를 좋아하고 스토리에 열광을 할까요? 그건 스토리가 쉽게 나를 동화시키기 때문입니다.

최근 진로지도에서도 스토리를 활용을 하고 있습니다. 스스로의 활동계획을 짜게 하고 롤모델도 찾게 합니다.

주니어 프레디저 카드에는 오즈의 마법사 스토리가 담겨 있습니다. 오즈의 마법사는 도로시, 허수아비, 양철나무꾼, 사자가 각자 자신이 원하는 내가 되기 위해, 내가 원하는 삶을 위해 모험을 하는 이야기합니다.

마치 아이가 자신의 꿈을 발견하고 그 꿈을 실현하기 위해서 노력하고 준비하고 모험하는 것과 같다고 할 수 있습니다. 프레디저 카드 한 장 한 장에는 이러한 주인공들의 이야기가 녹아 있습니다.

아이는 이미 알고 있는 오즈의 마법사 주인공들을 통하여 자신을 쉽게 동화시킬 수 있습니다. 이러한 기본 스토리 구조를 활용하여 자신을 표현할 수 있게 됩니다. 그리고 자신의 이야기를 엮어갈 수 있는 작은 출발점이 됩니다.

part 2 프레디저 프로그램에 대하여

Part 3

프레디저 카드 사용법

프레디저 카드 진단

❶ 진단 기획하기

프레디저 카드는 기존의 진단과 다르게 여러 번의 진단을 할 수 있습니다. 가령 좋아하는 것 → 잘하는 것 → 잘하고 싶은 것의 순서대로 뽑을 수도 있으며, 기간을 두고 오늘 진단하고 한 달 후에 다시 진단할 수도 있습니다.

그리고 지금의 진단이 정확히 무엇을 위해서 하는 것인가를 분명히 해두어야 합니다. 직업의 목표를 설정하는 것인지 아니면 나의 흥미 유형을 알아보는 것인지를 정확히 하는 것이 좋습니다.

그럼 1차 진단은 무엇으로 할 것인지, 2차 진단은 무엇으로 할 것인지 진단을 기획해 보세요. 일반적으로 1차 진단으로 내가 좋아하는 것을 9개 뽑게 합니다.

진단 기획의 예

1차 진단 - 내가 좋아하는 것 9개

2차 진단 - 내가 잘하는 것 9개

필요에 따라서 활동 프로그램을 할 수도 있으며 3차 진단도 할 수 있습니다.

❷ 활동지(컬러 클로버) 준비하기

프레디저 진단 프로그램은 카드로 구성되어 있기 때문에 반드시 활동지가 필요합니다. 활동지는 카드로 나온 결과를 적게 만들며 다양한 활동을 하는 데 도움을 줍니다.

프레디저의 활동지는 컬러 클로버라는 이름으로 쓰이며 48쪽에 나와 있습니다. 이를 활용하기 바랍니다. 먼저 스탠더드로 쓰이는 활동지를 활용합니다. 프레디저 카드를 활용하여 뽑기 전에 반드시 활동지를 준비합니다

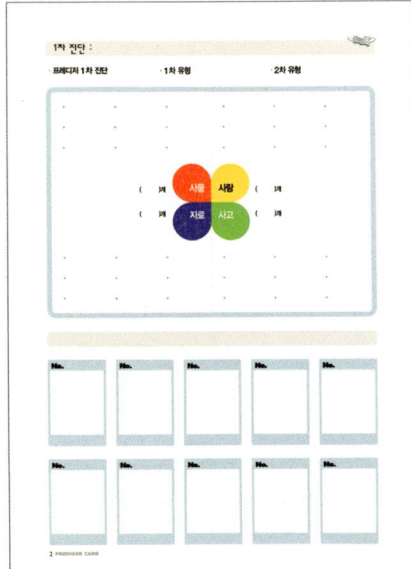 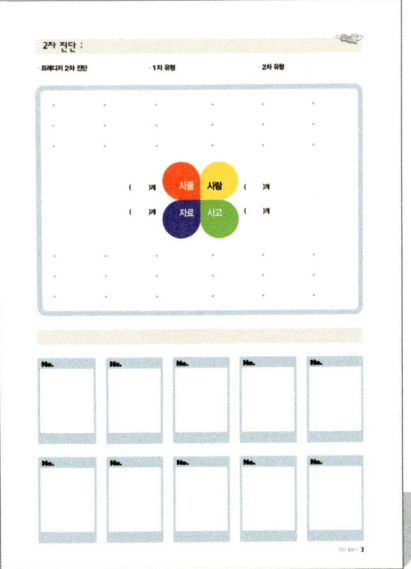

❸ 주니어 프레디저 카드 열기

진단을 기획하고, 활동지컬러 클로버를 준비하였다면 이제 프레디저 카드를 사용할 차례입니다. 주니어 프레디저 카드를 열어 보세요.

주니어 프레디저 카드는 다음의 그림처럼 양철로 된 케이스에 담겨 있습니다. 케이스의 뚜껑을 열면 카드가 나옵니다. 이 중에서 0번 카드와 53번 카드를 제외한 나머지 카드를 잘 섞습니다.

0번 카드는 해석을 할 때 참고하는 카드이며, 53번 카드는 예체능, 종교 등에 사용하는 카드입니다. 만일 아이가 예체능으로 진로를 정했거나 종교 쪽으로 진로를 정했다면, 53번 카드를 사용해도 좋습니다.

케이스에서 카드를 꺼냅니다.

두 장의 카드(0번, 53번 카드)는 제외하고 잘 섞으세요.

❹ 진행자의 안내에 따라 카드 뽑기

진단의 기획에 따라서 내가 좋아하는 카드를 뽑도록 합니다.

카드의 번호가 보이는 면이 아닌 글씨와 그림이 있는 면을 보이도록 한 후 내가 좋아하는 카드 9장을 뽑습니다. 그림의 오른쪽처럼 카드면을 보면서 한 장 한 장 그림과 글씨를 확인하여 내가 좋아하는 것을 9장 뽑도록 합니다.

한번에 9장을 뽑기는 어려우므로 좋아하는 것과 그렇지 않은 것을 구분한 후 좋아하는 것 중에서 9장을 선택하는 것이 좋습니다.

카드는 최소 9장, 최대 11장까지 뽑을 수 있습니다. 카드는 되도록 9장을 뽑도록 합니다.

좋아하는 카드 9장 뽑기

숫자가 보이는 면이 아니라
위에 글자가 보이고
그림이 전체 화면을 덮는 면이
보이도록 카드를 뽑아야 합니다.

이 쪽 면을 보면서 뽑습니다.

❺ 뽑은 카드 뒤집기

9장의 카드를 뽑았으면 나머지 뽑지 않은 카드는 더미를 만드세요. 그리고 뽑은 9장의 카드를 한 장씩 뒤집습니다. 뒤집으면 앞서 보았던 그림이 뒷장에도 동그랗게 나타나며 그 주위에 노란색, 빨간색, 파란색, 초록색의 바탕이 나타납니다. 뒤집었을 때 나타나는 색상별로 모둠을 짓습니다.

 각자 뽑은 카드 9장을 뒤집습니다.
그러자 다음과 같이 색깔이 나오네요.
색깔별로 모둠을 짓습니다.

❻ 활동지(컬러 클로버) 기록하기

앞의 그림처럼 뒤집었더니 빨간색 4개와 노란색 5개가 나왔네요.

다음의 활동지컬러 클로버에 노란색 옆의 괄호에 '5'라고 적고 빨간색 옆의 괄호에는 '4'라고 적습니다. 숫자를 다 적은 후에는 카드를 뒤집어서 같은 색상의 칸에 카드에 적힌 내용을 적습니다. 예를 들어 노란색일 경우 노락색 칸에 카드에 적힌 내용도 적습니다.

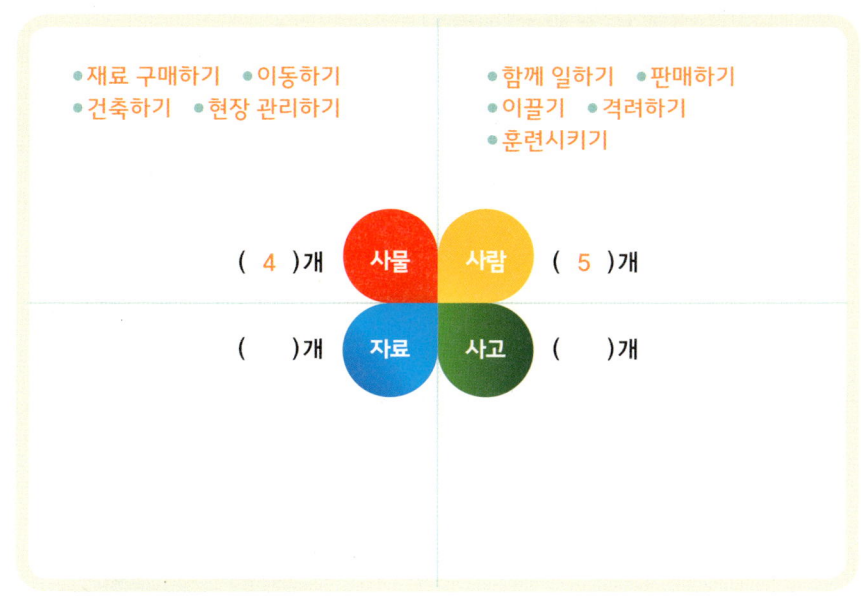

❼ 컬러 클로버의 내용 참고하여 해석하기

프레디저의 해석 단계는 총 5단계로 이루어져 있습니다.

1단계 : 가장 많이 나온 것

2단계 : 시간의 흐름

3단계 : 적게 나온 것, 대척점

4단계 : 의식과 무의식

5단계 : 개별카드 의미 묻기

❽ 카드별 내용에 맞춰 지도하기

앞의 ❼에서 나온 것처럼 카드 해석의 5단계에는 카드 번호별로 개별 해석과 활동을 하게 되어있습니다. 특별히 이 부분은 진로독서의 방법으로 진행을 합니다.

Part 5에는 카드별로 부여된 고유 번호별 진로독서 방법이 있습니다. 참고하기 바랍니다.

❾ 진단 기획에 따라 다음 진단 실시하기

프레디저 카드의 1차 진단과 해석이 끝났습니다. 이제 진행자의 기획에 따라서 2차 진단강점을 할 수도 있으며, 다른 활동을 할 수도 있습니다.

진행한 진단 결과를 기록해 두고 시간이 지난 후에 다시 같은 진단을 할 수도 있습니다. 그때의 결과는 지금과 같을 수도 있고 다를 수도 있습니다.

자유학기제의 시행과 더불어 진로활동에 대한 계획 수립과 진로활동 이후의 점검 및 결산을 할 때에도 프레디저 카드가 유용하게 쓰일 수가 있습니다.

앞에서 내가 좋아하는 것으로 고른 9장의 카드 중에서 특정 카드를 뽑아서 이에 대한 활동 계획을 세울 수도 있습니다. 그리고 활동 계획에 따라 활동한 후에 다시 프레디저 진단을 진행하여 어떻게 영향을 미쳤는가를 알아 볼 수도 있습니다.

tip

0번과 53번 카드 활용하기

0번 카드는 진행자를 돕기 위한 카드입니다. 앞면에는 각 색상별 유형이 나와 있으며, 뒷면에는 해석하는 순서가 나와 있습니다. 이 카드를 진단 참여자에게 전달하여 참고하거나 진행하는 사람만 보면서 해석에 참고할 수 있습니다.

53번 카드는 예체능, 종교에 대한 카드입니다. 이 카드는 다른 카드와 섞어서 사용하거나 빼서 사용할 수 있습니다. 함께 사용할 경우, 아이가 좋아하거나 되고 싶은 것이 예체능이나 종교와 관련된 것이라면 이 카드를 뽑아서 직접적으로 그 목표를 쓸 수도 있습니다. 이 카드는 색상으로 구분하지 않고, 결과를 기록할 때도 숫자에 포함시키지 않습니다. 다만 활동지에 가장 많이 나온 색상의 부분에 내용(음악, 미술, 종교, 체육 등)을 적습니다.

ём # 컬러 클로버

❶ 스탠더드 컬러 클로버

프레디저 진단 프로그램은 카드로 되어 있습니다. 그래서 결과를 알아보고 그에 맞는 활동을 하기 위해서는 반드시 활동지가 필요합니다. 프레디저 진단은 한 번만 하는 것이 아니라 진단 기획에 따라 2회 또는 3회로 진단을 할 수 있으며, 일정 기간을 두고 다시 진단을 할 수도 있습니다.

그래서 프레디저 카드에는 반드시 활동지가 필요합니다. 특히 프레디저 진단은 결과를 바로 알아볼 수 있습니다. 결과에는 색상이 표시가 되므로 다음과 같은 컬러 클로버 형태의 활동지가 효율적입니다. 이 활동지는 http://www.prediger.co.kr에서 다운로드 받아 사용할 수 있습니다.

일반적으로 사용하는 기록지입니다. 프레디저 카드를 뽑은 후에 뒤집어서 색상별로 모둠을 짓고 다음의 컬러 클로버에 기록을 합니다.

실제 진단 결과를 적어 보세요.

1차

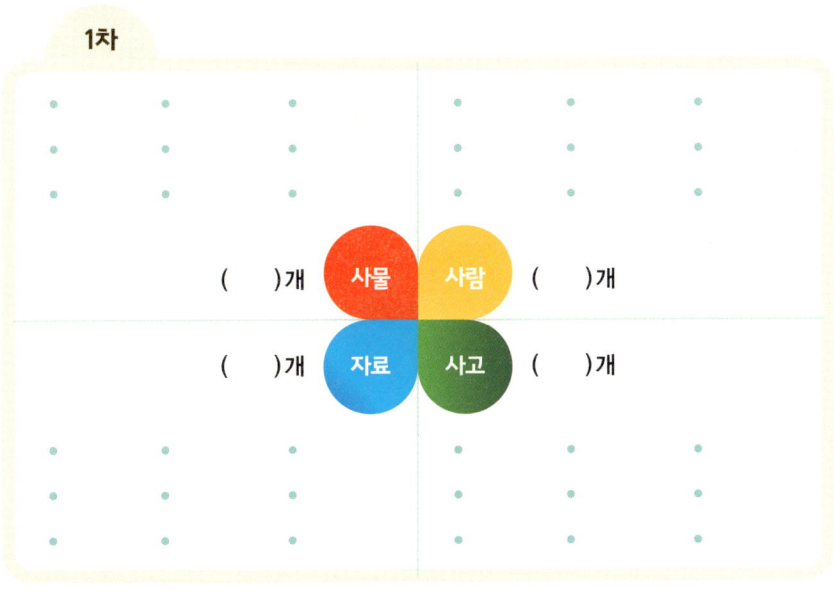

2차

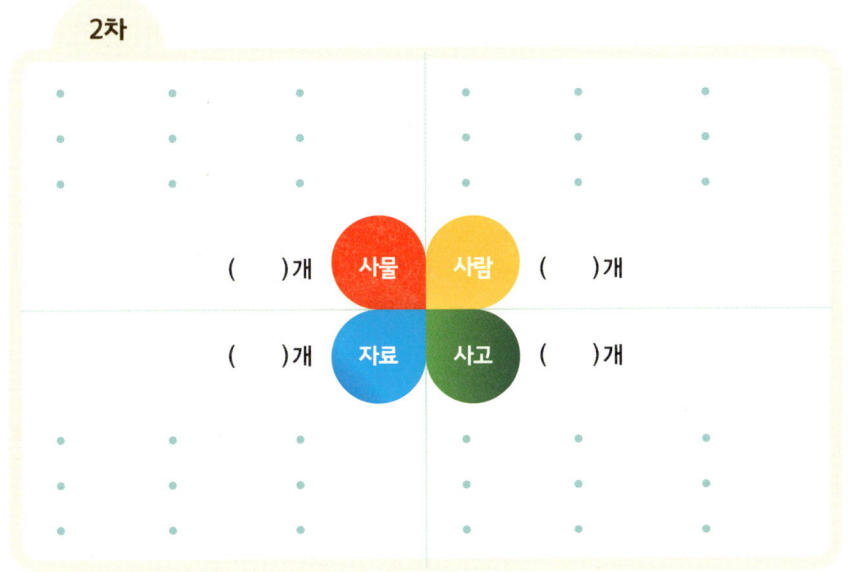

❷ 프레디저 조하리의 창

프레디저 진단 활동지 중에서 가장 독특하며 재미있는 방법론입니다. 이 활동지는 흥미를 진단할 때 사용하는 것이 아니라 강점이나 잘하는 것을 진단할 때 쓰입니다. 이 활동지는 두 명이 한 조가 되어 사용하며, 이때의 두 명은 짝꿍, 부모-자식, 선생님-학생과 같이 평소 친밀하거나 관찰이 가능한 관계의 상대가 있을 때 좋은 효과를 발휘합니다.

사용법은 무척 간단합니다. 왼쪽이 주인공입니다. 왼쪽의 아이에게 스스로 잘하는 것에 대해서 9장을 선택하게 합니다. 그리고 그 결과를 기록합니다. 그리고 오른쪽은 왼쪽 주인공인 아이가 잘하는 것을 오른쪽의 사람짝꿍, 부모님, 선생님 등이 뽑는 것입니다. 만일 왼쪽 주인공의 이름이 홍길동일 경우에는 오른편의 사람이 홍길동이 잘하는 것을 9장 뽑는 것입니다. 그래서 겹치는 것은 공통의 나에 적고 나만 잘한다고 생각하는 것은 왼쪽에, 나는 선택하지 않았지만 상대방이 선택한 것은 오른쪽에 적게 합니다. 모두 적은 후에는 서로 이야기를 합니다. 그렇게 적은 이유에 대해 서로 이야기를 하면 자연스럽게 나를 더 알 수 있으며 칭찬의 시간으로 접어듭니다. 그리고 아래에 적힌 공통의 나를 포함한 모든 것은 나의 강점이 됩니다.

다음의 활동지에서 나의 강점잘하는 것은 '내가 아는 나 + 공통의 나 + 내가 모르는 나'에 대한 모든 것입니다. '공통의 나'가 중요한 것이 아니라 모든 것이 '나'라는 것이 중요합니다. 프레디저의 철학은 좁히는 것이 아니라 확장을 하는 것입니다. 모든 것이 나의 강점입니다.

실제 진단 결과를 적어 보세요.

★이 진단의 오른쪽은 다른 사람이 주인공에 대해서 실시합니다.

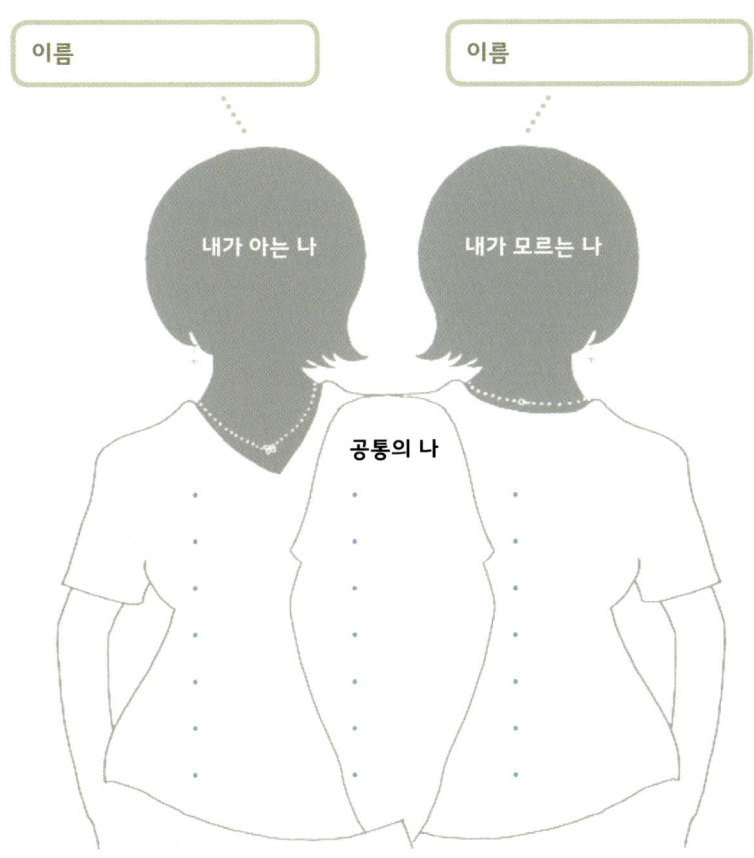

Part 4

프레디저 카드 유형과 해석

프레디저 해석의 순서

프레디저 카드에 대한 해석은 우선 유형론Typology에 따라 네 개의 타입으로 나눌 수 있습니다. 그 유형으로 노란색 : 사람People, 빨간색 : 사물 Things, 초록색 : 사고Idea, 파란색 : 자료Data가 있습니다.

이 유형은 2차원의 해석으로 서로 간에 연관 관계가 있습니다. 예를 들어 초록색은 옆의 노란색과 파란색을 접하고 있으며 빨간색과는 대척점에 있습니다. 노란색의 경우에는 양 옆에 초록색과 빨간색이 있으며 파란색과는 대척점에 있습니다.

프레디저의 구체적인 해석에 들어가기에 앞서 이러한 네 가지 유형과 색상의 배열에 대해 알아둘 필요가 있습니다.

인간의 기본적인 활동과 직업을 연결 지을 때에는 이런 네 가지 방법을 사용할 수 있으며, 이를 바탕으로 직업사전의 구분도 하게 됩니다. 이 네 가지의 구분사람, 사고, 사물, 자료은 직업 이전에 근본적인 직업흥미를 나타내고 있습니다.

프레디저 카드의 해석은 이러한 네 가지 유형에 대한 해석과 아울러 순서적으로 ① 가장 많이 나온 것, ② 시간의 흐름, ③ 적게 나온 것과 대척점, ④ 의식과 무의식, ⑤ 뒤집어서 카드의 개별 해석의 순서로 진행을 하게 됩니다.

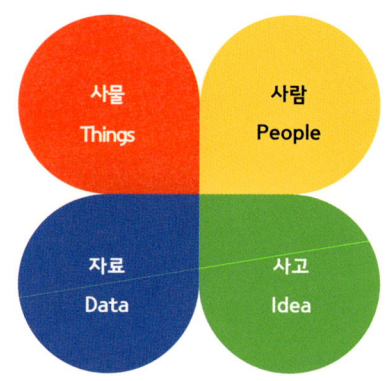

프레디저 카드에 대한 해석은 다음

과 같이 보너스 카드에 컬러 클로버의 구분과 뒷면에 프레디저 해석의 순서가 나와 있습니다.

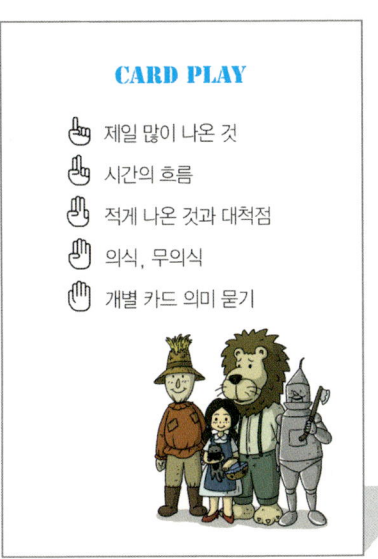

보너스 카드 뒷면에 해석하는 방식과 순서가 나와 있습니다.

어느 색이 가장 많이 나왔는가?

프레디저 카드의 첫 번째는 어떤 색이 가장 많이 나왔는가를 알아보는 것입니다.

카드를 뒤집고 컬러 클로버에 기록한 색상이 네 가지 색상 중에서 가장

part 4 프레디저 카드 유형과 해석 55

많이 나온 색상을 나의 우선적인 유형이라고 볼 수 있습니다. 이 색상에 대한 우선적인 구분은 다음과 같으며 각각 색상에 대한 해석은 그 뒷장에 자세하게 나와 있습니다.

만일 9장을 뽑았을 때 두 가지 색상의 수가 같게 나왔다면, 두 가지 색 모두를 우선적인 유형에 두고 해석을 합니다.

혹시 세 가지 색이 모두 같게 나왔을 경우에는 추가로 6장을 뽑아 총 15장을 만듭니다. 그리고 15장 중에서 더 좋아하는 것 7장과 나머지 8장으로 구분을 합니다. 그리고 더 좋아하는 것 7장 중에서 우선적으로 좋아하는 것을 우선적인 유형으로 둡니다.

파란색이 가장 많이 나왔을 경우

파란색 카드
13장

Data 형

자료와 숫자에 대해서 두려움이 없고 좋아합니다.
원칙을 중시하며 수리적·사무적 적성이 높습니다.
계획적으로 일하고 세밀하고 꼼꼼하며, 일에 능숙하고 정확합니다.
자료를 보관하고 조직하는 과제를 잘 해냅니다.

자료Data형의 특징은 꼼꼼하고 성실하다는 것입니다. 자료Data형들은 정확하고 세밀한 것을 좋아하고 자기 스스로 해낸 것에 대한 집중력과 성실함에 자신감을 갖고 자랑스러워합니다.

자료Data형은 사무능력과 계산능력이 있습니다. 이들은 변화를 좋아하지 않으며 내실과 원칙을 중요한 키워드로 삼습니다.

자료Data형은 숫자와 눈금과 이야기할 수 있는 능력이 있으며, 숫자가 주는 의미를 통찰할 수 있습니다.

일을 하는데 있어서 집중력 있는 환경이 필요합니다. 만일 자료Data형에게 휴식과 아이디어를 주기 위한 목적으로 자극적이고 다소 산만한 작업환경을 준다면 도리어 이들의 집중력을 떨어뜨릴 수 있습니다.

자료Data형은 직접적으로 이야기하는 것보다 간접적으로 대화를 진전시키는 업무 중심적인 대화를 좋아합니다.

이들은 스트레스 상황에 직면하면 지나치게 원칙과 룰을 강조하며 필요한 변화에 대해서도 거부를 하게 됩니다. 조직과 단체를 지탱해 온 것은 바로 원칙과 룰입니다. 그러므로 자료Data형의 주장은 당연하게 생각하며, 이들은 그러한 역할을 하며 궂은 일을 담당할 것입니다.

하지만 이것이 지나치면 이들은 스스로 대해 피해 의식을 가지며 현실에 직면하기 꺼릴 가능성도 있습니다. 위기 상황에서 부정적인 것을 지나치게 많이 인식하기도 합니다.

파란색이 많이 나온 경우라면 타인의 새로운 아이디어에 칭찬과 열의를 표현할 필요가 있습니다.

입장이 다를 경우 다른 사람을 설득하려는 노력을 해야 합니다.

피치 못하게 변화가 닥친다면 자료Data형은 주변 사람들과 상황에 대해 유연한 사고가 필요합니다. 자료Data형의 책임감과 인내는 조직과 단체에 보이지 않는 버팀목이 될 때가 많습니다.

자료Data형의 문제해결 스타일 중 가장 큰 장점은 어떠한 문제의 현실적인 어려움이 어떤 것인지를 누구보다도 잘 알고 있다는 것입니다.

이들은 정확하고 세밀하며 책임감이 있습니다. 그리고 과거의 묵은 문제에 대해 누구보다 잘 해결할 수 있는 능력을 가지고 있습니다. 다만 이러한 능력을 가지고 있으나 정보 공유를 하지 않고 혼자서 해결을 하려고 한다거나 미리 자포자기 하는 경우도 생깁니다. 규칙과 룰, 원칙을 고수해서 일의 진행이 더딜 수 있습니다.

자료Data형의 사람을 설득하기 위해서는 논리적이고 체계적으로 접근을 해야 합니다. 그리고 경과에 대한 사실적 토론에 초점을 맞추며 구체적이고 현실적인 대안을 제시해야 자료Data형의 사람은 고개를 끄떡일 것입니다.

개선 계획을 세우고 검토할 시간을 주어야 합니다. 진행사항에 대해 공식적으로 점검하고 공유할 날짜를 정합니다.

자료Data형 카드가 하나도 나오지 않으면 앞에서는 이익을 보지만 뒤에서는 손해를 보는 유형일 가능성이 큽니다. 이들은 숫자 감각이 무디고 숫자에 대한 책임성이 떨어집니다. 그리고 과거에 대해 이야기하는 것을 따지는 것으로 받아들입니다. 숫자와 세밀성을 갖추는 노력을 하는 것이 좋습니다.

자료 Data

특징	정확하고 세밀함 · 책임감 있고, 조심성 있음 빈틈이 없고, 계획성 있음 · 변화를 좋아하지 않음 사무능력, 계산능력
커뮤니케이션	숫자와 이야기한다. 그림에 나 혼자 나온다. 집중력 있는 환경이 필요 · 간접 화법 · 업무 중심
스트레스 상황에서 행동	지나치게 원칙(룰)을 강조 · 필요한 변화를 거부 직면하기를 꺼림(피해 의식) 부정적인 부분을 필요이상으로 많이 봄
스트레스 상황 극복하기	새로운 아이디어에 대한 칭찬과 열의 표현 당신의 입장을 다른 사람에게 설득 변화가 일어날 경우 유연함의 중요성 이해 긍정적인 면도 인식해야 함
문제해결 스타일	정확하고 세밀(문제를 정확히 인식) 책임감 있고, 조심성 많음 · 과거 문제에 대한 해결 능력 계산능력과 사무능력이 높음 · 인내와 책임감
문제해결 단점	규칙에 집착 · 변화를 싫어함 혼자서 해결하려 함 · 정보 공유를 하지 않음
자료형의 설득 방법	논리적이고 체계적으로 접근해야 한다. 경과에 대한 사실적 토론에 초점을 맞춘다. 구체적이고 현실적인 대안을 제시한다. 개선계획을 세우고 검토할 시간을 준다. 진행사항을 공식적으로 점검하고 공유할 날짜를 정한다. 논리, 효율, 정확한 처리능력을 칭찬한다.
파란색이 나오지 않은 경우 (1장 이하)	헛똑똑일 가능성(앞에서 이익, 뒤에서 손해) 숫자감각이 무디고 숫자에 대한 책임성이 떨어짐 과거에 대해 따지는 것을 싫어함

빨간색이 가장 많이 나왔을 경우

빨간색 카드
13장

Things 형

만들기를 좋아하며 직접 부딪히고 실행하는 것을 좋아합니다.
도구 사용과 기계적 적성, 공학적 사고력이 높습니다.
성취 지향적·구체적·실용적이며 기능성을 선호합니다.
경험과 책임감을 중시합니다.

사물Things형의 특징은 실용적이고 실행력이 있다는 것입니다.

사물Things형에서 가장 중요한 키워드는 바로 경험과 책임입니다. 이들은 경험을 통해 배우며 문제해결이나 관리를 선호합니다.

이들은 사물과 소통할 수 있는 능력이 있습니다. 다른 사람과의 소통에서는 횟수가 많지 않으며, 일에 몰입하기를 더 중요한 덕목으로 여깁니다.

이들은 다소 업무 중심적입니다. 다만 현장이나 실험실 등에서는 스스로 하는 일에 대한 의견 교환은 중요시하게 여길 수 있습니다.

예전에 사물Things형은 현장에서 일을 하는 사람으로 여기곤 했는데, 이는 흥미라는 성향에 대한 오해에서 비롯된 것이 큽니다.

이들은 현장에서 일뿐만 아니라 미래공학, 우주공학과 같은 분야에서도 능력을 발휘할 수 있습니다. 물론 사물Things형과 다른 유형이 2차 유형으로 연결된다면 그러한 특징이 더욱 뚜렷하게 나타날 것입니다.

이들 유형의 특징인 무엇인가를 만들고 연구하고 이를 실천하는 흥미는 현대의 문명을 발전시킨 힘이 되었습니다. 이러한 공학적 사고는 성취 지향적이고 기능성을 선호하며 보다 분명한 것을 추구하는 동력이 되었습니다.

사물Things형은 스트레스 상황에서 성급해지고 다른 사람의 지원을 거부하기도 합니다.

때로는 지나치게 몰두하여 다른 사람의 감정을 무시하기도 합니다. 이는 업무 중심에 목적의식이 더해져서 타인과의 커뮤니케이션이 뒤로 밀리는 것입니다. 그럴 경우 낙관적인 사고를 연습하는 것이 좋으며, 미래지향적인 사고를 하는 것이 좋습니다. 경험하지 못한 것이라도 보다 멀리, 다양한 가능성을 열어두고 보는 시각이 필요합니다.

사물Things형의 문제해결 스타일은 실재성과 경험에 의지한다는 것입니다.

하나의 과제에 대해 실용적인가를 고려합니다. 실용적이지 않거나 추상적이면 그것에 대해서 관심을 두지 않을 수 있습니다.

사물Things형은 경험을 통해 배우려고 하는데 이것이 양날의 칼이 됩니다. 이들은 확실하지 않은 부분을 불편해 하며 이를 해소하려 합니다. 확실하지 않다는 것은 변화의 모티브가 될 수도 있으나 이들에게는 그것을 참고 견딘다는 것이 위험에 노출되거나 시간낭비일 뿐입니다.

그래서 자신의 영역이라는 생각이 있고 그러한 영역이 침해당하는 것을 육감적으로 느끼며 이를 거부합니다.

사물Things형 사람을 설득하기 위해 바로 핵심적인 부분으로 들어가는 것이 좋습니다. 그리고 간결하고 명확하게 원하는 수준과 결과를 표현합니다.

일처리 방법에 대해 토론하며 경과와 개선에 초점을 맞춥니다. 빨간색이 많이 나온 사람들에게는 그들의 성취, 결과, 경과를 간결하게 칭찬하는 것이 좋습니다.

만일 사물Things형 카드가 하나도 나오지 않았다면 손발을 움직여 문제해결을 하는 데 다소 게으른 패턴을 보일 가능성이 있습니다. 이는 지속적인 활동에 약하고 슬럼프에 빠졌을 때에는 다소 오래갈 수 있는 가능성이 있습니다.

이를 극복하기 위해서는 꾸준히 지속하는 활동과 부지런함이 요구된다고 볼 수 있습니다.

사물
Things

특징	실용적이고 성실함 경험을 통해 배우며, 문제해결이나 관리를 선호 현장성, 사물, 도구 사용, 책임감을 중요한 덕목으로 함 자신의 영역이 있으며 이를 침해받는 것을 극단적으로 싫어함
커뮤니케이션	사물과 소통한다. 손과 발이 소통한다.(도구 사용) 소통보다 일에 몰입하는 것을 중요한 덕목으로 여긴다. 직접 화법 · 업무 중심
스트레스 상황에서 행동	성급해짐 · 다른 사람들의 관심을 영역 침범으로 간주 타인의 행동에 과도한 책임을 물음 바쁘기만 함 · 개인 지원이 어려움
스트레스 상황 극복하기	심사숙고하고 반성할 시간 갖기 상황의 세부사항까지 살피기 낙관적인 사고 연습 · 미래지향적인 사고
문제해결 스타일	실제성과 경험에 의지함 하나의 의제에 대해 실용적인가를 고려함 경험을 통해 배우려 함 · 확실하지 않은 부분을 해소하려 함
문제해결 단점	비판적, 문제 자체에만 함몰 · 다른 이의 감정을 고려하지 않음 권위적, 강력하게 주장 · 명령하고 계획 없이 행동함
사물형의 설득 방법	바로 핵심적인 내용으로 들어간다. 간결하고 명확하게 원하는 수준과 결과를 표현한다. 일처리 방법에 대해 토론한다. 경과 및 개선에 초점을 맞춘다. 성취, 결과, 경과를 간결하게 칭찬한다.
빨간색이 나오지 않은 경우 (1장 이하)	손발을 움직이는 데 게으른 패턴을 보임 지속적인 활동에 약해서 슬럼프에 빠지면 오래갈 수 있음 자연과 함께 하는 부지런함이 요구됨

노란색이 가장 많이 나왔을 경우

노란색 카드
13장

People 형

기본적으로 사람을 좋아하며 사람이 많이 모이는 곳을 선호합니다.
사교적이며 봉사적 적성이 높고 다른 사람과 협력하는 일을 좋아합니다.
남을 돕고 상담이나 교육에 관심을 가지고 있습니다.
타인에게 인정받고 싶어 하는 부분이 많습니다.

사람People형의 특징은 그야말로 사람들과 어울리는 것을 좋아하는 것입니다.

상대방의 입장에서 생각하고 배려하는 것을 중요한 덕목으로 여기는데, 이는 타인에게 칭찬과 인정을 받고 싶어 하는 부분이 많을 수 있다는 것을 의미하기도 합니다.

경쟁 관계를 그리 좋아하지 않습니다. 사람People형의 커뮤니케이션은 사람과 직접 하는 것을 좋아하며 사람이 많이 모이는 곳에서 흥을 냅니다.

이들은 사람을 통해서 현상을 파악을 하는데, 그러다 보면 실제의 상황을 정확히 파악하기보다 자신이 접하고 의지하는 사람의 의견만을 듣는 경우가 생길 수도 있습니다. 그래서 타인과의 관계에 오히려 호불호로 판단하여 일을 그르치기도 합니다. 타인과 적절한 관계를 두는 훈련을 필요로 할 수 있습니다.

사람People형은 질문을 좋아합니다. 그래서 직접 화법을 쓰는데 이로 인해 상대방과 감정적인 흐름에 휩쓸릴 때도 있게 됩니다. 그럴 경우 사람People형은 쉽게 집중력이 상실되고 다른 사람을 불신하며 계획 이행을 회피하게 됩니다.

이러한 스트레스를 벗어나기 위해 중요한 세부사항에는 반드시 목적의식을 갖고 시간 투자를 해야 합니다. 중요한 상황에서 신중하고 정숙하며 사람을 만나서 시간을 보내지 말고 세부사항을 하나하나 단계적으로 마쳐 나가는 것이 중요합니다.

스트레스 상황일수록 귀를 기울이려는 노력을 해야 합니다. 그리고 현재의 문제는 보통 과거의 미해결 과제에서 생겨났을 가능성이 많으니 이를 숙고할 필요가 있을 것입니다.

사람People형의 문제해결 스타일은 여러 사람과 함께 하려고 하는 것입니다. 직접 통제하고 관리하는 데 약하며 지원에 강합니다. 그래서 지원을 하는 것만으로 문제해결을 했다고 오해할 수도 있습니다.

또한 주위가 산만할 수 있으며 논쟁에서는 감정적으로 흐를 경우에는 절차나 방침을 무시할 수 있습니다. 그리고 '어떻게든 되겠지'라며 근거 없는 낙관성에 의지하는 경우도 많습니다.

사람People형은 상대방을 설득하기 위해 미리미리 비공식적으로 꾸준히 토론의 기회를 갖는 것이 중요합니다.

그리고 상대방은 사람People형에게 잘하는 부분과 개선할 부분의 균형을 유지하고 비판을 하기 전에 칭찬을 먼저 하도록 합니다.

점진적 개선에 대해 지지를 하고, 정기적으로 제안하고 관리하며 인간적인 가치와 일처리 상의 문제를 분리해야 합니다. 그리고 분위기 메이커로서의 역량을 칭찬합니다.

만일 사람People 카드가 하나도 나오지 않았다면 현재 사람으로 인한 스트레스 수치가 높거나 사람과 엮이는 일에 대해 다소 두려움을 갖고 있다고 볼 수 있습니다.

현재 상황에서는 사람과 관련된 업무나 사업은 피하거나 주변에 이를 도와줄 사람이 반드시 필요로 합니다.

사람 People

특징	여러 사람과 어울리는 것을 선호 상대방의 입장에서 생각하고 배려를 잘 함 경쟁관계를 싫어함 · 관리보다 지원에 강함 인간관계에 호불호가 분명, 객관적 거리 조절이 어려움
커뮤니케이션	사람과 이야기한다. 사람이 모인 곳에서 흥이 난다. 사람을 통해서 현상을 파악하려 한다.(질문을 좋아함) 직접 화법 · 관계 중심
스트레스 상황에서 행동	쉽게 집중력 상실 · 다른 사람 불신, 감정적으로 흐름 일과 관계를 분리하지 못해 상처 받음 · 계획이행 회피
스트레스 상황 극복하기	중요한 세부사항에 시간 투자 중요한 상황에서 신중하고 정숙하게 대처 귀 기울이기 · 과거의 미해결 과제를 숙고해야 함
문제해결 스타일	여러 사람과 함께 함 · 관리보다 지원에 강함 이기고 지는 상황을 싫어함 · 직접 화법
문제해결 단점	주위 산만 · 계획을 세우지 못함 논쟁에서 감정적이 됨 · 절차나 방침 무시
사람형의 설득 방법	비공식적으로 꾸준히 토론의 기회를 갖는다. 잘하는 부분과 개선할 부분의 균형을 유지한다. 점진적 개선에 대해 정기적으로 제안한다. 인간적인 가치와 일처리 상의 문제를 분리한다. 꾸준한 결과와 분위기 메이커로서의 역량을 칭찬한다.
노란색이 나오지 않은 경우 (1장 이하)	현재 사람으로 인한 스트레스가 높거나 사람과 엮이는 걸 좋아하지 않음 사람과 관련된 업무나 사업 피함 사람과의 문제 발생 시 회피

초록색이 가장 많이 나왔을 경우

초록색 카드
13장

*Idea*형

생각하기를 좋아합니다.
개방적이고 직관적이며 창의력 적성이 높아 창의성을 지향합니다.
현재에 만족하기보다 미래의 대안이나 비전을 갈구합니다.
아이디어와 재료로 새로운 방식으로 표현하는 부분에 흥미를 가집니다.

사고Idea형의 특징은 생각하는 것에 익숙하며 좋아한다는 것입니다. 이들은 상상력이 풍부하고 감수성이 뛰어납니다. 자유분방하며 틀에 고정되어 있기를 원하지 않습니다. 이들이 싫어하는 사람들은 바로 고루하고 따분한 사람들입니다. 이들은 예술적이고 창의적인 소질이 있습니다.

사고Idea형의 커뮤니케이션의 대상은 바로 생각이며 미래입니다. 스스로의 머리와 이야기하며, 다른 사람과 대화를 하더라도 끊임없이 생각을 확장하여 생각의 비약으로 대화가 끊어질 경우도 많이 생기게 됩니다.

이들은 미래지향적입니다. 그래서 현재의 문제에 대해 바라는 대로 만드는 것을 잘하지 못하며 과거의 부분은 쉽게 잊어 먹습니다. 이들은 간접화법과 관계 중심의 화법을 합니다.

사고Idea형이 스트레스 상황이 되면 우유부단해 지며 문제를 회피하고 자꾸 대안만 제시하려 합니다. 그래서 행동을 쉽게 취하지 못하며 사회적 관습에 대해 비판적이 됩니다. 이럴 경우 사고Idea형은 솔직하고 논리적인 커뮤니케이션이 필요하며 보다 빠른 의사결정을 해야 합니다. 그리고 의기소침하기 보다는 그룹 내에서 자신의 의견만을 간결하게 표현하는 것이 좋습니다.

갈등이 되는 대부분의 경우는 사고Idea형이 현재의 사실에 대해 절감을 잘 하지 못해서 발생합니다. 현재 사실에 대한 상황, 통계, 현상 등을 정확히 절감하는 것이 좋습니다. 대안도 자주 그리고 섣불리 제시하지 않고 조심스럽게 제안을 하는 것이 좋습니다.

사고Idea형의 문제해결 스타일은 생각하는 시간을 두고 상상력을 동원하여 상황을 극복해 나간다는 것입니다. 그리고 대안 제시에 익숙합니다.

하지만 다른 유형이 볼 때는 현재의 문제를 해결하는 것이 아니라 빠져 나가려고 하는 것으로 보일 수 있으니 조심해야 합니다.

창의적인 방법획기적인 방법을 생각하고 이것에 대한 기발함과 적절함에 많은 도움을 받게 됩니다. 하지만 때로 외부의 해결책을 연결시키는 것만으로 해결이 되지 않으면, 내부의 제거 요소와 극복 요소도 고려해야 합니다.

사고Idea형은 과거의 묵은 것에 대해서는 잘 풀지 못합니다. 이럴 경우 주변의 도움을 청하는 것도 좋은 방법입니다.

사고Idea형의 사람을 설득하기 위해서는 사교적이고 자유로운 내용을 가미하며 의제를 논의하는 것이 좋습니다. 그리고 사실에 초점을 맞추고 문제 회피를 막아야 합니다. 필요이상의 토론을 피하는 것이 중요하며 처리 마감일을 약속 받는 것이 좋습니다. 초록색이 많이 나올 경우 긍정적 태도와 창의성 그리고 수행한 일의 의미를 칭찬합니다.

초록색이 하나도 나오지 않았다면 머리를 쓰는 복잡한 문제를 싫어하는 경우가 많습니다. 그리고 모험적인 부분보다는 안정적인 것을 선호할 가능성이 큰 편입니다.

모호한 것보다는 구체적인 것을 선호합니다. 이러한 유형들은 늘 접하는 것에서 벗어나 새로운 것을 받아들이려는 노력이 필요합니다.

사고 Idea

특징	생각하는 것을 즐김 · 상상력 풍부, 감수성 뛰어남 자유분방하여 틀에 고정되기를 원하지 않음 예술적, 창의적 소질
커뮤니케이션	생각과 이야기한다. 머리와 이야기한다. 미래와 이야기한다. 간접 화법 · 관계 중심
스트레스 상황에서 행동	사회적 관습에 비판적 · 우유부단 행동을 취하지 못함 최악의 상황을 생각
스트레스 상황 극복하기	솔직하고 논리적인 커뮤니케이션 · 빠른 의사결정 그룹 내에서 자신의 의사 표명 · 현재 사실에 대해 절감
문제해결 스타일	생각하는 시간을 많이 가짐 상상력을 동원하여 상황을 극복하고자 함 대안제시에 초점을 맞춤 창의적인 방법(획기적인 방법)을 생각
문제해결 단점	신속한 결정을 내리지 못하고 미룸 소극적이며 행동을 주저 · 극단적인 생각, 규칙 무시 현실감이 약하고 과거의 묵은 것은 잘 풀지 못함
사고형의 설득 방법	사교적이고 자유로운 내용을 가미한다. 사실에 초점을 맞추고 문제 회피를 막는다. 필요 이상의 토론을 피하고 개선에 대해 토론한다. 처리 마감일을 약속 받는다. 긍정적 태도 창의성, 수행한 일의 의미를 칭찬한다.
초록색이 나오지 않은 경우 (1장 이하)	머리 쓰는 복잡한 문제를 싫어함 모험적인 부분보다는 안정적인 것을 선호 모호한 것보다 구체적인 것을 선호 새로운 것과 불확실한 것에 대해 관심을 둘 필요가 있음

시간의 흐름
어느 시간을 중시하고 있는가?

믿음, 소망, 사랑
그 중에 제일은 사랑이라!

앞의 글귀는 성경에 나오는 글입니다. 모두에게 많이 알려져 있을 뿐만 아니라 노래로도 유명합니다. 그런데 믿음도 중요하고 소망도 중요한데 왜 사랑이 가장 중요하다고 하는 것일까요?

프레디저 진단 프로그램은 이렇게 해석합니다.

믿음은 과거로부터 옵니다. 내가 누군가와 믿음이 있다는 이야기는 과거의 사건이나 과거의 어떤 일에서부터 믿음이 생겼다는 이야기입니다.

소망은 미래의 것입니다. 소망이라는 말 자체에 미래에 대한 기대가 들어 있습니다.

과거와 미래도 중요하지만 가장 중요한 것은 현재입니다. 바로 현재를 사랑해야 한다는 것입니다. 사랑은 지금 여기 현재를 나타냅니다. 현재를 영어로 하면 'present' 즉 '선물'이라고 합니다.

프레디저는 시간의 흐름을 중요한 해석의 단계로 보며, 앞서 가장 많이 나온 것에 대한 유형 해석과 시간의 흐름을 가지고 해석의 주제로 삼습니다.

프레디저 진단 프로그램에서 시간의 흐름 해석
나는 어느 시간을 놓치고 어느 시간에 머물러 있는가를 봐야 합니다.

프레디저 진단 프로그램의 해석에 있어 시간의 흐름은 매우 중요한 해석의 범위입니다.

파란색

자료Data는 과거를 중시 여기는 믿음의 영역입니다.

빨간색

사물Things은 현재완료의 부분으로 과거가 현재로 넘어가는 곳입니다. 어느 쪽과 연결되느냐에 따라 현재도 되고 과거도 됩니다. 바로 경험의 영역입니다. 그래서 빨간색이 많이 나오는 사람은 책임을 중요시 여기게 되는데, 책임이 바로 믿음과 사랑현재이 함께 발현하는 덕목이기 때문입니다.

노란색

사람people은 사랑의 영역 즉 현재입니다. 사람형의 경우는 현재를 잘 즐깁니다. 그런데 거꾸로 현재의 쾌락에 빠져 과거와 미래를 잊을 수 있습니다. 노란색이 많이 나오면 휴양지보다는 관광지를 선호합니다.

초록색

사고Idea는 미래의 영역이며 소망을 의미합니다. 그래서 초록색을 많이 선택하는 사람들은 미래를 기대하는 경우가 많으며, 현재보다는 앞으로의 일과 의미를 더 중요하게 생각합니다.

각 유형은 그 시간의 흐름 속에 머무는 확률이 높습니다. 그리고 나오지 않는 색상은 그 부분을 놓치고 있을 수도 있습니다.
파란색이 많이 나온다고 과거지향적이라는 이야기가 아니며 노란색이 많이 나온다고 해서 사랑이 많다고 보기는 어렵습니다.
그것보다는 어느 시간을 중요하게 생각하느냐 하는 것이며 자료는 믿음을 중요시하기에 자연스럽게 믿음이라는 시공간의 의미를 부여하는 것입니다.
노란색이 많으면 사랑의 가치관이 많다기 보다는 과거나 미래보다 현재를 중시한다는 의미입니다.
파란색이 많이 나올 경우에도 미래지향적이라고 단정 지을 수는 없지

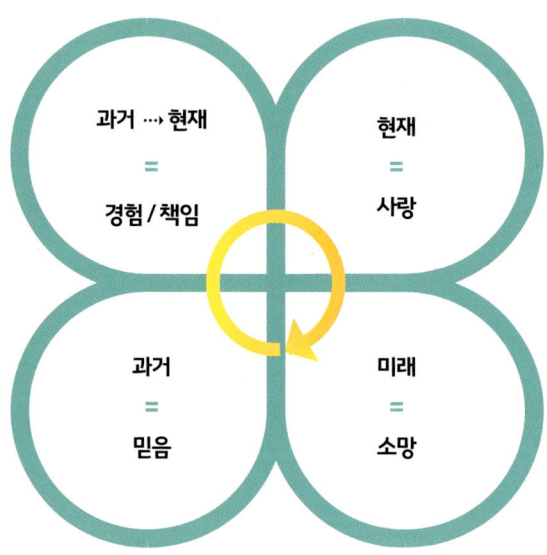

만, 소망과 비전을 중시한다는 부분에서 현재보다는 앞으로의 시간을 더 중시한다고 볼 수 있습니다.

만일 프레디저 카드에서 좋아하는 것(흥미)을 골랐을 때 파란색과 초록색만 나오고 빨간색과 노란색이 나오지 않는다면, 그 사람은 믿음으로 살고 소망으로 준비하는 데는 익숙하지만, 현재(빨강, 노랑)를 즐기지 못할 수 있으며 현재를 즐기는 일에 대해 익숙하지 않을 수도 있다는 이야기입니다.

거꾸로 빨간색과 노란색만 나오고 초록색과 파란색이 하나도 나오지 않는다면, 현재만 너무 중시해서 자칫 무엇 하나 남기거나 앞으로의 대비 없이 시간을 흘려보낼 수도 있다는 것입니다.

적게 나온 것과 대척점
나에게 없는 것은 무엇이고 반대편에는 무엇이 있는가?

프레디저에 있어서 첫 번째 해석은 '무엇이 많이 나왔는가'이며 두 번째는 시간의 흐름을 다루었습니다. 그리고 세 번째는 적게 나온 것과 대척점에 대해 다룹니다.

먼저 적게 나온 것은 프레디저 흥미 진단에서 9개를 기준으로 했을 때, 1개 이하의 수가 나오는 것을 말합니다.

보통 0개이거나 1개는 크게 의미를 두지는 않습니다. 다만 1개일 경우에는 그것을 뽑은 이유를 묻는 것이 좋습니다. 대개는 취미로 관심을 갖는 것을 이야기하지만, 경우에 따라 의미 있는 이야기를 할 수도 있습니다. 전체 맥락 속에서 이해를 해야 합니다.

적게 나온 것

1개 이하가 나온 것으로 적게 나온 것은 흥미의 선호도가 다른 것에 비해 많이 떨어지는 것임을 알 수 있습니다. 다른 진단의 경우 유형만을 다루는 경우가 많으니 프레디저에서는 적게 나온 것도 이야기합니다.

노란색이 나오지 않거나 적게 나왔을 경우

사람에 대한 선호가 약하거나 최근 사람 때문에 스트레스나 상처를 받았다면 나오지 않기도 합니다.

보통의 경우 노란색이 나오지 않으면 떠들썩한 분위기를 좋아하지 않고 집중하고 몰두할 수 있는 환경을 좋아합니다. 이러한 부분을 존중해 주어야 합니다.

애써 사람이나 관계와 관련된 활동이나 일을 할 필요는 없습니다. 다만 이러한 부분이 있다는 것을 염두에 두는 것이 좋으며 앞으로 변할 수 있음을 이야기합니다.

빨간색이 나오지 않거나 적게 나왔을 경우

도구 사용이나 현장의 일에 대해 우선 선호를 두지 않습니다. 특히 직접 몸을 부대끼며 하는 것보다는 다른 형태의 일로 접근 방식에 흥미를 가집니다. 빨간색이 적게 나올 경우 규칙적인 운동, 일상의 규칙을 세워서 이를 꾸준히 실천하려는 노력이 필요합니다. 그렇지 않고 슬럼프에 빠지면 자칫 길어질 수 있습니다.

초록색이 나오지 않거나 적게 나왔을 경우

복잡한 것을 좋아하지 않고 사고와 미래의 관점보다는 현실적인 경우가 많이 있습니다. 그래서 허황된 것을 좋아하지 않으며 무엇이든 기초에 기반을 두고 발전을 시켜야 한다는 생각을 합니다.

초록색이 나오지 않았다면, 창의란 무조건 새로운 것을 만들어 내고 창조하는 것이라기보다는 현재의 것에서 수정하고 보완해서 발전하는 것에 가깝습니다.

파란색이 나오지 않았거나 적게 나왔을 경우

보통의 경우에는 숫자나 계산을 싫어하는 경우가 많습니다. 물론 모두 그런 것은 아니지만 우선 선호에서 다른 것을 더 좋아하는 경우가 많을 것입니다.

하지만 자료와 숫자, 기록 등은 아이에게 무척 중요한 부분입니다. 조금은 친숙해 질 수 있도록 지도를 하는 것이 좋습니다. 꼼꼼하지 않을 경우가 많으며 집중하는 환경보다는 주변과 어울리는 환경을 좋아할 수 있습니다.

대척점

대척점에 있어서는 나의 가장 선호하는 색상의 대척점에는 무엇이 있는가를 봅니다.

대척점의 극단과 화해를 해야 합니다. 진로에 있어서 대척점일 경우에는 한 쪽이 길러진 경우가 많습니다. 다른 진단에서는 길러진 것보다 원래의 유형에 초점을 두지만, 프레디저에서는 어느 쪽으로 마음이 가느냐에 대해 질문하고 두 가지 모두 의미를 둡니다.

　프레디저의 세 번째 해석은 적게 나온 것과 대척점인데, 우리는 적게 나온 것에 대해 이야기하였습니다. 이번에는 대척점에 놓인 것을 알아보겠습니다.

　대척점이란 꼭짓점을 대각으로 서로 마주보고 있는 것을 말합니다. 빨간색의 대척점에는 초록색이 있고 파란색의 대척점에는 노란색이 있습니다. 즉 빨간색과 초록색 그리고 파란색과 노란색은 서로 대척점에 있다는 것입니다. 이 대척점은 흥미에 있어서 서로 반대되는 부분입니다.

　먼저 이 대척점에 있어 내가 우선적으로 흥미를 두는 색상유형의 대척점에는 무엇이 있는가를 살펴야 합니다.

노란색

노란색의 대척점에는 파란색이 있습니다.

노란색 유형일 경우 파란색 유형의 중요한 키워드인 '틀', '원칙', '질서'와 같은 부분과 마찰을 겪을 수 있습니다. 파란색 유형의 사람이 노란색 유형을 보면서 원칙과 기준이 없다고 이야기할 수 있습니다. 이것은 흥미와 시간의 흐름이 다르기 때문에 발생하는 것입니다. 그래서 노란색 유형은 이러한 부분을 인정하고 받아 들여야 합니다.

파란색 유형은 자료를 굉장히 필요로 합니다. 그래서 노란색 유형은 귀찮더라도 자료를 만들어야 할 필요가 있으면 반드시 자료를 만들어야 합니다.

거꾸로 얼굴을 보며 대충 넘어가려는 마음은 물리쳐야 합니다. 그래야만 파란색 유형에게 인정을 받을 수 있습니다.

파란색

파란색의 대척점에는 노란색이 있습니다.

파란색 유형일 경우 대척점에 있는 노란색 유형과 갈등을 겪을 수 있습니다. 노란색 유형이 본다면 파란색 유형을 너그럽지 않다거나 잘못에 대해 허용적이지 않다고 생각할 수 있습니다.

파란색 유형이 보면 원칙과 질서를 위해서는 당연한 것인데, 노란색 유형이 보면 그것은 다소 딱딱하다고 느낄 수 있습니다. 바로 이것이 갈등이 됩니다. 그 갈등이 깊어진다면 노란색 유형은 파란색 유형을 보고 '현실을 잘 모른다', '융통성이 없다'고 생각할 수 있습니다.

파란색 유형이 생각하는 믿음이란 계약서를 작성하고 그대로 이행해서 서로 간에 불상사가 안 생기게 하는 것인데, 노란색 유형의 믿음이란 계약서나 자료에 의지하지 않는 것을 오히려 믿음이라고 생각하기도 합니다.

이러한 차이를 사전에 알고 서로에게 필요한 것을 미리 준비하여 자신에게 좀 덜 익숙한 부분을 알고 준비한다면, 많은 갈등과 난처한 상황이 사라질 것이라 예상합니다.

파란색 유형의 사람이 성공하기 위해서 가장 필요한 사람은 노란색 유형입니다. 노란색 유형이 성공하기 위해서는 원칙을 잡아주고 데이터를 관리하는 등의 능력이 탁월한 파란색 유형이 반드시 필요합니다.

빨간색

빨간색의 대척점에는 초록색이 있습니다.

빨간색 유형은 경험과 책임에 중요성을 두며 거짓말하는 사람과 자신의 생각과 말이 행동보다 앞서는 사람을 체질적으로 싫어합니다.

문제해결을 신중함과 견딤으로 해결을 하는 경우가 많습니다.

하지만 초록색 유형은 문제해결에 있어 현재에서 견디는 것이 아니라 외부와 미래에서 자원을 가지고 와서 문제 자체에 대한 대안을 세우고 이를 희석하는 것으로 보는 경향이 있습니다. 그래서 초록색 유형은 빨간색 유형이 말귀가 안 통하고 고리타분하다고 생각할 수 있습니다.

문제에 대해 서로 간에 자꾸 이야기하고 새로움을 접근해야지 해결이 된다고 생각하는 초록색 유형은 빨간색 유형이 말없이 끙끙 앓는다고 생각할 수도 있습니다.

빨간색 유형이 지금보다 더 성장하고 성숙을 하기 위해 초록색 유형이 가지고 있는 새로움을 추구하는 방식이나 대안을 통해 현재의 어려움을 없애버리려는 노력을 인정해야 합니다. 더불어 그러한 것을 허황되게 보는 것이 아니라 노력하고 있음을 인정하는 것이 좋습니다.

빨간색 유형이 성공하기 위해서는 반드시 초록색 유형이 필요합니다. 초록색 유형이 성공하기 위해서 빨간색 유형의 역량이 필요하기 때문입니다.

초록색

초록색의 대척점에는 빨간색이 있습니다.

빨간색 유형은 앞서 살펴본 것처럼 경험과 책임에 중요한 가치를 둡니다. 그래서 간혹 초록색 유형이 하는 사고인 자유롭고 현실에 머무르기보다는 다양한 가능성에 대해 생각해 보는 것을 '책임의식이 부족하다', '현실을 절감하지 못한다', '뭐가 문제인지 모른다'고 생각할 수도 있습니다.

초록색 유형은 새로움과 대안, 창의적인 부분을 중시하며 모든 가능성에 대해 염두에 둡니다. 그런데 빨간색 유형은 이를 허황되다고 볼 수도 있습니다.

그래서 초록색 유형과 빨간색 유형은 갈등을 만들기도 합니다.

문제해결에 있어 초록색 유형은 문제에 맞춰서 만들거나 차근차근 엉킨 고리를 푸는 것보다는 외부의 새로운 시각과 접근으로 문제 자체를 희석시키거나 없애버리거나 다른 차원에서 문제가 문제로 여겨지지 않도록 하는 것을 목표로 하기 때문입니다.

미래 가능성을 열어두고 미래지향성을 갖는다는 것은 매우 중요한 것이지만, 현재에 벌어지며 기여하고 있는 부분에 대해 주의를 기울인다면 더욱 좋은 평가를 받을 것입니다.

프레디저의 세 번째 해석인 적게 나온 것과 대척점을 정리해 본다면, 적게 나온 것은 나의 우선 선호에서 다소 밀리는 것이며, 대척점은 가장 좋아하는 것이 무엇과 상대적인가를 보는 것입니다.

흥미는 변합니다. 성인이 되면 자연스럽게 그러한 부분을 인정하고 받아들이게 됩니다. 오히려 원래의 흥미 유형과는 전혀 다른 것을 익히고 수련하면서 우리의 흥미 또한 변하게 되는 경우도 많습니다.

다만 아이는 이러한 경험이 부족하므로 적게 나온 것과 대척점을 우선 염두에 두는 것이 좋습니다.

예를 들어 노란색 유형의 경우 사람과 현재를 중요하게 여기며 다른 사람을 지원해 주면 문제해결이 될 것이라고 생각합니다. 하지만 그 대척점인 파란색 유형이 원하는 것은 자료나 기준을 지키는 것이 될 가능성이 높습니다.

이때 내가 선호하는 것을 주장하기보다는 파란색 유형의 요구를 인정하고, 할 수 있는 부분까지 책임을 져야 합니다. 그렇게 된다면 자연스럽게 파란색 유형의 욕구가 충족되어 노란색 유형이 원하는 방향으로 따르게 됩니다.

대척점이 반드시 그런 갈등을 일으키는 것은 아니며 또한 대척점이 아니더라도 서로의 요구가 다를 수가 있습니다. 하지만 흥미는 사람의 방향성을 대변한다고도 볼 수 있으므로 이러한 흥미를 인정하고 배려해 주는 것이 좋습니다.

의식과 무의식
이제 글자에서 벗어나 순수한 그림을 보자

프레디저 카드는 글자와 그림으로 이루어져 있습니다. 카드를 선택할 때 흔히 그림에 반응을 더 빠르게 할 것 같지만 실제로는 글자로 판단하고 카드를 선택합니다. 그림은 글자에 대한 이해를 높이고 보다 구체적인 상황을 판단하는 데 도움을 받는 경우가 대부분입니다.

그런데 사실 글자문자가 우리에게 미래에 대해 꿈 갖기를 어려워하는 빌미를 제공합니다. 이런 이야기를 하면 다소 의아하게 생각하겠지만, 실제 언어와 문자는 우리를 억압하는 도구이기도 합니다.

언어와 글자에는 이미 사회적인 약속이 되어 있습니다. 사회적인 약속에는 사회의 가치관, 교육, 평가, 억압이 숨어 있습니다. 예를 들어 '학교'라는 문자가 있고 아이가 공부하는 그림이 있다면, 이미 학교라는 글자 속에는 학교로 상징되는 여러 가지의 메시지가 전달됩니다.

우리가 보다 편안하게 미래를 생각한다면, 이러한 문자로부터 벗어나서 한번 생각해 봐야 합니다. 어떤 아이가 의사가 되고 싶다면, 의사라는 말 속에는 이미 공부를 잘해야 하며 의대를 가는 것이라는 사회적 약속과 가치관을 포함하고 있는 것입니다.

만일 아이가 아픈 사람을 돕고 치료를 하고 고통을 줄여주고 싶은 꿈이 있다면, 그 아이가 공부를 잘하고 못하고를 떠나서 무척 귀한 생각을 하는 것입니다. 우리는 이것에 대해 지지를 해 주어야 합니다. 우리가 미래에 대한 꿈을 갖기 어려워하는 것도 이러한 글자로 상징되는 기존 질서와 가치 체계에 많은 영향을 받기 때문입니다.

앞면의 글자는 없어지고 둥근 틀 속에 그림만 보입니다.

프레디저 카드의 해석 네 번째 단계는 그러한 활동을 하는 의식과 무의식입니다.

우리는 앞서 주니어 프레디저 카드에서 9개의 카드를 뽑았고, 그에 따른 해석을 '1단계 - 가장 많이 나온 것', '2단계 - 시간의 흐름', '3단계 - 적게 나온 것과 대척점'에 대해 알아보았습니다.

그러면 이제는 그 카드를 다시 뒤집습니다. 그렇게 하면 카드의 반대면이 나옵니다. 반대면에는 가운데 둥근 원에 그림이 나오고 아래에 카드의 번호가 나옵니다. 자연스럽게 뒤쪽의 글씨는 보이지 않게 됩니다. 즉 둥근 틀 속에서 순수한 그림만이 보입니다.

이제 아이에게 자신이 뽑은 9개의 그림을 보면서 감정이 이입되거나 자신이 되고 싶은 사람이 있는지를 묻습니다. 그리고 3개 정도 감정이입이 되거나 되고 싶은 사람이 있는 그림을 뽑게 합니다. 이때 그 카드의 이름(뒷면에 있는)을 볼 필요는 전혀 없습니다.

그리고 뽑은 3개의 카드에서 그림만을 보고 그것이 주는 메시지나 공통점이 무엇인지 물어 봅니다. 그러면 참으로 다양한 아이의 답을 얻을 수 있으며 좋은 키워드도 얻게 됩니다. 3개 카드의 공통점을 물었을 때, 아이의 답은 무척 다양합니다.

그 다음 뽑힌 카드의 그림을 보고 아이들 스스로 이야기를 하게 합니다. 그 카드를 설명하게 하며 왜 그 카드에 감정이입이 되었나 혹은 그러한 사람이 되고 싶은지에 대해서 이야기를 하게 합니다. 그 이야기를 듣고 지도하는 사람은 그러한 부분을 인정하고 새롭게 볼 수 있도록 해야 합니다.

> **예**
> - 남을 돕고 있어요.
> - 사람이 많이 나와요.
> - 무언가를 만들어요.
> - 무언가를 생각하고 있어요.
> - 그림에 물음표가 있어요.
> - 혼자 집중력을 발휘하고 있습니다.
> - 숫자가 나와요.
> - 밖에 있어요.
> - 다른 사람을 가르치고 있어요.

- 남과 다른 것을 추구하고 있어요.
- 연구하고 있습니다.

앞에서 이야기한 프레디저 카드를 활용하면서 지도하는 사람은 커플매니저, 평론가, 스토리 작가가 되어야 한다고 했습니다. 바로 지금 단계에서 아이가 3장을 뽑아 이야기를 할 때, 커플매니저로 아이가 현재 관심을 갖고 있는 것에 사랑을 발견하거나 느낄 수 있도록 해야 합니다.

그리고 평론가로 아이가 관심을 갖는 것에 새로운 시각을 불러 일으킬 수 있도록 보다 구체적이고 새로운 시각을 제공해야 합니다.

마지막으로 스토리 작가로 아이와 함께 스토리를 연결하여 나의 꿈과 흥미를 체계화 할 수 있도록 도움을 주어야 합니다.

프레디저 카드의 해석에 있어서 네 번째인 의식과 무의식이 지도하는 사람의 애정과 관심이 가장 필요한 부분입니다. 아이의 목소리에 귀를 기울이고 마음을 짚어 보아야 합니다. 칭찬과 인정, 지지와 격려가 필요합니다.

프레디저의 마지막 해석 단계인 5단계인 프레디저 개별카드의 의미에 대한 것은 Part 5에서 자세히 다루겠습니다.

의식 무의식 해석의 순서

❶ 뽑은 카드를 다음의 모습처럼 카드의 앞면글자가 없는 면이 보이게 배치합니다. 그림처럼 9개를 뽑았습니다

❷ 단순히 그림만을 보고 그림의 주인공이 하는 일에 동화되거나 하고 싶은 일이 있는 카드를 3장 뽑습니다.

❸ 아이에게 뽑은 3장이나 그 중 2장의 그림에서 메시지나 공통점이 무언가를 묻습니다.

part 4 프레디저 카드 유형과 해석

사람이 많아요. 무언가를 만들어요. 즐거움을 추구해요. 혼자 있어요.

❹ 그 공통점으로 스토리를 만들게 합니다. '오즈의 마법사' 스토리를 이용해도 되고 그 스토리와는 상관없이 나의 스토리를 엮어도 됩니다. 이때 지도하는 사람은 아이의 발표에 대해 커플매니저, 평론가, 스토리 작가로 지지해 줍니다.

tip

성인의 의식과 무의식

프레디저의 해석에 있어서 네 번째 단계는 의식과 무의식입니다. 앞서 아이의 진로지도에서 네 번째 단계를 하는 방법을 살펴보았습니다. 그런데 성인의 경우 아이의 해석과 다릅니다. 성인에게 무의식은 다음처럼 내가 가진 기저의 감정을 말합니다.

노란색 – 사람(People)
주로 나에게서 도피하는 유형을 보이는데 바쁨 속으로 도피를 하게 됩니다. 노란색-사람(People)형의 기본적인 두려움은 바로 외로움에 대한 두려움이며, 이를 회피하기 위한 수단으로 바쁨을 선택하게 되는 것입니다. 개인이 바쁘다고 느끼는 순간 본인이 무언가를 열심히 하고 있다고 생각하며 거꾸로 바쁘지 않으면 자책을 할 확률이 높습니다.

빨간색 – 사물(Things)
보통 현재의 문제에 대해 도피하려는 경향이 있는데 그럴 경우 대부분 경험 속으로 도피합니다. 스스로 과거에 경험한 것 외에는 모두 부정을 하거나 저항을 하게 됩니다. 그 이유는 빨간색-사물(Things)형의 기본적인 두려움은 지배력을 잃게 되는 상실감이기 때문입니다. 그래서 누군가가 자신의 영역에 대한 관심을 드러내는 것도 스트레스가 될 수 있습니다.

초록색 – 사고(Idea)

나에게서 도피하려는 경향이 있는데 이때는 미래 속으로 도피를 하게 됩니다. 분명 현재에 머물러야 할 때도 위안과 안식은 미래의 희망에서 찾는 경우가 많습니다. 초록색 – 사고(Idea)형의 두려움은 수치심입니다. 과거를 직면하기 보다는 항상 부족하거나 현재의 나보다 진보된 스스로를 원하므로 나는 미래 속으로 도피를 하는 것입니다. 초록색 – 사고(Idea)형은 옛날의 부족했던 나를 기억하고 그것에 대해 비난하는 것을 못 견디며 반대로 변화되고 진보되는 나를 알아주는 것을 좋아합니다.

파란색 – 자료(Data)

주로 현재로부터 도피를 하게 되는데 바로 원칙 속으로 도피를 하는 것입니다. 조직생활에 있어서는 룰, 규칙, 체계 등으로부터 도피합니다. 파란색 – 자료(Data)형이 느끼는 두려움은 바로 불안감입니다. 현재와 미래는 늘 불안하므로 반드시 주변에 의지할 틀이나 원칙을 필요로 합니다. 이러한 원칙과 틀을 든든히 만들며 스스로의 안정감을 찾습니다.

직업을 선택한다는 것은 하나를 얻으려면 하나를 놓아야 할 용기가 필요합니다. 올바른 선택은 양쪽의 장점과 단점을 모두 알고 선택하는 것입니다. 내가 선택하고자 하는 것의 단점을 충분히 알고 있음에도 그것을 받아들이는 것이며, 포기하는 것의 장점을 충분히 알고 있음에도 그것을 놓아주는 것입니다.

그리고 선택 이후에 오는 어려움과 아쉬움도 당당히 받아들이는 것입니다. 우리가 직업적인 부분에 대해 선택을 못한다는 것은 아직은 그것을 덜 사랑하고 있다는 말과 같습니다. 그것이 갖고 있는 장점과 매력, 위험과 단점도 충분히 알아보고 결정을 하는 것이 좋습니다.

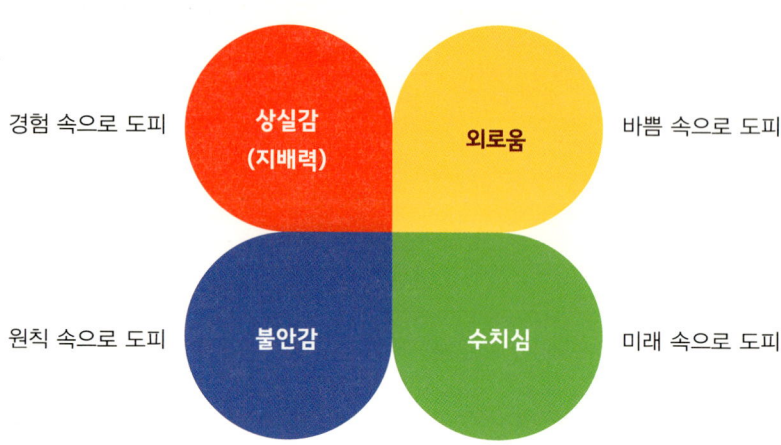

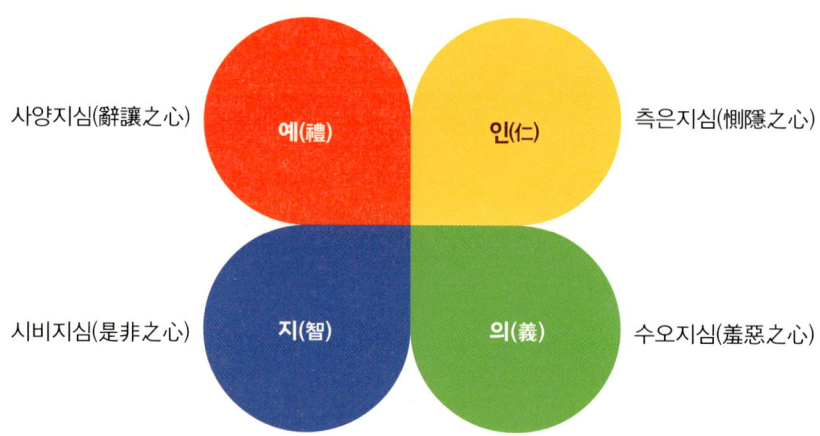

tip
해석의 팁

❶ 홀랜드-스트롱과 프레디저

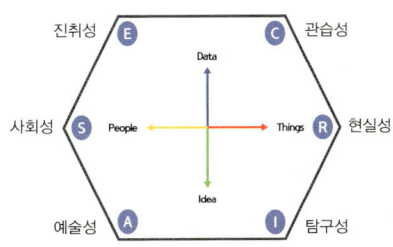

프레디저 - 홀랜드(스트롱) 연결 모형(미국 심리학회 발췌)

현실성의 What – Things(날개 편향)
탐구성의 What – Things, Idea(대척점)
예술성의 What – People, Idea(우뇌)

사회성의 What – People(날개 편향)
진취성의 What – Data, People(대척점)
관습성의 What – Data, Things(좌뇌)

프레디저 카드는 흥미도 변한다는 기본적인 사실에 충실합니다. 그래서 홀랜드-스트롱과의 연결에 있어 크게 가치를 두지는 않습니다. 다만 프레디저를 이해하면 홀랜드-스트롱에 대한 이해의 깊이도 훨씬 크게 가질 수 있습니다.

미국 심리학회에 따르면 앞의 그림처럼 프레디저와 홀랜드-스트롱 유형의 유사점을 알 수 있습니다. 직접적으로 사회성은 프레디저의 People과 유사성을 가지며 현실성은 Things와 유사성을 갖는다고 합니다. 다만 프레디저에 있어 People이라고 하더라도 날개를 Data로 갖느냐 아니면 Idea로 갖느냐에 따라서 차이를 보이게 됩니다.

홀랜드-스트롱의 관습성은 프레디저에 있어서 Data와 Things를 다루는 것에서 알 수 있습니다. 그래서 Data와 Things를 관습성의 What으로 둘 수 있습니다. 홀랜드-스트롱의 탐구성은 Things, Idea를 What으로 갖게 합니다. 즉 탐구성(탐구형)은 사물과 아이디어를 결합하며 탐구함으로 설명할 수 있습니다.

홀랜드-스트롱에서 예술성의 What은 People, Idea입니다. 즉 예술성(예술형)은 사람과 아이디어를 결합하는 것이라고 보는 것입니다.

진취성의 What은 Data, People입니다. 진취성이란 사람도 중요하지만 데이터와의 결합을 통해서 나타날 수 있습니다. 이러한 부분은 진취성(진취형)을 설득형이라는 다른 표현으로 쓰는 검사에도 나타나는데, 설득이라는 것은 Data를 이용하기 때문입니다.
그리고 탐구성의 What은 Things, Idea인데, 이는 앞서 프레디저 해석의 세 번째에도 나와 있지만 대척점에 있음을 알 수 있습니다. 진취성의 What인 Data, People 또한 대척점에 있음을 알 수 있습니다. 대척점에 관한 설명은 79쪽을 참고하기 바랍니다.
홀랜드-스트롱에 있어 People(노란색)과 Things(빨간색)의 결합과 Idea(초록색)와 Data(파란색)의 결합에 대해 유형으로 분류하지는 못합니다.
프레디저를 홀랜드-스트롱식으로 재해석을 한다면 People(노란색)과 Things(빨간색)의 결합은 야전형이라고 할 수 있습니다. 이는 홀랜드-스트롱의 현실성(현장형)이 사람에게 치우쳐 설명이 된다면 이와는 별개로 사람과 실행능력, 현장에서의 도구사용이 결합된 더 자세한 유형이라고 볼 수 있습니다. Idea(초록색)와 Data(파란색)의 결합은 전략가형으로 구분을 할 수 있을 것입니다

❷ 소비적 흥미를 생산적 흥미로 바꾸기

요즘 아이가 꿈이나 미래 직업을 이야기하면 흔히 하는 이야기 중 하나가 게이머(Gamer)입니다. 아이의 꿈이 프로게이머라고 대답을 하면 부모님이나 선생님은 이를 어떻게 상담을 해야 하나 당황하기 쉽습니다.
아이에게서 나온 이야기다 보니 이를 무시할 수도 없습니다. 그렇다고 막연하게 칭찬을 할 수도 없습니다. 왜냐하면 게이머라고 하는 것은 실제로 꿈이 될 수도 있지만, 현재 취미거나 현실도피의 수단이 될 수도 있기 때문입니다.
프레디저에서는 이러한 부분을 '소비적 흥미'라고 말하는데, 이러한 '소비적 흥미'를 '생산적 흥미'로 바꾸어야 합니다. 즉 아이에게서 나온 이야기부터 출발하는 원칙을 지키며 아이를 지지하여야 합니다. 또한 생산적 흥미로 바꾸면서 아이에게 직접적인 지평을 열어 주는 두 가지를 놓치지 말아야 합니다.
아이가 자신의 미래 직업을 '게이머'라고 말한다면 우선 게임 산업에 대해 이야기합니다. 아이가 PC나 스마트폰, 다른 매체를 통해 게임을 하기까지 게임 산업이 존재한다고 말해 줍니다.
게임 산업에는 게임을 기획하는 사람이 있고, 게임을 만들고 관리하는 사람이 있고, 게임을 판매하고 소비자에게 알리는 사람이 있으며, 게임을 통해서 번 돈을 관리하고 재투자 하는 사람이 있다고 합니다. 그래서 '게이머'라는 소비자가 게임을 좋아하고 사랑

한다면, 이러한 게임 산업에서 다양하게 기여할 수 있을 것이라고 말해 줍니다. 만약에 아이에게서 노란색(People)이 많이 나왔다면 게임 산업에서 판매 및 영업, 교육에서 종사하면 좋겠다고 이야기할 수 있습니다. 이처럼 프레디저는 아이의 기본적인 꿈을 확장해서 다양한 활용에 대한 도움을 줄 수 있습니다.

기업의 업무 순환구조 ❶

기업은 물건을 생산하거나 서비스를 공급하기 위해서 먼저 사업에 대한 기획을 하고 생산 및 관리를 하며 생산된 물건을 사람들에게 알리고 판매를 합니다. 그리고 돈을 벌어 이를 기록하며 재투자를 결정합니다.

기업의 업무 순환구조 ❷ - 1인 기업에도 사용

1인 기업의 경우에는 먼저 하나의 프로젝트에 대해서 기획을 하고 이를 실행하기 위한 근거자료를 수집하고 이를 다시 자료화 합니다. 그리고 자료를 가지고 설득하여 사업이 연결되면 실행을 통해 이윤을 창출합니다.

Part 5

프레디저 카드와 진로독서

프레디저 진로독서 이렇게 활용하세요

진로독서 부분은 52장의 흥미카드에 따라 각각 스토리, 읽을 책, 롤모델, 학과와 직업, 추천(진로)활동 등 총 5개로 나뉘어 있습니다. 앞에서 소개한 프레디저 흥미카드 이용방법에 따라 진로탐색을 한 후에 진로독서 부분을 참조하여 흥미를 확인하고 발전시킬 수 있습니다.

1. 스토리

흥미카드를 뽑은 후에 스토리를 읽어보세요. 스토리는 '오즈의 마법사' 이야기를 바탕으로 흥미카드의 단어나 문구의 뜻을 잘 이해하도록 하기 위해 만들었습니다. 스토리를 읽으면 각각의 흥미가 무엇을 말하는지 알 수 있고, 자신이 뽑은 흥미의 장점도 알 수 있을 것입니다. 스토리를 읽은 후에는 자신만의 스토리를 직접 만들어 보세요. 주인공을 나로 하여 이야기를 구성해 보는 것입니다. 예를 들어 '재배하기'를 뽑았다면, "나는 식물 재배를 아주 좋아합니다. 매일 물을 주고 정성을 다해 돌본 식물이 쑥쑥 자랄 때, 꽃을 피울 때 정말 기쁘고 가슴이 뜁니다. 나중에 나는 넓은 땅에 많은 식물을 심어 멋진 정원을 가꿀 것입니다. 사람들이 내가 만든 정원에서 휴식을 취하고 결혼식도 올리도록 하고 싶습니다."와 같이 쓰면 됩니다. 흥미를 갖고 있는 일에 대한 즐거움과 앞으로 하고 싶은 일을 중심으로 쓰면 될 것입니다. 스토리를 쓴 후에는 가족이나 친구에게 들려주고 예쁘게 인쇄하여 벽에 걸어두면 좋겠습니다.

2. 읽을 책

52장의 흥미카드 각각에 어울리는 책을 골라 소개했습니다. 초등학교 저학년과 고학년, 청소년으로 나누어 소개했는데, 첫째, 흥미 분야에 대한 지식을 알려주고, 둘째, 흥미를 더 발전시키도록 호기심을 주거나 셋째, 흥미를 키워 직업적으로 성공한 사람들에 대한 책을 골랐습니다. 소개한 책들을 혼자 즐겁게 읽어도 좋지만, 부모님과 함께 읽으면서 이야기를 나누면 더 좋습니다. 동화 속 주인공이 하는 행동에 공감하면서도 주인공이 어떻게 흥미를 발전시켰는지 살펴보기 바랍니다. 여러분의 꿈을 키워가는 데에 배울 점은 무엇인지 생각해 보는 것도 좋겠지요. 또 흥미를 직업으로 연결 지어 살고 있는 사람들에 대해서도 알아보고 그들이 어떤 과정을 거쳐 직업을 갖게 되었는지 찾아보고, 자신의 미래도 상상해 보기 바랍니다. 초등 저학년, 고학년, 청소년으로 나누어 소개하였지만, 학년에 구애받지 말고 읽어보는 게 좋습니다. 초등학생이라도 청소년용 책에 도전해 볼 수 있고, 청소년이어도 초등용 책을 읽을 수 있습니다.

3. 롤모델

롤모델은 자신보다 앞서 길을 걸어간 사람으로 닮고 싶은 사람을 말합니다. 롤모델을 모범으로 삼는다는 것은 그의 이력을 따라간다는 게 아니라 그 사람이 어떤 자세와 신념으로 세상을 살았는지, 어떻게 시련이나 위기, 고통을 극복하였는지 등을 배우는 것입니다. 소개된 롤모델의 이야기를 소리 내어 읽어보고 나서, 그 인물에 대한 정보, 신문기사를 더 찾아보거나 그 인물이 직접 쓴 책, 또는 전기, 평전 등을 읽어보는 게 좋습니다. 인물이 자신의 흥미를 어떻게 발전시켜 직업적으로 업적을 이루었는지 알아보는 것도 중요할 것입니다.

4. 학과와 직업

흥미에 어울리는 직업을 소개한 코너입니다. 흥미 분야와 관련된 대표적인 직업 두 개를 골라 소개하고, 그 외 다른 직업도 소개하였습니다. 흥미에 따른 직업은 다른 흥미들과 겹치거나 동일할 수 있습니다. 예를 들어 교사는 충고나 조언에도 해당되고, 훈련시키기, 상담하기, 설명하기에도 해당될 수 있습니다. 직업은 계속 생겨나고, 더 많은 직업들이 있을 수 있으므로 직업에 대한 책이나 인터넷을 통해 더 찾아보기 바랍니다. 학과 역시 흥미에 따라 고정된 게 아니고 얼마든지 변경할 수 있습니다. 일단 자신이 뽑은 흥미에 어울리는 직업과 학과를 알아본 후 더 자세한 정보를 찾기 바랍니다.

5. 추천(진로)활동

추천(진로)활동은 흥미에 따른 체험을 할 수 있는 곳, 또는 흥미를 더 발전시킬 수 있는 자료들을 소개합니다. 영화, 다큐 등 영상물과 여러 박물관, 전시관, 유적지들을 소개하고 있고, 참여 프로그램도 안내하고 있습니다. 흥미카드를 고른 후 바로 진로활동 체험을 할 수도 있고, 책을 읽고 롤모델, 직업이나 학과를 알아본 후 진로체험을 해도 좋습니다. 진로체험 후에는 진로노트에 체험 소감을 작성해 볼 수 있습니다.

01

계산하기

스토리

허수아비는 덧셈을 하고 있어요. 허수아비는 자신의 머리가 지푸라기로 가득 차 있어서 계산을 제대로 할 수 없을 거라고 생각했어요. 하지만 간단한 계산부터 차근차근하다 보니 어느새 잘 하게 되었어요. 그래서 사자와 양철나무꾼은 수와 관련된 문제를 해결할 때는 허수아비에게 도움을 청해요. 그러면 허수아비는 침착하게 계산을 해서 정확한 답을 알려 줘요. 허수아비는 점점 더 어렵고 복잡한 계산에도 도전하게 되었어요. 그리고 그것을 풀어냈을 때 느끼는 즐거움 때문에 계산에 대한 흥미가 더욱 커졌어요.

읽을 책

저학년 어린이가 처음 만나는 수학그림책 1 : 놀이수학 / 안노 미쯔마사 지음 / 한림

두 명의 난쟁이와 함께 수학여행을 떠나면서 아이들이 스스로 생각하고 발견해 내는 놀라운 경험을 하게 됩니다. 다양한 그림을 통해 자연스럽게 개념을 깨달을 수 있도록 도와주며 추리력, 관찰력, 사고력을 키우는 데 도움을 줍니다.

고학년 20인의 수학자 편지 / 고수유 지음 / 거인

세상을 바꾼 위대한 수학자 20인의 이야기가 '편지글' 형식으로 펼쳐집니다. 짧고

간결한 편지 속에는 수학자 20인의 꿈과 그 꿈을 향해 달려가는 모습이 생생하게 담겨 있습니다. 덕분에 책을 읽는 내내 수학자들로부터 생생한 편지를 받는 듯 한 느낌을 갖게 합니다. 그림자를 이용해 피라미드의 높이를 계산한 탈레스를 비롯해 기발한 상상력과 창의력으로 숫자로 이루어진 세상을 발견한 수학자들의 이야기를 통해 수학이란 학문에 대한 관심을 더욱 높일 수 있는 책입니다.

> **청소년** 회계사가 말하는 회계사 / 강성원 지음 / 부키

현직 회계사 15명의 일상을 담고 있습니다. 회계사가 무슨 일을 하고 있으며 회계사가 되려면 어떤 전문지식과 능력을 갖추어야 하는지를 알 수 있지요. 이 책에 따르면 회계사는 전문지식을 바탕으로 성실함과 책임감은 필수이고, 외국어 능력과 네트워크 능력이 중요합니다. 회계사라는 직업을 한마디로 정의하기란 힘들지만, 숫자라는 언어를 해석하고 소통하는 사람이라고 할 수 있습니다.

롤모델

수학자 데카르트

1596년 3월 31일 프랑스에서 태어났습니다. 그의 집안은 프랑스에서 중간 정도의 귀족 계급이었으며, 대대로 정부의 고급 공무원을 지낸 부유한 집안이었습니다. 어릴 때부터 몸이 약했지만 예리한 사고력을 가지고 있었고 당시 명문으로 불리던 라 플레쉬라는 학교에서 공부하였습니다. 그때 소수로 유명한 메르센을 비롯한 많은 과학자, 철학자와 토론회에 활발히 참여했습니다.

17세가 되던 1612년, 데카르트는 학교를 떠나 곧장 파리로 가서 메르센과 더불어 수학 연구에 전념했습니다. 1617년부터 몇 년 동안 군 생활을 했고, 그 후 4~5년 동안 독일, 덴마크, 네덜란드, 스위스, 이탈리아를 여행하였습니다. 여행을 마친 후 네덜란드로 가서 20년간 살면서 철학, 수학, 과학의 연구에 몰두하였습니다.

수학사에서 데카르트의 가장 큰 업적은 좌표계를 고안해낸 것입니다. 그가 좌표계를 만들어낸 일화는 매우 유명합니다. 어느 날 아침, 침대에 누워 생각에 잠겨 있던 데카르트는 방안을 날아다니는 파리를 발견하게 됩니다. 파리는 이리저리 날아다니다 천장에 앉고, 다시 날다가 또 다른 곳에 앉기를 반복했습니다. 그 모습을 가만히 지켜보던 데카르트는 '파리의 위치를 정확히 나타낼 수 있는 방법은 없을까?'하고 고민하다

가 천장을 가로축과 세로축으로 나눈 후 파리의 위치를 순서쌍을 이용하여 나타내면 되겠다고 생각했던 것입니다. 이렇게 고안된 것이 데카르트의 좌표계입니다. 이것은 여러 분야에 크게 영향을 미쳤습니다. 우리가 잘 알고 있는 위치를 알려 주는 GPS도 이 좌표계를 응용한 발명품입니다. 또한 데카르트보다 약 50년 후에 태어난 뉴턴과 라이프니츠가 미적분을 발명할 수 있었던 것도 데카르트의 좌표계가 있었기에 가능했던 것입니다.

학과·직업

관련 직업 수학자, 수학교사, 외환딜러, 통계학자, 금융업자, 회계사, 세무사, 통계전문가, 빅데이터 관련 종사자, 컴퓨터 알고리즘 관련 종사자, 기업체 재무회계 전문가, 리서치 전문가, 여론조사 기획가, 환율 전문가, 은행원, 보험 및 금융관련 종사자

- **회계사 :** 나가고 들어오는 돈을 따져서 셈하는 일을 전문적으로 하는 사람입니다. 개인, 기업, 정부, 단체 등을 위해 돈의 흐름을 계산해서 적절한지 아닌지 판단합니다. 따라서 돈과 관련된 서류를 꼼꼼하게 검토할 수 있어야 하므로 수학을 잘해야 합니다.

- **외환딜러 :** 국제 금융 시장에서 환율을 다루는 직업입니다. 수시로 오르내리는 돈의 흐름을 알고 싼 시점에 사들이고 비쌀 때 팔아 그 차액을 남기는 일을 합니다. 따라서 세계의 정치, 경제의 변화와 외환시장의 흐름 등을 잘 알고 금융관련 정보를 수집하고 분석하는 일도 잘 해야 합니다.

- **보험계리사 :** 국내외 보험 상품 관련 제도를 조사하고, 소비자심리 및 보험료에 영향을 미치는 요인을 분석합니다. 분석결과를 토대로 국내 사회 환경과 경제실정에 맞는 보험상품을 개발합니다.

관련 학과 수학, 수학교육, 회계학, 응용통계학, 정보통계학, 의학통계학

추천활동

- **국립과천과학관 온라인 수학 게임**(http://milc-seereal.sciencecenter.go.kr)
- **수학문화원 체험활동**(http://www.mathculture.kr)

개정 교육과정 초등학교 1학년부터 고등학교 1학년까지의 수학 교육을 통해 추구해야 할 총괄 목표가 제시되어 있습니다. 그 중에서 '수학적 지식과 기능의 습득', '수

학에 대한 긍정적 태도 육성'을 적극 지원하고자 하는 프로그램입니다. 즉, 수학적 개념과 성질의 학습을 조작적 활동을 통해 익힘으로 수학에 대한 지속적 흥미와 가치 이해를 돕는 활동입니다.

- **군포수학체험관**

군포수학체험관에서는 체험관에서 직접 보고 만진 교구의 원리를 직접 실험하는 수학체험관 체험활동 프로그램으로 수학에 대한 인식을 바꿀 수 있는 기회를 제공합니다.

- **수학문화원**(http://www.mathculture.kr)

경기도 남양주에 있으며, 수학 관련 다양한 활동을 제공합니다.

02

돈(예산) 관리하기

스토리

도로시는 용돈을 아껴서 돼지 저금통에 동전을 한 가득 모았어요. 용돈기입장도 꼬박꼬박 썼답니다. 용돈기입장을 쓰면 돈을 얼마나 쓰고, 어디에 많이 썼는지를 알 수 있어서 절약할 수 있습니다. 또 돈을 어떻게 써야 할 지 계획을 세울 수도 있어요. 이렇게 용돈 관리를 통해 알뜰하게 돈을 모은 덕분에 도로시는 학교에서 저축왕으로 뽑혀 상을 받기도 했어요. 앞으로 도로시는 경제에 관한 책도 읽고 경제캠프에도 참가하는 등 경제에 대해 더 많은 것들을 배울 생각입니다.

읽을 책

저학년 금화 한 닢은 어디로 갔을까 / 로제 쥐덴 지음 / 개암나무

한 마을에 나무꾼이 살았어요. 나무꾼은 나무를 하기 위해 도끼질을 너무 열심히 하다가 그만 허리를 다치고 말았네요. 돈이 없는 나무꾼은 의사선생님께 다 나으면 나무를 해서 금화 한 닢을 드리겠다고 하며 치료를 받았어요. 치료비를 받지 못해 돈이 없는 의사선생님은 농장 주인에게 음식 재료를 외상으로 가져오네요. 이렇게 마을 사람들의 금화 한 닢의 이야기는 계속됩니다. 재미있는 이야기를 통해 물건을 만들고(생산), 물건을 팔아 돈을 벌고(분배), 필요한 것들을 사는 경제활동(소비)을 알려 주며 돈의 흐름과 중요성을 다룬 책입니다.

고학년 원시인도 아는 경제 이야기 / 김현주 지음 / 미래아이

원시 공동체 시대부터 현대 자본주의까지 경제의 역사이야기를 쉽고 흥미롭게 설명해 주는 책. 각 시대별로 경제 현상을 알아보고 경제 뿐만 아니라 정치, 문화, 사회를 다양하게 이해하고 세계사의 흐름을 알 수 있게 해 줍니다. 인류는 왜 농사를 짓게 되었는지 물물 교환은 어떻게 이루어졌는지, 농민들은 왜 공장으로 갔는지, 공황은 왜 일어났는지 등 경제와 역사에 관한 물음에 명쾌한 답을 주는 책입니다.

청소년
1. 17살, 돈의 가치를 알아야 할 나이 / 한진수 지음 / 책읽는 수요일

저자는 머리말에서 "인생 설계의 반은 금융 설계"라고 말하면서 청소년들이 올바른 금융 지식을 갖추고 금융 관리를 잘 하는 것은 인생 설계를 잘하는 것과 다름없음을 강조합니다. 금융감독원 금융교육자문위원으로도 활동하고 있는 저자는 돈과 금융, 금리, 환율과 물가, 저축과 신용카드, 주식과 채권, 보험 등 금융경제에 대해 청소년이 이해하기 쉽게 설명하고 있습니다. 마지막 장에는 금융 위기와 신자유주의, 통화정책에 대해서도 친절하게 설명되어 있습니다.

2. 대통령은 돈을 마구 찍을 수 있다고? : 경제학 / 류동민 지음 / 비룡소

경제학이란 무엇이고, 경제학자들이 고민하는 것은 무엇인지 등을 역사적으로 일어난 사건과 일화를 중심으로 흥미롭게 풀어놓은 책입니다. 마르크스와 케인스 같은 학자들의 이론도 알 수 있고, 경제학에서 배우는 것은 무엇이며, 경제학과 경영학의 차이도 알기 쉽게 설명해 줍니다. 나라의 예산과 결산, 돈의 흐름 등을 이해할 수 있습니다.

롤모델

은행가 유누스

무함마드 유누스는 1940년 당시 영국령인 벵갈 지방(현재 방글라데시)에서 무슬림 집안에서 태어나, 경제학을 전공했습니다. 미국에서 박사학위를 받고 돌아와 방글라데시의 빈곤 현실을 안타까워하며 이에 대한 연구를 하였습니다. 방글라데시의 가난한 사람들은 빌린 돈보다 갚아야 할 돈이 더 많아 빈곤에서 벗어나기 힘들었어요. 높은 이자와 대출금으로 중간 상인, 고리대금업자들에게 착취를 당했기 때문입니다. 빈곤의 악순환에서 벗어날 수 없는 사람들을 보며 유누스 총재는 가난한 사람들에게 기회를

주기 위해 담보 없이 소액대출이 가능한 그라민 은행을 만들었습니다.

그라민 은행에서는 담보도 필요 없이 가난하다는 것만 증명하면 돈을 빌려주었습니다. 처음에는 사람들이 유누스 총재의 말을 믿지 않고 자립해서 살아갈 수 있다는 생각도 못했지만, 총재는 포기하지 않고 가난한 사람들에게 희망을 전달하여 믿음을 갖게 했습니다.

유누스 총재는 방글라데시 뿐만 아니라 세계 여러 나라에 그라민 은행을 설립하고 확장해, 빈곤 퇴치에 기여한 공로를 인정받아 2006년 그라민 은행과 공동으로 노벨 평화상을 수상하였습니다. 그 외에도 막사이사이상, 세계식량상, 서울평화상 등 여러 상을 받았습니다.

유누스 총재는 가난이 개인적인 것이 아니라 사회 전체의 문제라는 생각을 갖게 만들었습니다. 우리 모두가 인간답게 살아갈 수 있는 권리와 어떻게 가난에서 벗어날 수 있는지에 대해 생각하게 합니다.

학과·직업

관련 직업 재산관리사, 금융자산 운용가, 기업가치평가 전문가, 코스트 컨트롤러, 공인재무분석사, 외환딜러, 펀드매니저, 신용리스크 전문가, 국가외환 전문가, 기업체 재무관리 부서, 투자 분석가, 재보험 설계사, 계리인, 은행가, 환율 전문가, 회계사, 보험 계리사

• **금융자산 운용가** 금융자산 운용가는 고객이 맡긴 돈을 잘 운용하여 이윤을 남겨주는 직업으로 현재 경제상황을 잘 살펴보고 미래를 예측하여야 합니다. 고객의 돈은 관리하려면 윤리의식이 높아야 하며, 늘 새로운 정보를 알아야 합니다. 물가나 환율 등을 잘 분석하는 능력과 중요한 결정을 정확히 할 수 있는 결단력과 추진력이 필요하답니다.

• **기업가치평가 전문가** 기업가치평가 전문가는 기업의 가치를 평가하는 직업으로 유형자산의 가치는 물론 경영자의 능력, 기업의 경쟁력, 노하우 등 보이지 않는 자산의 가치를 돈으로 환산하는 직업으로 미래유망직종입니다. 투자상담회사, 은행, 증권사, M&A사 등에서 일할 수 있답니다.

관련 학과 경제학, 경영학, 세무학, 회계학

추천활동
- 한국은행 경제교육 : 어린이 경제마을(http://kids.bokeducation.or.kr/index.do)
- 코코잉과 함께 배우는 어린이 경제시리즈(동영상)
- 어린이 경제교실 : 매일경제(체험활동, http://kids.mk.co.kr/new)

　매일경제 어린이 경제교실은 다양한 경제 프로그램으로 매월 2,4주 진행하고 있습니다. 경제를 처음 접한 어린이도 쉽게 경제를 이해할 수 있도록 다양한 게임과 영상, 체험을 통해 체계적인 경제교육을 실시합니다. 교육내용은 '경제랑 친구하기', '머니(money)가 머니?', '용돈 완전정복', '시장 속 경제탐험', '주식투자게임', '경제나라와 기업가' 등 경제에 대해 다양한 교육을 하고 있습니다.

- 대구은행 금융박물관(http://museum.dgb.co.kr)
- 우리은행 은행사박물관(http://www.woorimuseum.com)
- 증권박물관(http://museum.ksd.or.kr)

03

구분하기

스토리

양철나무꾼은 어느 쪽이 진짜 에메랄드 성인지 살펴보고 있어요. 양철나무꾼은 두 개의 성이 비슷해 보이지만 분명 다른 곳이 있으며, 그 중 하나만이 진짜 에메랄드 성이라는 것을 확신했어요. 그래서 꼼꼼하게 살펴보고 두 개의 성이 어떻게 다른지 구분할 수 있었어요. 양철나무꾼은 작은 부분도 놓치지 않고 자세히 살펴보고 차이점을 찾아내요. 그 덕분에 도로시와 친구들은 나쁜 마녀가 그들을 속이려고 할 때에도 무사히 위기를 넘길 수 있었어요. 그래서 양철나무꾼은 무엇이든 구분하기 위해 찬찬히 살펴보는 것을 더욱 좋아하게 되었어요.

읽을 책

저학년 미술속의 마술 / 알렌산더 스터지스 지음 / 보림

레오나르도 다빈치, 쉐라 등 유명한 화가의 작품 속에 숨겨진 비밀을 풀어헤칩니다. 화가의 작품을 통해 번뜩이는 재치와 기발한 아이디어를 소개하고 알려지지 않은 화가들의 뒷이야기까지 재미있게 설명해 놓은 책입니다. 그래서 책을 읽다보면 그림 속 마술의 비밀을 밝히는 재미에 금세 빠지게 됩니다. 또한 그림 옆에 작은 설명글과 퀴즈가 있어 그림을 좀 더 꼼꼼히 보게 하며, 짧은 일화들은 그림을 이해하는 작은 단서가 되기도 합니다.

고학년 어린이 고고학 첫걸음 / 라파엘 드 필리포 지음 / 상수리

알타미라 동굴 벽화를 발견한 뒤 누명 때문에 죽은 사우투올라 후작 이야기, 로제타석의 상형문자를 해독한 샹폴리옹, 스키타이 왕들의 고분을 도굴해서 금은보석을 팔아먹은 보물 사냥꾼, 알프스 산맥에서 발견된 5300년 전의 미라 '아이스맨', 중국 진시황제의 병마용, 한국의 무녕왕릉 등 선사시대부터 고대 그리스로마시대, 이집트, 중세시대에 이르기까지 흥미진진한 시기별 유물 발굴을 통해 고고학 세계사를 생생하게 보여 주고 있습니다. 특히 고고학자들이 유물 발굴 현장에서 아주 오래된 과거 역사를 어떻게 재구성하는지를 보여 주어 외우는 역사가 아닌 이해하는 역사를 깨닫게 하는 책입니다.

청소년 즐겁게 미친 큐레이터 / 이일수 지음 / 생각의나무

20년간 갤러리에서 큐레이터라는 직업인으로 살아오면서 겪은 이야기를 풀어놓은 책입니다. 막연히 미술이 좋아 큐레이터를 꿈꾸는 사람들에게 미술계의 현실을 보여 주고 어떤 준비를 해야 하는지를 안내하고 있습니다. 전시를 기획하는 단계에서부터 전시가 끝나고 그림을 떼며 마무리하는 단계에 이르기까지 큐레이터가 어떤 일을 하는지 실질적인 업무에 대해 알 수 있습니다.

롤모델
고고학자 손보기

뗀석기니, 주먹도끼니 하는 선사시대의 유물을 배우고 암기하면서 이런 의문을 가진 적 있는지 모르겠습니다. '이런 용어는 누가 만든 거야?', '선사시대는 언제 밝혀진 거지?', '한반도에도 선사시대가 있었는지 어떻게 알지?' 당연히 한반도에 구석기시대가 있었다는 사실을 밝혀낸 사람도 있고, 그저 짱돌로 보이는 석기에 이름을 붙인 사람도 있습니다. 그 장본인은 바로 고고학자 손보기 박사님입니다.

박사님은 고고학자로서 1964년부터 1992년까지 충남 공주 석장리를 발굴하여 한반도에도 구석기 시대가 존재한다는 사실을 최초로 밝혔으며, 또한 서지학자로서 고려의 금속활자가 서양 구텐베르크보다 200년이나 앞섰다는 것을 과학적으로 증명한 인물입니다. 또한 일제강점기에도 부당한 세력에 굴하지 않고, 제자리에서 묵묵히 자신의 역할을 다했습니다.

식민 사관을 극복하고 한국사를 제대로 세우기 위해 애썼던 박사님은 어린이들이 자주 찾아 주기를 바라는 마음으로, 평생 모은 연구 자료와 유물 1만 점을 기증했습니다. 그 덕분에 2006년 9월, 석장리 구석기 유적 발굴단이 현장에서 첫 삽을 뜬 지 42년 만에 '공주 석장리 박물관'이 문을 열었고, 2009년 5월에는 '파른(손보기 박사님의 호) 기념관'이 세워졌습니다. 박사님이 돌아가신 뒤에도 공주 석장리 박물관은 한국 구석기 문화를 대표하는 곳으로 구석기 시대를 알고자 하는 어린이들에게 훌륭한 교재 노릇을 하고 있으며, 파른 기념관은 손보기 박사님을 기념하는 충남의 명소로 자리 잡았습니다.

참고도서 고고학자 손보기 / 김향금 지음 / 샘터

학과 · 직업

관련 직업 고고학자, 와인 감별사, 보석감정사, 농산물 품질 관리사, 국가 간 무역점검 계통, 미술품 감정사, 감리 전문가, 기업체 감찰 부서원, 특허 전문가, 상표권 관련 전문가, 법의학자, 의학 연구원, 진단 계통 의사, 동물 생태학자, 국제조류기구 근무자, 색채 전문가, 플로리스트, 판정관, 지질학자

· **미술품 감정사** : 서화, 골동품 등의 고대, 근대, 현대 미술품의 진위여부를 감정하고 시장적 가치를 평가합니다. 작품과 수집가 사이에서 거래를 중재하는 역할도 합니다.

· **변리사** : 특허권, 실용신안권, 의장권, 상표권과 같은 공업소유권의 등록, 취득, 보존에 관한 업무를 대행합니다.

관련 학과 고고미술사, 미술 관련학(동양화, 서양화 등), 와인발효식품학, 시계주얼리, 법학, 행정학

추천활동

· **연천군 선사체험 마을**(http://exp.seonsa.go.kr)
· **울산대곡박물관** : 어린이 고고학 체험교실(http://dgmuseum.ulsan.go.kr)
· **용인문화유적전시관**(http://museum.yongin.go.kr)

동백지역에서 발굴 복원된 도기가마 모형을 직접 볼 수 있으며, 발굴 영상물 자료를 바탕으로 고려시대 도기를 직접 발굴해 보고 유물을 복원해 볼 수 있는 체험공간

이 마련되어 있습니다.
- 오남 공룡체험전시관
- 안면도 쥬라기박물관
- 방원공룡박물관
- 해남공룡박물관
- 경산공룡박물관
- 고성공룡박물관
- 제주공룡랜드
- 문경석탄박물관(http://coal.gbmg.go.kr)
- 태백석탄박물관(http://www.coalmuseum.or.kr)
- 보령석탄박물관(http://www.1stcoal.go.kr)
- 익산보석박물관(http://www.jewelmuseum.go.kr)

04

편집하기

스토리

도로시와 사자가 '오즈의 마법사' 영화촬영을 하고 있네요. 모험 가득한 이야기를 만들기 위해 좋은 장면을 찍고 또 찍고 열심히 촬영하는 도로시와 사자예요. 이제 잘 나온 장면을 모아 편집하는 일이 남았네요. 편집은 여러 자료들을 모은 다음 순서를 정하여 정리하는 일이에요. 편집을 할 때에는 시나리오도 잘 알아야 하고, 영화에 대한 기술이나 정보, 자료를 제대로 이해할 줄 알아야 하기 때문에 공부를 많이 해야 합니다. 영화를 보는 사람들이 내용을 쉽게 이해하면서도 재미있게 볼 수 있도록 해야 하니까요. 영화편집을 하면서 흥미가 생긴 도로시는 출판편집이나 신문잡지 편집에도 관심이 생겨 알고 싶어졌어요.

읽을 책

저학년 책은 어떻게 만들까요 / 알리키 브란덴베르크 지음 / 비룡소

"이 책은 누가 만들었을까요?"라고 하는 물음에 작가와 화가는 "내가 만들었지." 하고 말하네요. 또 편집자, 발행인, 디자이너, 인쇄인, 홍보 담당자 등의 여러 사람들이 내가 만들었다고 말합니다. 맞아요, 책은 여러 사람들이 함께 만들어요. 이 책은 한 권의 책이 어떻게 만들어 지는가에 대해 자세하게 설명하여 아이들의 궁금증을 해결해 줍니다.

고학년 레디, 액션! 우리 같이 영화찍자 / 김경화 지음 / 창비

영화에 대한 역사와 영상의 원리를 이해시키는 이 책은 영화를 전공한 작가의 친절한 설명과 아이들의 눈높이에 맞춘 다양한 자료로 아이들이 쉽게 이해할 수 있도록 구성되었습니다. 영화의 모든 것을 이해하여 아이들이 실제 영화를 만들 수 있도록 시나리오 작성, 배우와 스태프 모으기, 촬영과 편집, 음향까지 영화제작의 전 과정을 쉽게 설명한 책입니다.

청소년 학교에서 영화찍자 / 안슬기 지음 / 다른

인디 영화감독 출신이 쓴 영화제작에 관한 책입니다. 영화제작을 위한 영화대본 이해하기와 시나리오 작성에서부터 영화제작에 필요한 다양한 조언을 실제 경험을 바탕으로 친절하게 소개하고 있습니다. 또 영화라는 매체가 갖고 있는 특성들과 상업성이라는 현실적 제약을 알아야 함도 강조하고 있습니다. 영화제작은 물론 영화와 관련된 분야에 흥미가 있는 사람에게 좋은 정보가 되는 책이라고 할 수 있습니다.

롤모델
출판인 한창기

1936년 전남 보성에서 태어난 한창기는 출판인의 꿈을 갖고 자신의 꿈을 이루기 위해 집안의 반대에도 불구하고 자신의 일을 열심히 해 나갔습니다. 처음 시작은 영어로 된 백과사전을 파는 회사인 '한국브리태니커'를 설립한 것입니다. 성공한 사업가가 되어 오랜 꿈인 출판사를 설립하여《뿌리 깊은 나무》라는 잡지를 선보이게 되었어요. 잡지가 폐간되는 불운을 당하기도 하지만 한창기는 이에 굴하지 않고《한국의 발견》,《민중자서전》등 출판문화의 금자탑 같은 책들을 기획. 출간하면서 뒤이어 우리나라 최초의 가정잡지인《샘이 깊은 물》을 창간하게 됩니다. 아름다운 우리말과 탁월한 감각으로 독자의 사랑을 받는 최고의 잡지가 되었지만, 한창기는 1997년에 아쉽게 세상을 떠나게 됩니다. 세상에서 가장 아름답고 좋은 책을 만드는 게 꿈이었던 한창기는 우리의 전통문화 발전을 위해 애쓴 사람이며 한글과 우리 전통문화의 가치를 알리고자 평생을 바친 진정한 출판인입니다.

참고도서 책바보 한창기 우리 문화의 뿌리 깊은 나무가 되다 / 김윤정 지음 / **청어람미디어**

학과 · 직업

관련 직업 출판편집자, 영화편집자, 영상편집자, 비디오 저널리스트, 패션에디터, 북디자이너, 다큐멘터리 제작자, 내셔널 지오그래픽 편집자, 사진 기획가, 사진사, 사진편집자, 자동차 디자이너, 영화감독

- **출판편집자 :** 출판편집자는 작가가 쓴 원고를 받아서 내용과 출판물의 디자인을 검토하고 편집 작업의 순서와 방법을 설정하여 원고를 편집합니다. 작가에 대한 관찰력과 통찰력을 가져 작가와 어울릴 수 있는 책의 편집을 구상하고, 교정업무를 볼 수 있는 꼼꼼함, 편집디자인을 위한 창의력과 컴퓨터와 편집 프로그램을 다룰 수 있는 기술력 등이 필요합니다.

- **영화편집자 :** 영화편집자는 촬영 후 필름, 테이프 등의 영상을 대본에 맞게 편집하는 직업으로, 영화의 전체적 흐름을 잘 알아서 꼼꼼하고 세심하게 장면 장면을 연결합니다. 편집을 어떻게 하느냐에 따라서 영화의 완성도가 달라지므로 섬세함과 창의력 등이 필요하며 편집기계를 다룰 수 있는 기술력도 필요하답니다.

관련 학과 연극영화, 국어국문, 출판미디어, 영상미디어

추천활동

- **방송국 견학**(http://office.kbs.co.kr/kbson)
- **파주출판도시 견학**(Book City 홍보관, http://www.bookcity.or.kr)

파주출판도시의 견학 프로그램은 책을 기획하는 단계에서 편집, 인쇄, 제책과정을 거친 후 출판물종합유통센터를 통해 전국의 독자들에게 공급되기까지 일련의 과정을 모두 체험할 수 있습니다. 전문 해설사가 동행하여 출판도시의 역사와 문화는 물론, 생태와 건축에 대한 이야기와 함께 다양한 체험활동을 진행합니다. 견학 프로그램은 크게 소풍코스, 산책코스, 테마여행코스 세 가지 유형이 있는데 걷기 체험이 포함된 소풍코스에서 '책 만드는 과정'과 '빛 그림자 공연' 등 다양한 프로그램 중 선택하여 체험할 수 있습니다.

- **한국100년 전 사진박물관**(http://www.nojum.co.kr)

정치인물, 경제, 일제만행 등 주제별 옛 사진자료와 시사칼럼을 수록하고 있습니다.

- **KBS 방송박물관**(http://office.kbs.co.kr/museum)

연도별 KBS 드라마 및 방송, 장비, 프로그램 발달사 및 변천사를 보여 주고 세계

주요 방송국을 소개합니다.
- **한국카메라박물관**(http://www.kcpm.or.kr)
- **여명카메라박물관**(http://www.ymcm.kr)

05

정리하기
분류하기

스토리
허수아비는 복잡하게 뒤섞여 있는 것을 깔끔하게 정리하는 것을 좋아해요. 그래서 머릿속이 지푸라기라서 생각하는 것을 힘들어 하는 다른 허수아비 친구들에게 큰 도움이 된답니다. 이렇게 비슷한 것들끼리 묶어서 간단히 정리를 해두면 누구나 한 눈에 쉽게 이해할 수 있어요. 뿐만 아니라 허수아비는 가을에 벼를 수확할 때에도 무조건 베어서 쌓아두지 않아요. 시장에 내다 팔 것, 도로시에게 나눠줄 것, 어려운 이웃을 도와줄 것, 이렇게 따로따로 나누어 정리해서 볏단을 묶어 두어요. 허수아비는 정리하고 분류하는 것이 중요하다고 생각해요. 그래서 좀 더 쉽게 정리할 수 있는 방법을 늘 연구해요. 그건 허수아비의 즐거운 취미 중 하나랍니다.

읽을 책
저학년 시골 쥐는 그래프가 필요해 / 이현주 지음 / 을파소

시골 쥐와 도시 쥐 이야기를 통해 자료 분류하기를 학습하는 책입니다. 시골 쥐와 도시 쥐 이야기를 통해 마음 편한 곳이 최고라고 말하는 너무 뻔한 교훈 대신 자료 분류하기의 개념을 익힐 수 있습니다. 기준을 정해서 여러 사물을 분류하고, 표와 그래프를 그리고 해석하는 활동을 하며 자료를 조직화하고 앞으로의 일을 예측하는 능력을 키울 수 있습니다.

고학년 반가워요! 린네 / 장수하늘소 지음 / 좋은책어린이

유달리 꽃을 좋아하는 꼬마 숙녀 '초롱이'는 예쁜 데이지 꽃을 닮아 별명도 '데이지' 입니다. 어느 날 공원을 산책하던 초롱이는 '린네 풀'이라고 불리는 '데이지 꽃'과 이야기를 나누게 되고, 데이지 꽃에게서 '자기(데이지 꽃)의 이름을 지은 사람이 린네 할아버지'라는 말을 듣고, 과학자 '린네'에 대해 호기심을 갖게 됩니다. 그러던 중 초롱이는 우연히 어떤 할아버지를 만나게 되는데, 알고 보니 그 할아버지가 다시 살아 돌아온 린네 할아버지! 초롱이는 린네 할아버지에게 여러 가지 분류에 대한 이야기를 들으면서 신비하고 놀라운 식물과 식물 분류의 세계로 빠져듭니다. 말랑말랑한 이야기, 풍부한 사진 자료, 시원시원한 일러스트와 면 구성으로 '린네와 식물 분류 과정'을 쉽고 재미있게 접할 수 있습니다.

청소년 반갑다 마인드 맵 / 한국부잔센터 지음 / 사계절

마인드 맵은 읽고 분석하고 생각하고 기억하는 모든 것들을 마음속에 지도로 그리는 방법입니다. 이미지와 핵심 단어, 색과 부호를 사용하여 좌뇌, 우뇌의 기능을 유기적으로 연결함으로써 두뇌의 기능을 최대한 발휘할 수 있도록 하는 것이지요. 마인드 맵을 활용하여 내용을 정리하면 개념의 위계를 더 잘 이해할 수 있고 기억하는 데에도 큰 도움이 됩니다. 학교에서 배우는 학습 내용 뿐 아니라 일상 안에서 취득한 정보나 복잡한 사항들도 마인드 맵을 활용하면 잘 정리할 수 있습니다.

롤모델

분류학자 칼 폰 린네

스웨덴의 식물학자로서 생물 분류학의 기초를 놓는 데 결정적인 기여를 하여 현대 '식물학의 시조'로 불립니다. 현재까지 지구상에 알려진 생물의 종류는 약 14만종 정도입니다. 하지만 아마존과 같은 밀림이나 깊은 바닷속, 극지방같이 인간의 손길이 닿지 않은 곳에는 아직 알려지지 않은 생물이 존재할 가능성이 충분합니다. 학자들은 미지의 생물까지 합치면 이 지구상에는 500만에서 3,000만 종의 생물이 살고 있을 것이라고 예측합니다.

이렇게 수많은 생물을 발견하고 각각의 생물체에 이름을 붙이며, 그 생물이 어느 종류의 생물 무리에 가까운 것인지 밝히는 학문을 분류학이라고 합니다. 분류학이 체

계적으로 정립되기 전에는 생물의 본질을 캐내는 작업 역시 불가능했습니다. 18세기 린네는 분류학을 정립하고 생물의 이름을 짓는 방법을 제시하여 생물 연구 발달에 획기적인 계기를 마련했습니다.

만약 린네의 분류학이 없었다면, 박쥐도 새가 되었을 것이고 거미도 곤충이 될 수 있었을 것입니다. 하지만 린네의 촘촘한 분류학의 그물은 일반적으로 알려진 생물의 겉모습 뿐만 아니라 습성과 생태, 생물학적 특징 등을 세밀하게 구분하여 명확한 지도와 가계도를 그리고 있습니다. 학명 역시 이와 같은 분류학의 지도에 따라 나누어진 것입니다. 그래서 린네는 근대 생물분류학의 아버지라고 불립니다.

참고도서 린네가 들려주는 분류 이야기 / 황신영 지음 / 자음과 모음

학과·직업

관련 직업 분류학자(식물 분류학자, 동물 분류학자, 곤충 분류학자 등), 학예사, 의무 기록사, 조난본부 컨트롤 타워, IT컨설턴트, 정리 컨설턴트, 작업 판정관, 공장 자동화 컨설턴트, 구조조정 전문가, 도시 개발 전문가, 도심 재구축 사업 관련업 종사자, 교통체계 전문가, 물류 디자이너, 프랜차이즈 유통 채널 구축 전문가, 컴퓨터 알고리즘 엔지니어

- **사서 :** 각종 도서관 및 정보기관에서 수많은 책과 자료를 모으고, 분류하고, 관리하는 일을 합니다. 그렇기 때문에 정보를 찾고 분류하는 방법에 대해서 잘 알고 있으며, 차분하고 꼼꼼하게 자료를 검토할 수 있어야 합니다. 도서관을 이용하는 사람들이 수많은 정보 가운데 필요한 정보를 찾지 못할 때 원하는 정보를 정확히 찾아주는 것도 사서의 중요한 역할입니다.

- **정리 컨설턴트 :** 정보기술의 빠른 발전과 정보의 보급이 무차별적으로 이루어지는 복잡한 현대사회에서 여러 가지 정보를 정리하는 것에 어려움을 느끼는 사람이 많습니다. 또한 혼잡한 생활 속에서 자신의 시간을 효율적으로 관리하지 못하는 경우도 많습니다. 정리 전문가는 이러한 사람들에게 정리 시스템과 방법을 소개함으로써 고객이 새로운 습관을 통해 평화롭고 질서 정연한 환경에서 살고 일할 수 있게 도와 줍니다.

- **기록물 전문가 :** 역사적으로 중요한 사건이나 인물에 대한 자료를 모으고, 이 자료를 평가하고 관리하는 일을 하는 사람입니다. 오래된 자료를 읽고, 해석하고, 정

리하려면 꼼꼼하고 침착해야 합니다. 그리고 수많은 자료 가운데 꼭 필요한 것만을 골라내고 이를 분류하는 능력도 필요해요.

관련 학과 문헌정보학, 정보처리, 도서관, 인테리어, 실내디자인, 주거환경학, 생물학

추천활동

- **순천 기적의도서관 : 어린이 사서교실**(http://www.scml.or.kr)
- **국립생물자원관 : 생물과 관련한 어린이 교육 프로그램**(http://www.nibr.go.kr)

생물이란 무엇인지 생물의 5계에 대해 알아봅니다. 그리고 각계의 생물에는 어떤 것들이 있는지 살펴봅니다. 또한 생물분류와 분류체계란 무엇인지 알고, 다양한 생물들을 분류하고, 생물자원의 중요성에 대해 알아봅니다.

- **여주곤충박물관**(http://www.여주곤충박물관.kr)
- **충우곤충박물관**(http://www.stagbeetles.com)
- **영월곤충박물관**(http://www.영월곤충박물관.kr)
- **만천곤충박물관**(http://www.dryinsect.co.kr)
- **수안보 곤충박물관**(http://www.sinsectm.com)

06

분석하기

스토리
겁쟁이 사자는 에메랄드 성에 들어가기 위해 어려운 암호를 분석하느라 머리를 굴리고 있어요. 암호를 푸는 것은 힘들지만 재미있어요. 먼저 숫자와 기호, 글자들을 살핀 다음, 그것들이 무엇을 뜻하는지 곰곰이 생각해 보았어요. 서로 어떻게 연결되어 있는지, 공통점들은 무엇인지 살펴봤지요. 그랬더니 무슨 뜻인지 알아낼 수 있었답니다. 분석하는 것을 좋아하는 사자는 평소에 '왜 그럴까?', '무엇 때문이지?'라는 질문을 자주 합니다. 또 복잡한 내용은 하나하나 나누어 생각해보고, 일이 벌어진 상황과 원리를 알아내려고 애쓰지요. 그래서 이제는 복잡한 문제나 어려운 문제를 푸는 일에 흥미가 생기고 자신감을 갖게 되었어요.

읽을 책
저학년 다락방의 명탐정 / 성환 지음 / 비룡소

건이는 다락방에 탐정사무소를 차리고 탐정이 되었어요. 그런 건이에게 첫 번째 손님이 찾아 왔습니다. 바로 꺽다리 도깨비였죠. 사건은 주먹코 도깨비의 방망이를 찾는 것이었어요. 이 책은 건이가 도깨비 나라 '그거나 저거나'에 가서 여러 도깨비들을 만나 사건을 세심하게 관찰하고 논리적으로 분석하여 추리해가는 건이의 용감한 활약상이 담긴 책이랍니다.

고학년 재미있는 과학수사 이야기 / 박기원 지음 / 가나출판사

아이들이 흥미로워하는 과학수사의 과정을 담은 이 책은 과학적 관찰과 실험을 통해 사건을 증명하여 해결하는 과학수사의 전반적인 이야기가 담겨져 있습니다. 아이들이 잘 알지 못하는 과학수사의 지문분석, 혈흔분석, 유전자분석 등 다양한 분석방법을 실험이나 예를 들어 쉽게 설명하여 주는 책입니다.

청소년

1. 생각연습 : 생각의 근육을 키우는 질문 34 / 리자 하글룬트 지음 / 너머학교

평소 생활 속에서 만나는 질문들에 대해 스스로 생각하는 방법을 연습하게 해 주는 책입니다. 정의롭다는 것은 무엇일까? 말로 의사소통이 되는 걸까? 이익이 되기 때문에 알아야 하는 것일까? 등 쉬운 듯 하지만 막상 대답하려면 까다로운 질문들이 나옵니다. 이 책은 독일어 제목으로는 '생각놀이'라고 하는데, 질문을 던지고 나서 꼬리에 꼬리를 물고 생각을 이어가도록 되어 있습니다. 분석하는 재미와 분석력을 기르는 데 도움을 줄 수 있는 책입니다.

2. 거짓말로 배우는 10대들의 경제학 / 권재은 지음 / 다른

경제의 역사나 경제학자의 이론을 소개한 책이 아니라, 경제에 대한 개념을 일상 안에서 일어나는 일을 소재로 하여 소개하고 있는 책입니다. 예를 들어 사람들은 생산성을 매우 우선적인 가치로 여기는데, 과연 생산성이 높다고 해서 삶의 만족도도 높은가에 대해 의문을 제기하고 생각하게 합니다. 경제학에 관심이 있거나, 재정 분야에 관심 있는 청소년들이 읽고 토론함으로써 사회 현상을 분석하는 흥미와 능력을 기를 수 있을 것입니다.

롤모델

알퐁스 베르티옹

1853년 프랑스에서 태어난 알퐁스 베르티옹은 사진을 활용한 최초의 현대적 범인식별체계를 만들어낸 사람으로 '과학 수사의 아버지'라고 불립니다. 프랑스 경찰이었던 베르티옹은 체포된 300명을 대상으로 인체 각 부위의 길이와 너비 등을 측정한 인체측정치 기록카드를 작성하였는데, 이후 1,600명의 기록을 작성하였습니다. 그 기록들이 이 후 범인을 체포하는데 아주 유용하게 쓰였다고 합니다. 과학수사의 문을 연

베르티옹의 노력에 의해 그 후 여러 연구자들에 의해 몽타주, 혈액과 혈흔, 지문감별법, DNA 분석, 거짓말 탐지기 등이 연구되어 과학수사가 더 정교해지고 정확해지고 있답니다.

참고도서 베르티옹이 들려주는 과학수사 이야기 / 최상규 지음 / 자음과 모음

학과 • 직업

관련 직업 경영 분석가, 범죄 심리 분석가, 스포츠 기록 분석 연구원, 투자 분석가, 심리 분석가, 경영 컨설턴트, 기술가치 평가사, 사회조사 분석사, 시장, 여론조사 전문가, 애널리스트, 온라인 무역 전문가, 환경 영향 평가사, 전자상거래 관리사, 몰 마스터, 진단의학 계통 종사자, 신종질환 치료 의사, 빅데이터 분석가, 약사

• **범죄 심리 분석가 :** 범죄 심리 분석가는 증거가 불충분하여 해결하기 힘든 사건 수사에 투입되어 용의자의 성격, 행동유형 등을 분석하고 추론하여 수사 방향을 설정하는 데 도움을 줍니다. 사건 이후 용의자의 행동 등을 예상하고, 검거 후에는 자백을 이끌기 위해 심리적 접근을 하여 사건 해결을 합니다. 범죄 심리 분석가가 되기 위해서는 분석력과 담대함, 창의력 등이 필요합니다.

• **스포츠 기록 분석 연구원 :** 스포츠 경기의 모든 상황을 수치 데이터로 기록하여 체계적으로 정리해 각 경기 특성과 내용에 맞게 분석하는 일을 하는 스포츠 기록 분석 연구원은 통계기법과 분석시스템을 개발하고 연구합니다. 스포츠 기록 분석 연구원이 되려면 스포츠의 많은 흥미와 관심을 가지고 자료를 객관적으로 분석할 수 있는 능력을 갖추어야 하며 통계기법과 컴퓨터, 영상기기를 다룰 수 있어야 합니다.

관련 학과 심리학, 스포츠 기록 분석학, 경영학, 사회학, 경제학, 지질학

추천활동

• 지질박물관(http://museum.kigam.re.kr)
• EBS 〈미래 직업, 뜨는 직업〉 : 범죄의 재구성, 프로파일러(동영상)
• 국립서울과학관 : 어린이 과학수사대 CSI 체험교실(http://www.ssm.go.kr/v2/kor/index.asp)

국립서울과학관 어린이 과학수사대 CSI 체험교실에서는 과학수사에 대한 호기심과 상상력을 높이고 우리나라 과학수사에 대해 알리기 위해 과학수사 이론과 위조지

폐 식별하기, 혈흔관찰하기, 몽타주 만들기 등 다양한 체험을 합니다. 또 서울 경찰청 과학수사대 현장 견학과 체험도 경험하며 아이들의 과학수사에 대한 호기심을 해결할 수 있답니다.

07

간추리기

스토리
양철나무꾼이 다양한 검사를 받고 있어요. 뇌의 기능, 신체 운동 능력 등 이렇게 여러 가지 검사를 받다 보니 수많은 데이터들이 쉴 새 없이 쏟아져 나오고 있어요. 도로시는 이 데이터들을 잘 간추려서 양철나무꾼이 이해하기 쉽게 만들어 주려고 해요. 도로시는 많은 데이터들을 꼼꼼히 보며 간추렸어요. 그러다 보니 양철나무꾼에게 어떤 도움을 주어야 하는지, 양철나무꾼이 잘할 수 있는 것은 무엇인지 파악할 수 있게 되었어요.

읽을 책
저학년 **나는야 마법의 신문기자 / 야다마 시로 지음 / 노란우산**

초등학교 3학년인 동글이의 장래희망은 신문기자가 되는 것입니다. 선생님은 가족 신문도, 학급 신문도 모두 다 진짜 신문이라고 하셨어요. 그래서 동글이는 신문을 만들기로 결심합니다. 그런데 동글이의 기사를 보고 불평하는 사람들이 생기기 시작해요. 그래서 황당한 뉴스를 기사로 써서 신문을 만들기로 합니다. 그런데 신기하게도 그 기사들이 현실이 되어 겪게 되는 황당하고 엉뚱한 일들이 책을 읽는 내내 즐거움을 줍니다. 또한 기자로서 기사를 쓰고 신문을 만드는 일이 얼마나 중요한 일인지 알게 되고, 그 일들에 흥미를 갖게 해 줄 것입니다.

고학년 적성과 진로를 짚어 주는 직업 교과서 16 - 중등교사 CRM 전문가 / 와이즈멘토 지음 / 주니어 김영사

중등교사와 CRM 전문가에 대해 다루고 있습니다. 특히 CRM 전문가에서는 정보 기술(IT)을 활용해 기업의 고객 관리를 담당하는 CRM 전문가에 대해서 자세히 알려 줍니다. CRM 전문가는 한 번 고객을 평생 고객으로 만들어 주는 사람이자 의미 있는 정보를 찾아내는 데이터 감별사라 할 수 있습니다. 고객의 정보를 체계적으로 저장하고 관리하는 일, 고객 맞춤형 판매 전략을 세울 수 있도록 정보를 분석하는 일, 기업의 입장에서 고객의 가치를 판단하고 고객 맞춤형 마케팅이 가능하도록 하는 일 등 CRM 전문가의 업무를 자세히 알 수 있습니다. 또한 CRM 전문가가 되기 위해 필요한 능력을 알아보고, 스스로 직업 적합도 평가를 해 볼 수도 있습니다.

청소년
1. 기자수업 / 최철 지음 / 컬처그라피

현직 기자가 쓴 기자 안내서입니다. 우리 사회에서 기자가 갖는 의미와 역할, 언론의 기능에 대해 생각해 볼 수 있는 책입니다. 기자가 되기 위해 준비해야 하는 과정과 소양을 구체적으로 소개하고 있습니다. 언론 분야에 진출하고 싶은 청소년들에게 아주 실용적인 정보를 제공하고 있다고 볼 수 있습니다.

2. 나는 시민기자다 / 김혜원 외 지음 / 오마이북

오랫동안 활약한 12명의 시민기자들이 생생한 경험담과 자신만의 글쓰기 비법을 공개하고 있습니다. 평범한 일상에서 따뜻한 이야기를 전하고, 불합리한 사회에서 용기 있게 내는 목소리는 시민기자들의 삶을 엿볼 수 있습니다. 올바른 기자정신이 무엇인지를 생각해 보게 하는 책이라고 할 수 있습니다.

롤모델
여기자 최은희

1904년 황해도에서 태어나 어린 시절 해주에서 장학생으로 공부했습니다. 16세 때 3·1 운동이 일어나 만세를 부르다 옥고를 치르기도 했습니다. 그 후 일본 유학 중에 잠시 조선에 들렀을 때, 이광수는 그녀에게 기자가 되어 보는 것이 어떠냐고 추천을 했어요. 최은희는 고민 끝에 여성들을 위한 여기자가 되겠다고 굳게 다짐한 후, 유학

생활을 그만두고 조선일보의 기자가 되었습니다. 최은희는 조선일보의 '부인 견학단' 지면을 통해 여성들에게 새로운 사회흐름을 전달하고 독자들을 교육하는 일을 멋지게 해냈어요. 뿐만 아니라 신문에 가정면을 만들어 부인들이 알아야 할 상식과 여권을 높이는 방법 등에 대한 기사를 내보냈습니다. 최은희의 성실한 취재태도와 순발력은 그가 소속한 신문사에 굵직한 특종을 안겨주기도 했어요. 그리고 '최은희 여기자상'은 한국 언론계에 커다란 족적을 남긴 그의 뜻을 기려 매년 헌신적인 취재와 보도활동을 하고 있는 여기자들에게 수상되고 있습니다.

참고도서 새싹 인물전 50 - 최은희 편 / 김혜연 지음 / 비룡소

학과·직업

관련 직업 기자, CRM 전문가, 프로듀서, 작가, 문제해결 전문 컨설턴트, 간호사, 뉴스클리퍼, 테크니컬 라이터, 임상병리사, 영화 제작사, 로봇 심리전문가, 빅데이터 정리 전문가, 브리핑 전문가, 프레젠테이션 전문가, 와인 평가사, M&A 컨설턴트, 노무사, 변리사

- **데이터 사이언티스트 :** 많은 양의 데이터를 간추리고 분석하는 일을 합니다. 데이터의 저장, 이동, 통합, 분산 처리를 활용해 정보를 요청하는 고객에서 적절한 정보를 제공하고 데이터 속에 숨은 가치를 찾아내기도 합니다. 현대 사회는 날이 갈수록 많은 데이터가 쏟아져 나오기 때문에 데이터 사이언티스트는 미래에 가장 유망한 직종 중 하나로 주목받고 있습니다.

- **사무 전문가 :** 정치, 경제, 외교 산업의 각 분야에서 전문적인 행정 및 관리의 실무자로서 상사에게 필요한 정보를 종합, 정리하여 필요한 부분만 보고하는 일을 합니다. 사내·외로부터 접수된 문서와 전화를 검토하고, 회의 소집 연락을 하여 회의 진행이 이루어지도록 준비하며 회의록을 작성하고 회의 내용을 요약하기도 합니다. 사무절차를 이해하고 적용할 수 있는 학습능력과 뛰어난 기억력, 중요한 것들만 간추릴 수 있는 능력, 정확한 의사전달능력 등이 필요합니다.

관련 학과 국제사무학, 비서행정학, 신문방송학, 언론정보학, 행정학

추천활동

- **조선일보 : 뉴지엄 1일 기자 체험 및 미디어 체험**(http://newseum.chosun.com)

신문인쇄 원리와 기자 연수 및 취재요령에 대해 배우며, 현장 취재와 방송 기자 체험 등을 해 볼 수 있습니다.

- **신문박물관**(http://www.presseum.or.kr)

우리나라에서 유일한 신문에 대한 박물관이며, 종이매체에 대한 이해와 친근감을 높이는 체험들을 할 수 있습니다.

- **미디어기자박물관**

08

검토하기

스토리

허수아비가 '오즈의 마법사'를 읽고 독후감을 썼어요. 도로시가 꼼꼼히 살펴보고 틀린 곳을 자세히 설명해 주고 있네요. 도로시는 평소에도 글이나 사물, 대상을 자세히 살펴보고 잘못된 것을 수정하는 것을 좋아해요. 친구들도 틀린 것을 바로 잡아 주는 도로시를 좋아한답니다. 검토를 잘 하려면 꼼꼼하고 관찰력이 있어야 하며 정확한 처리를 위해 많은 지식이 필요해요. 다른 사람이 쓴 글뿐 아니라 중요한 서류들을 검토할 줄 아는 것은 매우 중요해요. 나중에 공공기관이나 기업에서 일할 때 많은 서류들을 검토하고 나서 허가를 내주는 일을 할 수도 있으니까요. 평소에 책을 꼼꼼히 읽은 덕분에 도로시는 다른 사람의 글이나 자료들을 잘 검토할 수 있게 되었고 흥미도 커졌어요.

읽을 책

저학년 그래서 이런 법이 생겼대요 / 우리누리 지음 / 길벗스쿨

실제 사건을 이야기로 들려주며 사건마다 각각의 법이 어떻게 생겨났는지 알아보고 법은 어떤 역할을 했는지를 자세히 알려주고 있어요. 어린이들이 꼭 알아야할 79개의 법을 '유래'를 통해 재미있게 설명하여 쉽게 알 수 있답니다. '아동 권리 협약'은 형편이 어려워 고된 노동을 하는 아이들을 위해 만들어졌고, '학교 폭력 예방법'은 학교 안에서 일어나는 폭력을 예방하고 피해 학생들을 보호하기 위해 만들어진 것으로

법의 중요성을 깨닫게 해주는 책입니다.

고학년 적성과 진로를 짚어 주는 직업 교과서 44 – 소방 공무원 컴퓨터 보안 전문가 / 와이즈멘토 지음 / 주니어김영사

소방공무원과 컴퓨터 보안 전문가가 하는 일에 대해 자세히 알려 주는 책입니다. 직업의 정의, 좋은 점과 힘든 점, 필요한 능력, 직업의 전문가가 되기 위한 방법 등 소방공무원과 컴퓨터 보안 전문가의 다양한 정보가 담겨져 있답니다. 정보 탐색 후에 돌발퀴즈, 직업 사전, 적합도 검사 등으로 자신의 적성과 진로를 탐색하고 평가해 보며 스스로 직업에 대해 생각할 수 있게 해줍니다.

청소년 나는 공무원이 되고 싶다 / 이인재 지음 / 책비

'공무원을 꿈꾸는 당신이 알아야 할 진짜 공무원 이야기'라는 부제가 붙은 이 책은 실제 25년간 공무원으로 재직 중인 저자가 자신의 이야기를 풀어놓으며, 공무원의 세계가 과연 어떤 곳인지, 어떤 사람이 공무원을 해야 좋은지, 공무원이 되면 실제 어떤 업무를 하게 되는지 등을 구체적인 질문과 답으로 풀어내고 있습니다. 다양한 경험과 사례를 통해 좋은 공무원의 모습과 지혜로운 공무원 생활을 실감 있게 보여 주고 있기 때문에 공무원을 꿈꾸고 있는 청소년에게 실질적인 조언을 줄 수 있을 것입니다.

롤모델

컴퓨터 황제 빌 게이츠

1955년 미국 시애틀에서 태어난 빌 게이츠는 어린 시절, 머리는 좋지만 노력하지 않는 게으름뱅이 우등생이었습니다. 수학과 과학, 책읽기를 좋아했지만 특별하게 잘 하는 게 없었던 빌게이츠는 학교에 있는 컴퓨터를 만지게 된 후, 컴퓨터 프로그램 만드는 일을 좋아하게 되었답니다. 처음 시작은 친구들과 게임 프로그램을 만드는 것이었지만, 컴퓨터의 결함 찾는 일을 하게 되면서부터 점차 컴퓨터에 대한 관심이 높아져 다양한 컴퓨터 프로그램을 만들게 되고 컴퓨터 시스템을 정비하고 소프트웨어를 개발하게 되었답니다.

대학교 입학한 뒤에도 컴퓨터에만 온통 빠져 있던 빌 게이츠는 친구와 함께 마이크로소프트를 설립하고 사업과 학업을 병행하며 뛰어난 프로그래머로 명성을 날리게 됩

니다. IBM의 PC에 빌 게이츠가 개발한 MS-DOS가 운영체제로 사용되면서, 마이크로소프트는 PC 운영체제의 대명사가 되었고, 이 후 윈도우시리즈를 출시하면서 컴퓨터 업계에 선두주자가 되어 컴퓨터 황제가 되고 또 세계 최고의 부자가 되었답니다.

마이크로소프트를 30년 동안 이끌어 오던 빌 게이츠는 2008년 공식적으로 사업에서 물러나 현재 아내와 함께 기부에 대한 책임과 열정을 아끼지 않으며, 자선 사업을 하고 있습니다. 언제나 열정적인 삶을 살아가는 빌 게이츠는 어린이와 청소년에게 도전과 열정, 나눔을 전하고 있답니다.

참고도서 꿈꾸는 부자 빌 게이츠 / 김문기 지음 / 열린생각

학과 • 직업

관련 직업 고객관리 시스템 전문가, 공무원, 컴퓨터 보안 전문가, 원고 교정자, 검사, 시스템엔지니어, 비파괴 검사원, 저작권 관리사, 베타데이터 전문가, 투자 전문가, 국제자원 전문가, 석유공학 전문가, 석탄 및 채집 관련 전문가, 석유시추 생산성 체크 관련 업종 종사자, 투자 심사원, 금융감독원 관련 계통 종사자, 기업 심사 평가원, 기업 신용도 체크 전문가, 유망기업 투자 유치 전문가, 부동산 컨설턴트, 국제기구 종사원(자원개발), 교정 전문가

• **컴퓨터 보안 전문가** : 컴퓨터 내에서 바이러스와 악성코드를 찾아내어 치료하고 감염되지 않도록 컴퓨터 프로그램을 보안하는 직업입니다. 컴퓨터에 관련한 기초지식부터 기술까지 세밀하게 알아야 하며 보안기술을 위해 연구를 해야 합니다. 바이러스, 악성코드를 찾아내기 위해 컴퓨터를 꼼꼼하게 검토해서 예방과 치료를 끊임없이 해야 합니다. 보안을 유지하는 일이므로 도덕성을 가장 필요로 합니다.

• **원고 교정가** : 원고의 맞춤법, 틀린 글자나 글귀, 내용상 맞지 않는 곳을 꼼꼼하게 살피고 고쳐서 글을 바로 잡아 주는 일을 하는 사람입니다. 원고 내용을 이해하려면 글을 많이 읽고 써보는 것이 좋으며 다양한 지식이 필요합니다. 글을 세심하고 꼼꼼하게 검토하여 정확히 수정하기 위해서는 정확성과 집중력이 필요합니다.

관련 학과 컴퓨터, 엔지니어링, 법학, 국어국문학

추천활동

• 넥슨컴퓨터박물관(http://www.nexoncomputermuseum.org)

• **특허청 방문하기 : 홍보관 발명인의 전당**(http://www.kipo.go.kr)

특허, 실용신안, 상표, 디자인 등을 신속하고 정확하게 심사·심판하여 국민의 지식재산권을 보호하고 우수한 지식재산을 창출하는 곳입니다. 홍보관 발명인의 전당에서는 어린이와 청소년에게 발명에 대한 이해를 통해 발명의 중요성과 발명인들의 업적을 알려 주며 특허 받은 발명품 전시물을 관람할 수 있습니다.

09

단서 모으기 탐색하기

스토리
도로시가 바라는 것은 단 한 가지, 캔자스로 돌아가는 것이에요. 그런데 아무도 그곳으로 가는 길을 알지 못해요. 양철나무꾼은 도로시가 캔자스로 갈 수 있도록 도와주고 싶었어요. 그래서 도로시가 어떻게 뭉크킨이 사는 동쪽 나라에 오게 되었는지 알아보기 위해 샅샅이 살펴보았어요. 양철나무꾼은 도로시가 왔던 길에 대한 단서를 찾으면 돌아가는 길도 찾을 수 있을 거라고 생각했기 때문이에요. 회오리바람을 타고 온 도로시의 집이 쿵하고 떨어졌던 잔디 위도 살펴보고, 바람의 방향도 꼼꼼히 살폈어요. 양철나무꾼은 아주 작은 것도 놓치지 않고 찾아내려고 애썼고 중요한 단서를 발견했을 때의 기쁨이 얼마나 큰지 잘 알고 있어요.

읽을 책
저학년 타보의 수수께끼 편지 / 윤희정 지음 / 아르볼

새로 이사 온 타보네 집의 초인종을 누르고 도망가는 아이가 있습니다. 타보는 범인을 잡기 위해 그가 보낸 편지 속에 숨은 단서들을 통해 이름은 루나, 나이는 일곱 살이라는 사실을 알게 됩니다. 사실 그 아이는 새로운 환경에 적응하지 못하는 타보를 위해 친구들과 어울릴 수 있도록 수수께끼 편지를 보낸 것이었어요. 편지 속 단서를 통해 범인을 찾아가는 흥미진진한 전개가 이야기의 흥미와 재미를 불러일으키고, 친구에 대한 배려와 소중함을 배울 수 있습니다.

고학년 어둠 속의 참새들 / 바버러 브룩스 월리스 지음 / 아이세움

커다란 집에서 많은 하인들에 둘러싸여 곱게만 자란 아이 콜리는 사고로 부모님을 잃고 혼자가 되었어요. 어느 날 밤, 잠자리에 들었던 콜리는 낯선 남자 둘에게 납치되어 브로긴 소년의 집이라는 곳에 끌려갑니다. 그곳은 길거리에 떠도는 아이들을 데려다가 힘든 일을 시키며 혹사시키는 곳이었어요. '도대체 누가, 무슨 이유로 콜리를 납치해 간 것일까?'라는 의문과 함께 꼬리에 꼬리를 물고 일어나는 사건이 흥미로운 책입니다. 그리고 사건을 파헤치고 문제를 해결하는 과정 안에서 피어나는 인간과 인간 사이의 따뜻한 애정을 느낄 수 있어요. 결국에는 정의가 승리한다는 흐뭇한 결말이 재미를 더하는 책입니다.

청소년 궁금해요! 변호사가 사는 세상 / 금태섭 지음 / 창비

유명한 변호사를 인터뷰한 내용을 담고 있습니다. 평소 궁금했던 법률가가 하는 일과 법에 관한 다양한 상식들을 알 수 있습니다. 또 법률가가 되기 위해서 어떤 자세를 가져야 하며, 어떤 공부를 해야 하는지도 알 수 있고, 구체적으로 무엇을 준비해야 하는지도 알 수 있답니다. 역사상 유명한 재판을 사례로 들어 법에 관해 흥미를 느낄 수 있으며, 법과 관련한 영화, 책, 사이트와 대학도 소개하고 있어 유익한 정보를 얻을 수 있습니다.

롤모델

역사학자 박병선

역사학자로서 직지심체요절(直指心體要節)이 현존하는 세계 최초의 금속활자임을 밝혀냈습니다. 박사님은 끝없는 노력으로 프랑스 국립도서관 베르사유 별관 수장고에 방치된 외규장각 도서를 찾아내 우리나라로 반환되도록 하는 데 평생을 바치셨어요.

어렸을 때부터 역사에 대한 책을 좋아하던 소녀 박병선은 해방 이후 한국에 교육기관이 부족한 것을 깨닫고 좋은 학교가 많은 프랑스로 유학을 가서 그곳의 학교에 대해서 배워오겠다는 결심을 합니다. 여러 가지 어려움을 이겨내고 대한민국 여성 유학생 1호로 파리에 갔고, 프랑스 국립도서관에서 사서로 일하게 되었어요. 그런데 동료의 부탁을 들어주다가 고려시대 문헌인 《직지》를 발견했어요. 박사님은 《직지》가 금

속활자로 만든 것임을 깨닫고, 이를 증명하기 위해 갖은 노력을 다했어요. 그 결과 《직지》는 구텐베르크보다 앞선 시대에 만들어진 세계 최초의 금속활자 책임을 밝혀냈어요.

또한 분류되지 않은 동양서적 중에 조선의 의궤가 섞여 있는 것을 보고, 그것이 바로 병인양요때 프랑스군이 약탈해간 서적 중 일부라는 것을 직감했어요. 역시 포기를 모르는 그녀의 끝없는 노력으로 의궤 297권을 찾아내었고, 10년간의 연구 끝에 그 내용을 모두 해석해내기까지 했어요.

박병선 박사님은 문화재를 외부로 보내지 않으려는 프랑스측의 방해를 견뎌내고, 한국에서 외규장각 도서 반환 운동이 시작될 수 있도록 그녀의 인생을 걸었습니다. 그리고 마침내 그녀가 처음 발견한 날로부터 33년이 지난 뒤 외규장각 도서는 한국으로 되돌아올 수 있었습니다. 박사님의 노력이 있었기에 소중한 우리의 문화재가 제자리를 찾고 다시 빛을 볼 수 있게 된 것입니다.

참고도서 박병선 : 직지와 외규장각 의궤의 어머니 / 공지희 지음 / 글로연

학과·직업

관련 직업 과학수사 연구원, 고고학자, 생물인류학, 암호전문가, 탐정, 변호사, 경찰관, 화재감식 전문가, 프로파일러, 탐험가, 도로교통 사고 감정사, 디지털 포랜 식수사관, 안전 전문가, 취재 기자, 스토리 작가

• **경찰관 :** 사회의 보이는 곳과 보이지 않는 곳에서 애쓰고 있어요. 사회의 질서와 안정을 위해 범죄 수사는 물론 청소년 선도, 사이버 수사, 마약 단속 테러 예방, 교통 단속까지 사회 곳곳에서 활약합니다. 국민들의 생명과 안전에 관련된 일을 하기 때문에 책임감과 정의감이 있어야 합니다.

• **화재감식 전문가 :** 화재현장의 잔해를 하나하나 수거해 각종 과학적 방법을 동원해 정밀 조사를 진행해서 화재 원인을 밝혀냅니다. 그래서 단순 화재처럼 보이는 사건도 화재감식을 통해 방화사실을 밝혀내기도 합니다. 감식작업은 먼저 불이 시작된 발화점을 찾아내고 불길의 진행방향과 발화원인 등을 조사합니다. 발화원인 조사가 끝나면 화재가 방화인지 실화인지 판별하고, 수사관들에게 결과를 알려 줍니다. 화재가 진압된 후 아무것도 남아있지 않은 화재현장에서 보이지 않는 단서들을 갖고 화재 원인을 밝혀내기 때문에 관찰력이 뛰어나야 하며 꼼꼼함도 필요합니다.

관련 학과 경찰학, 경찰법학, 법학, 사학, 박물관, 사회학, 인류학, 범죄수학, 탐정학, 소방학, 화학

추천활동

• **경찰박물관 : 과학수사교실**(http://www.policemuseum.go.kr)

과학수사에 관심이 많은 아이들에게 과학수사 분야에 대한 궁금증을 풀어 주고, 과학의 원리가 과학수사에 적용되는 사례를 배울 수 있습니다.

• **어린이박물관 : 퍼즐로 풀어보는 어린이박물관**(http://www.museum.go.kr)

상설전시실과 특별전시실을 구석구석 탐험하며 곳곳에 숨어 있는 유물과 역사 관련 내용을 찾아봅니다. 그 내용을 바탕으로 십자말(낱말) 퀴즈를 풀어보고, 전시실 유물과 관련된 그림을 활용한 다른 그림 찾기를 해볼 수 있습니다.

• **지도박물관**(http://museum.ngii.go.kr/map)

10

관찰 기록하기

스토리

사자는 예쁜 꽃을 자세히 관찰하며 기록을 하고 있네요. 식물 관찰을 좋아하는 사자는 식물마다 심는 시기, 자라는 환경, 특징, 해로운 것 등을 자세하고 정확히 기록해서 식물들이 더 좋은 환경에서 자랄 수 있도록 도움을 주고 싶어요. 관찰한 내용을 자세하고 정확히 기록하려면 일단 부지런하고 꼼꼼해야 해요. 매시간 정기적으로 점검하고, 변화 과정도 기록해야 하거든요. 그래도 사자는 이렇게 관찰하고 기록하는 일이 아주 즐거워요. 자신이 기록한 것을 바탕으로 중요한 연구결과가 나올 수 있고 새로운 과학 이론이 탄생할 수도 있으니까요.

읽을 책

저학년 나의 엉뚱한 머리카락 연구 / 이고은 지음 / 웅진주니어

사람들의 머리카락을 자세히 관찰하고 기록한 보고서입니다. 가족들의 머리카락을 세심하게 관찰하고 초등학생들 머리 모양의 통계도 만들어 보고, 아이들과의 인터뷰, 길거리의 개성 넘치는 머리 모양을 소개하는 등 작가의 엉뚱하고 새로운 머리 연구 이야기입니다.

고학년 자연관찰일기 / 클레어 워커 지음 / 검둥소

환경교육자이면서 화가인 작가들이 경험을 토대로 쓴 이 책은 관찰일기를 통해 자

연 세계를 이해하고 교감하게 해 줍니다. 관찰일기를 통해 관찰이란 무엇인지 알게 되고, 일기쓰기 방법들, 관찰에 필요한 탐구심, 분석력, 자연을 이해하는 마음, 자신의 마음을 표현하는 능력을 배울 수 있습니다. 계절별로 관찰한 세심한 그림과 정보, 자연과 관계 맺음을 통해 우리가 살고 있는 자연 세계의 중요성을 알게 하는 책입니다.

청소년 생물학 미리보기 / 정부희 지음 / 길벗스쿨

생물학은 범위가 넓은 학문입니다. 생명이 있는 대상은 모두 생물학의 대상이 되기 때문입니다. 생물학은 단순한 관찰 영역에서부터 화학, 물리학의 원리를 바탕으로 해석되고 그 영역도 매우 광범위합니다. 이 책은 이런 생물학의 특징을 잘 설명해 주고 있습니다. 생물학이 하는 일과 세부 분야를 소개하고, 생물학과 관련된 직업이 무엇인지도 알려 줍니다.

롤모델

동물 행동학자 최재천

1954년 강원도 강릉에서 태어난 최재천 박사는 동물 행동학자입니다. 동물 행동학자는 동물의 행동, 행태, 습성 등의 관찰을 통하여 동물을 연구하는 사람입니다. 최재천 박사는 어린 시절에는 책 읽는 것을 좋아해서 문학을 전공하는 것이 꿈이었고, 미술적 재능이 있어 조각가를 꿈꾸었지만 서울대학교 동물학과에 진학하게 됩니다. 대학 초에는 동물학 공부보다는 다양한 활동을 하면서 삶의 경험들을 쌓았습니다. 방황의 날 들이었지만 최재천 박사에게는 소중한 시간이었습니다. 생물학에 대한 새로운 깨달음을 얻게 된 것은 프랑스 생화학자 자크 뤼시앵 모노가 쓴 《우연과 필연》을 읽고 나서 부터입니다. 이때부터 생물학 공부에 열심을 다했고, 미국으로 유학을 가서 생태학 석사와 생물학 박사가 되었습니다. 박사가 되기 위해 10년 동안 동물을 관찰하고 연구한 최재천 박사는 이 후 서울대학교 생명과학부 교수를 거쳐 이화여자대학교 에코과학부 석좌교수와 국립생태원의 초대 원장으로 있습니다. 동물에 대한 사랑으로 곤충, 영장류, 돌고래까지 끊임없이 동물을 연구하는 최재천 박사는 자연을 사랑하는 마음과 호기심을 가지라고 말합니다. 호기심을 갖고 자연을 바라보며 왜 그런지 알아가는 것이 자연을 사랑하는 길이라고 이야기합니다.

참고도서 자연을 사랑한 최재천 / 최재천 지음 / 리젬

학과·직업

관련 직업 생물학 연구자, 동물학자, 의무기록사, 해양생물학자, 측량사, 대기환경 기술자, 스크립터, 스포츠 기록 분석 연구원, 식물학자, 곤충학자, 유전공학자, 역사학자, 사회복지 계통 종사자, 기자, 카메라 기자, 사진작가, 반도체 테스트 전문가, 자동차 안전검사 전문가, 연구관련 계통 종사자, 화학 공학자, 요리 평론가, 여행 전문가, 여행 전문 작가

- **해양생물학자 :** 바다를 탐사하고 해양생물을 연구하는 사람입니다. 해양환경에 대해 알려면 자연과학, 지질학, 생물학 등에 대해 정확한 지식을 가지고 있어야 하며 바다생물을 관찰하고 기록할 수 있도록 세심한 관찰력과 인내심이 필요합니다. 바닷속을 탐사하고 자료 수집을 위해서는 오랫동안 배에서 생활해야 하므로 체력이 강하고 끈기가 있어야 합니다.

- **의무기록사 :** 환자의 아픈 곳을 기록하여 내용을 살펴서 분류하여 보관, 관리하는 직업입니다. 의료진이 기록한 의무기록 내용을 검토, 분석, 요약해서 자료를 작성하여 의료 시에 정확히 사용될 수 있도록 합니다. 전산지식과 의료지식이 필요하며 의료진과 함께 일해야 하므로 대인관계도 좋아야 합니다.

관련 학과 생물학, 동물학, 보건정보 관련학

추천활동

- **숲체험활동**

자연과 함께 하면서 동물과 식물, 자연생태 등을 관찰하고 체험하는 활동으로, 각 지역단위 생태학습관이나 시민의 숲, 생태공원에서 체험활동을 할 수 있습니다.

- **서대문자연사박물관**(http://namu.sdm.go.kr)

자연사에 대해 알기 쉽게 쉽도록 전시물을 역사적인 흐름에 맞추어 시간적·공간적 순서에 따라 전시하고 있습니다. 이론과 영상, 전시물을 통해 자연사를 이해하는 박물관교실과 체험교실을 통해 현장체험학습을 실시하고 있습니다.

11

확인하기

스토리

도로시의 집이 회오리바람을 타고 동쪽 나라로 날아와 떨어질 때 나쁜 마녀가 깔려 죽었어요. 시간이 지나자 마녀는 햇볕에 녹아버리고 구두만 남았어요. 착한 북쪽 마녀는 구두에 묻은 흙을 털어내고 도로시에게 주었어요. 도로시는 구두를 받아들고 찬찬히 살펴보았어요. 마녀의 구두는 자신의 구두와 어떻게 다른지, 자기가 신기에 알맞은 크기인지, 혹시라도 무서운 마법이 걸려있는 것은 아닌지, 유리같이 깨지기 쉬운 재료로 만들어져서 신을 수 없는 것은 아닌지. 꼼꼼히 확인하고 또 확인해요. 도로시는 언제나 이렇게 신중하게 살펴보고 확인을 해요. 그래서 그런지 도로시는 다른 친구들보다 훨씬 빠르고 정확하게 특징을 찾아낼 수 있어요.

읽을 책

저학년 찾아라! 명화 속 숨은 그림 / 장세현 지음 / 낮은산

그림 속에 숨겨진 수수께끼를 찾아내기 위해 미술 작품을 한 점 한 점 시간을 들여 샅샅이 뒤지고 살피게 되는 책입니다. 그러다 보면 화가가 그림 속에 담고자 했던 메시지가 무엇인지 곰곰히 생각해 보게 되지요. 또한 명화 속에 숨어 있는 상징과 장치들을 스스로 찾아내면서 능동적인 그림공부를 할 수 있어요. 게다가 그림이 아주 큼직하고 시원스럽게 펼쳐져 있어서 마치 미술관에 직접 가서 보듯 여러 각도로 확인할 수 있어요.

고학년 적성과 진로를 짚어 주는 직업 교과서 39 - 법의학자 군인 / 와이즈멘토 지음 / 주니어김영사

의학을 바탕으로 법적인 문제를 해결하는 법의학자에 대해 알려 주는 책이에요. 지능적인 범죄, 대형사고로 인한 인명 피해 등이 자주 일어나는 요즘, 법의학자가 문제 해결의 실마리를 제공하는 일이 늘고 있습니다. 이 책에서는 범죄로 인해 숨진 사람을 부검해 죽음의 원인을 밝히고, 대형사고 등으로 죽은 사람의 신원을 밝혀내 가족을 찾아 주는 등 법의학자가 하는 일을 구체적으로 살펴봅니다. 또한 법의학자의 좋은 점과 힘든 점, 법의학자가 되기 위해 필요한 능력 등도 담겨있어요.

청소년 과거를 추적하는 수사관, 고고학자 / 볼프강 코른 지음 / 주니어김영사

실제로 고고학이 하는 일을 친절하게 설명해 놓은 책입니다. 어쩌면 이 책을 읽으면서 고고학이 상상했던 것보다 낭만적이지 않다는 것을 알고 실망할 수도 있을 것입니다. 하지만 고고학을 통해 역사 속에 묻힐 뻔했던 새로운 사실을 찾아냈던 사례들을 접할 때쯤에는 다시 고고학에 대해 흥미가 당길지도 모릅니다. 또한 이 책에는 고고학이 어떻게 활용되고 있으며, 관련 직업에는 무엇이 있는지도 알 수 있습니다.

롤모델
법의학자 문국진

한국 법의학의 살아있는 역사, 문국진 박사님이 대학 3학년일 때 있었던 일이에요. 청계천 근처를 걷다 갑자기 쏟아지는 소나기에 잠시 몸을 피하려고 들어간 곳이 헌책방이었습니다. 비가 그치기를 기다리며 이 책 저 책 뒤적거리다 책 한 권을 집어 들었어요. 바로 '후루하다 다네모노'라는 법의학자가 쓴 《법의학 이야기》라는 책이었어요. 그 책에서 '사람에게는 생명도 중요하지만 권리도 그에 못지않게 소중하다. 사람의 생명을 다루는 의학이 임상의학이라면, 사람의 권리를 다루는 의학은 법의학이다.' 라는 구절을 보고 법의학이 자신의 운명이라 믿게 됩니다. 그리고 단호하게 그 길을 택했습니다.

국립과학수사연구소 창립멤버이기도 한 그는 '부검은 곧 두벌죽음'이라는 잘못된 인식 때문에 위협을 당하기도 했습니다. '두벌죽음' 이란, 두 번 죽임을 당하거나 죽은 사람이 다시 해부나 화장, 극형 따위를 당하는 일'이라고 해서 우리나라 사람들은

죽은 사람에게 절대 그런 짓을 해서는 안 되는 거라고 생각했어요. 하지만 박사님은 죽은 이의 진실을 밝히는 것이 꼭 필요한 일이라고 확신했고, 자신의 온 청춘을 바쳤어요.

한번은 이런 일도 있었습니다. 한 남자가 몸이 아파서 약국에서 일주일치 약을 조제해 집으로 갔어요. 그리고 바로 약을 먹은 뒤 외출하겠다며 대문을 나서다 피를 토하고 쓰러져 죽었습니다. 남자의 가족은 약국에서 조제한 약에 문제가 있어 남자가 죽었다며 약사를 경찰에 신고했어요. 그런데 부검을 해보니 남자는 식도정맥류 파열로 사망한 것이었고 약사가 조제한 약과는 무관했다고 해요. 우연히 사망 직전 약사가 조제한 약을 먹는 바람에 약사가 범인으로 몰리는 상황이었어요. 다행히 부검을 했기에 약사는 누명을 벗을 수 있었답니다. 그렇기 때문에 법의학은 죽은 사람에게도 산 사람에게도 꼭 필요한 거예요.

박사님은 1970년에는 고려대로 자리를 옮겨 법의학교실, 대한법의학회를 창설했으며, 국민에게 인정받는 법의학을 만들기 위해 수십 권의 책을 써왔어요. 지금도 박사님은 법의학과 관련된 연구를 하고 열심히 글을 쓰고 있어요.

참고도서 죽은 자의 권리를 말하다 / 문국진 지음 / 글로세움

학과·직업

관련 직업 장학사, 환경기사, 법의관, 지문감식가, 여러 분야의 검사원(우유, 식품 품질, 사료 등), 검안사, 정보 시스템 보안전문가, 관세사, 공항검역관, 아동 전문가, 감정사, 보석 관련 계통 종사자, 재활의학 전문가, 조달청 전문가, 유통 전문가, 품질관리기사, 안전관리 전문가, 기술사, 국제 표준 기구 종사자, 품질관리원 근무자, 소비자 보호원 관련 종사자

• **위폐감식 전문가 :** 화폐 한 장 한 장을 일일이 손으로 만져보고, 흔들어서 소리도 들어 보며 불빛에 비춰 이상이 있는지 확인합니다. 화폐 발행국에서 배포한 화폐견본과 지폐를 육안으로 비교하거나 돋보기, 광학현미경 등으로 정밀하게 관찰하기도 합니다. 또한 종이의 재질, 촉감, 색상, 인쇄 상태에서부터 화폐마다 숨어있는 고유의 비표를 확인하며, 발행 시기나 지역의 화폐특징 등을 고려하여 진위여부를 판단하는 일을 합니다. 요즘은 고도의 기술로 진위감식기를 능가하는 위조지폐가 만들어지고 있기 때문에 위폐감식 전문가의 역할이 날로 중요해지고 있습니다. 위폐감식 전문가는

위변조된 화폐를 찾기 위해 장시간 수많은 지폐를 집중해서 관찰해야 하기 때문에 꼼꼼함과 집중력이 필요합니다. 또한 화폐에 관심이 많아야 하며, 세밀한 촉감과 주의 깊은 관찰력, 집중력을 필요로 합니다. 반복적인 일로 인해 인내심과 성실함이 요구되며, 화폐를 다루는 일이기 때문에 책임감 또한 중요합니다. 현존하는 외국 화폐의 종류가 상당히 많고, 화폐의 재질이나 디자인의 변화주기도 짧아지고 있어 화폐에 대한 관심과 꾸준한 공부가 필요합니다.

• **식품가공 검사원 :** 식품을 생산하고 조리하는 데 사용되는 원료와 최종 식품 생산품이 표준에 맞는지 검사하고 이에 대한 등급을 매기는 일을 담당합니다. 각 식품 조리 및 생산 과정에 사용되는 원료를 살펴보고 겉모습, 맛, 냄새 등이 표준에 맞는지 검사합니다. 또한 최종 식품 생산품의 품질을 검사하고 이에 대한 등급을 매기는 일도 합니다. 사람들이 먹는 음식을 다루기 때문에 무엇보다 정확히 살펴보고 확인하는 능력이 필요합니다. 또한 음식에 대한 관심이 필요하고 음식마다 어떤 원료가 들어가는 지에 대해서도 알고 있어야 합니다.

관련 학과 의학, 식품영양학, 화학, 생물학

추천활동
- **화폐박물관**(http://museum.komsco.com)
- **한국은행 화폐박물관**(http://museum.bok.or.kr)

'초등학생을 위한 화폐이야기' 강좌를 들으며 화폐에 대해 자세히 배울 수 있어요.
- **국립과학수사연구원**(http://www.nfs.go.kr)

12

연구하기

스토리

오즈의 마법사가 양철나무꾼의 심장을 만들어 주기 위해 늦은 밤까지 연구를 하고 있네요. 마법사는 새로운 것을 연구할 때 호기심이 생기고 열정이 생깁니다. 마법사는 일단 심장에 대하여 자세한 자료를 모았어요. 심장이 어떻게 되어 있는지, 또 심장이 무슨 역할을 하는지 등을 알아보고, 심장을 만드는 방법도 알아보았어요. 많은 학자들이 연구해 놓은 책도 살펴보고 서로 다른 점과 공통점을 알아보았어요. 이렇게 알게 된 지식을 바탕으로 가장 좋은 방법을 찾기 위해 마법사는 밤새 고민을 하고 연구를 했어요. 심장을 만드는 데 성공하려면 무엇보다 끈기와 인내심을 갖고 다양한 방법을 적용해 보아야 합니다.

읽을 책

저학년 얘들아 정말 과학자가 되고 싶니 / 김성화 외 지금 / 풀빛

과학자가 꿈인 아이를 위해 과학이란 어떤 학문인지 알려 주고 어떻게 하면 과학자가 될 수 있는지를 안내하는 책입니다. 과학자가 되려면 열심히 공부하고 자신이 하고 싶은 일을 생각하며, 다양한 상상을 해야합니다. 또 호기심을 가지고 혼자 비밀 연구도 하고 관찰일기도 써 보는 것이 좋다고 알려 줍니다.

고학년 세계사를 바꾼 7가지 놀라운 생각들 / 글렌 머피 지음 / 다른

세상에서 이뤄지는 다양한 현상에 대해 과학적인 호기심을 갖고 끊임없이 질문하는 아이들을 위해 만들어졌습니다. 세계사를 바꾼 여러 과학자들의 연구 내용을 아이의 눈높이에 맞춰 설명해 주며, 과학자의 놀라운 생각이 과학뿐만 아니라 사회, 경제, 문화 정치 등 다양한 분야에 영향을 끼쳤음을 알려 줍니다.

청소년 과학해서 행복한 사람들 / APCTP 기획 지음 / 사이언스북스

7명의 과학자들 이야기입니다. 이들은 물리학, 화학, 생물학 등을 전공한 후 세계 최대 입자물리연구소인 페르미연구소와 미국항공우주국의 프로젝트를 수행하는 교수, 정부관료, 기업 임원, 뉴욕타임즈 과학 전문기자 등으로 활약하고 있는 사람들입니다. 그리고 모두 여성입니다. 이들은 청소년의 진로탐색에 도움을 주고자 이 책을 집필했다고 합니다. 이 책을 통해 과학의 길을 선택한 이유와 현재 하고 있는 연구 소개, 그리고 여성으로서 좋았던 점과 어려운 점을 솔직하게 들을 수 있습니다.

롤모델
물리학자 이휘소

1935년 서울에서 태어난 이휘소 박사는 어려서 책벌레였습니다. 서울대학교 화학공학과에 입학하였으나 물리학을 공부하고 싶어 대학 3학년 때 미국으로 건너가 마이애미대학 물리학과에 입학합니다. 학비는 장학금을 받고 생활비는 배달을 하면서 어렵게 유학생활을 시작했지만 25세 때 펜실베이니아 대학에서 박사학위를 받으며 물리학자의 꿈을 이루었답니다. 이 후 프린스턴 고등 연구소, 뉴욕주립대학교, 페르미 국립 가속기 연구소 등에서 유명한 물리학자들과 함께 연구를 하게 됩니다.

인생의 90% 이상을 물리학을 연구하는 데에만 몰두한 이휘소 박사는 끊임없는 연구를 통해 매혹입자와 게이지 이론을 고쳐 발표해 세계의 주목을 받게 됩니다. 노벨상을 받을만한 연구를 한 이휘소는 사람들의 칭찬에도 겸손함을 잃지 않고, 공자의 인생철학을 마음속에 새기며 최선을 다해 연구 하였답니다. 또 한 가지 마음은 조국을 위한 마음이었습니다. 한국 사람으로서 자신이 할 수 있는 최선의 길은 세계 최고의 물리학자가 되는 것이라는 믿음을 가지고 있었지요. 하지만 이휘소 박사는 갑작스런 교통사고로 42세에 죽음을 맞이하게 됩니다. 짧은 생을 살았지만 이휘소 박사의 물리학 연구에 대한 열정과 과학적 업적은 과학자를 꿈꾸는 많은 어린이들과 청소년들에게 꿈과 희망이 되고 있답니다.

참고도서 이휘소 : 현대 물리학의 별 / 이은유 지음 / 자음과모음

학과 · 직업

관련 직업 화학자, 생물학자, 수학자, 물리학자, 생명공학자, 인공위성 개발원, 통신망 설계 운영 기술자, 조향사, 대체에너지 개발 연구자, 주파수 엔지니어, 반도체공학 기술자, 해양수산 기술자, 대체의학 연구원, 연구 계통 의사, 이학자, 원자력공학자, 법의학자, 법학 전공자, 판사, 검사, 변리사, 특허 관련 전문가, 신기술 개발자

• **생명공학자** : 생물체의 다양한 현상을 연구하여 우리의 생명을 유지하기 위해 새로운 기술이나 제품을 연구하는 사람입니다. 생명 현상을 논리적, 분석적으로 생각하고 연구하려면 인내심을 가져야 하며, 과학 분야의 책을 많이 읽어야 합니다. 무엇보다 생명을 존중하는 마음을 가져야 합니다.

• **반도체공학 기술자** : 우리가 일상생활에서 많이 쓰는 전자제품에 사용되는 반도체의 기능과 성능을 개선하는 직업으로, 반도체의 제조, 조립을 위한 최적 조건을 설정하거나 조작 운영방법을 규정하여 작업자에게 지시하며 불량제품의 원인도 분석해야 합니다. 반도체와 전기공학, 수학, 물리, 화학 등 기초 과학 분야에 능력이 있어야 하며 반도체 설계 장비나 각종 컴퓨터 응용 프로그램도 다룰 줄 알아야 합니다. 탐구심과 호기심, 창의성과 논리적 사고, 판단력 등 종합적인 사고가 필요하며 협조심과 꼼꼼해야 합니다.

관련 학과 생물학, 화학, 수학, 물리학, 의학, 한의학

추천활동(박물관,영화,체험활동)

• **국립중앙과학관**(http://www.science.go.kr)

• **생명과학체험박물관** : **생명과학탐험단**(http://www.biom.or.kr/bio/sub/contents.asp)

생명과학체험박물관은 실험적인 전시와 체험, 다양한 교육 프로그램과 이벤트를 선보이고 있습니다. 전시물은 반려동물 전시관과 DNA체험관, 다양한 실험장비 탐구, 양서류 파충관, 인체 탐구관, 동물 탐구관, 식물 탐구관 등이 있으며, 교육 프로그램으로 인체과학연구, 동물과학연구, 식물과학연구, 응용화학, 첨단물리연구, 지구과학

등이 있어 평소에는 보기 힘든 많은 실험도구와 동식물 관찰할 수 있는 곳이랍니다.
- **서울대학교병원 의학박물관**
- **한전아트센터 박물관**

13

심사하기

스토리

오즈는 도로시와 친구들에게 달리기 시합을 해서 이긴 사람의 소원을 들어주겠다고 했어요. 캔자스로 꼭 돌아가고 싶은 도로시, 용기를 얻어서 더 이상 겁쟁이로 살고 싶지 않은 사자가 막상막하의 경기를 펼쳤고 도로시가 결승선을 먼저 끊었어요. 모두들 도로시가 승리했다고 생각했어요. 그런데 오즈는 오늘 시합의 우승자가 사자라고 발표했어요. 그리고 그 이유를 말해 주었어요. 결승선에 들어오기 직전에 도로시가 사자의 라인으로 넘어갔다는 거예요. 마법의 구슬로 다시보기를 해 보니 정말 그랬어요. 경기에서는 규칙이 매우 중요한데, 도로시는 그것을 어겼고 심판인 오즈가 정확히 보고 판단을 했던 거예요. 오즈는 감정에 따라 심사하는 법이 절대 없어요. 언제나 확실한 규칙과 기준을 가지고 판단해요.

읽을 책

저학년 샌지와 빵집 주인 / 로빈 자네스 지음 / 비룡소

매일 아침저녁으로 샌지는 빵집에서 흘러나오는 맛있는 빵 냄새를 훅훅 들이마셨어요. 그런데 어느 날 빵집 주인이 샌지를 찾아와 빵 냄새 값을 내라며 화를 냅니다. 샌지는 그럴 수 없다고 하고 빵집 주인은 재판을 해서라도 꼭 받겠다고 해요. 결국 두 사람은 재판관을 찾아갔고, 재판관은 지혜로운 판결을 내려 줍니다. 알맞은 원칙에 따라 논리적으로 판결을 하는 재판관을 통해서 판결을 하거나 심사를 하는 사람

이 갖추어야 하는 공정성과 지혜로움에 대해서 생각해 볼 수 있는 책입니다.

고학년 너구리 판사 퐁퐁이 / 김대현 지음 / 창비

동물 마을의 재판을 통해 다소 어려울 수 있는 법의 기본 개념을 재미있게 풀어낸 책입니다. 너구리 판사 퐁퐁이가 재판하는 과정을 상세하게 다뤘으며, 사건에 대한 '상황 분석-주장 및 근거 제시-사건의 해결'로 이어지는 과정 속에서 자연스럽게 논리적 사고를 훈련할 수 있습니다. 퐁퐁이가 현명하게 판결을 내리는 모습과 좌충우돌 사건은 재미와 더불어 법에 대한 흥미를 높여줄 것입니다.

청소년
1. 악플을 달면 판사님을 만날 수 있다고 : 법학 / 김욱 지음 / 비룡소

법에 관해 배울 수 있는 교양서입니다. 법이 왜 생겨났고 법은 어떤 역사를 거쳐 발전해 왔는지를 흥미로운 사건을 통해 소개하고 있습니다. 또 법학이란 어떤 학문이며, 법조인으로 어떤 직업이 있는지도 알려 줍니다. 판사, 변호사, 검사, 법학자 등 관련 직업에 대한 정보도 얻을 수 있습니다.

2. 겁 없이 꿈꾸고 거침없이 도전하라 / 홍은아 지음 / 라이프맵

인형보다 공을 더 좋아하고 체육선생님을 꿈꾸던 소녀였지만, 2008년 베이징올림픽에서는 여자축구 준결승전 주심으로 활약한 저자가 잉글랜드 유학생활을 하며 피부로 느낀 축구 종주국의 남다른 축구문화 등을 이야기하고 있습니다. 스포츠 심판에 흥미 있는 청소년들에게 권할만한 책입니다.

롤모델
판사 한기택

1986년 서울민사지방법원 판사를 시작으로 서울지방법원 동부지원, 대전지방법원 강경지원, 서울고등법원 판사 및 대법원 재판연구관, 수원지방법원 부장판사 등을 지내셨어요. 그런데 2005년 여름, 가족들과 휴가 중에 심장마비로 세상을 떠났습니다. 돌아가시기 전까지 판사로서 그는 인권을 강조한 판결을 내렸습니다. 특히 사회 소수자들이 받는 차별과 권리 보호에 남다른 관심을 보였어요.

선임병의 가혹행위로 자살한 육군 부대 이등병에 대해 직무수행과 관련이 깊다며 국가유공자로 인정하는 판결을 내렸고, 한국인과 결혼한 중국인 배우자가 중국에 두고 온 성인 자녀를 한국에 초청하는 것을 법무부가 막는 것은 헌법에 보장된 평등권에 어긋난다고 판결하기도 했습니다. 그리고 그는 중견 법관이 된 뒤 "목숨 걸고 재판해야 한다."는 말을 자주 할 정도로 다른 사람에 대한 재판을 자신의 목숨처럼 생각했다고 해요. 그뿐만 아니라 재판을 할 때는 무엇보다 사람을 소중히 여기고, 사람들의 이야기에 끝까지 귀를 기울이고, 헌법의 가치를 바탕으로 해서 판결 하나하나를 철저히 처리했어요. 그리고 그 판결에 이르게 된 이유에 관해서도 아주 자상하게 설명함으로써, 처음부터 끝까지 완벽과 최선 그 자체였습니다. 사람을 대할 때는 항상 자세를 낮추고 상냥했어요. 그래서 판사님은 '가장 판사다운 판사'로 존경받았습니다.

참고도서 판사 한기택 / 한기택을 기억하는 사람들 엮음 지음 / 궁리

학과·직업

관련 직업 입학사정관, 판사, 건강보험 심사평가원, 검사, 감리사, 기술사, 금융감독원 종사자, 투자 관리사, 금융업 종사자, 투자 및 대출 관련 심사전문가, 손해사정사, 국가운영 등급 관리사, 오디션 전문가, 감별사

- **손해사정사 :** 손해사정사는 사고가 발생했을 때 현장 조사를 하고, 보험금 청구가 적정한지 확인하기 위해 변호사나 의사에게 자문을 구하고, 사고 관련 자료를 분석하고 정리해 손해액을 결정하는 일을 합니다. 사고를 당한 이들에게 전문적인 도움을 주는 일이지만 피해자나 보험 고객에게 비난을 받아 스트레스를 받을 수도 있습니다.

- **스포츠 심판 :** 각종 운동 경기에서 공정한 경기 운영을 위해 규칙을 적용하여 경기를 진행합니다. 선수들의 동작을 관찰하여 원칙에 따라 경기 규칙을 적용하고 경기의 흐름을 원활하게 진행하는 역할을 합니다. 경기의 승부를 판정하는 일은 심판의 가장 중요한 일이기에 양심과 정확한 판단력이 있어야 합니다.

관련 학과 법학, 체육학, 경제학, 교육학, 보건의료경영학

추천활동
- **각종 스포츠 경기 관람**
- **대한민국 법원 어린이 홈페이지**(http://www.scourt.go.kr/kids)

법원 안내와 재판에 관련한 기본적 이해를 돕는 영상을 시청하고, 실질적으로 재판이 진행되고 있는 법정에 들어가 방청을 할 수 있습니다. 방청을 마친 후에는 빈 법정으로 자리를 옮겨 판사복, 검사복 등을 입고 직접 판사, 검사, 변호인, 원고, 피고, 증인 등과 같은 역할을 하며 모의재판을 해 볼 수 있어요. 그리고 법관과의 대화 시간을 통해 평소 궁금하거나 관심 있는 것에 대한 질의응답도 할 수 있습니다.

14

조립하기

스토리

겁쟁이 사자가 세상에 단 하나뿐인 멋진 자동차를 만들기 위해 조립을 하고 있어요. 사자는 조립하는 것을 아주 좋아해요. 낱개로 흩어져 있던 여러 부품을 모아 하나의 완성품을 만들고 나면 뿌듯하고 기분이 좋아져요. 사자는 조립을 하기 전에 완성할 자동차에 대해 자세히 알아봅니다. 자동차가 어떤 부품들로 이루어져 있고 어떤 원리로 움직이는지 등을 공부했어요. 그리고 어떤 순서로 조립을 해 나갈 것인지 결정한 뒤 부품들을 분류해 놓아요. 그런 다음 순서에 맞게 하나씩 조립을 해 나갑니다. 자동차는 조립할 때 부품들이 무거워서 힘이 들어요. 또 조립할 때 힘을 주어 나사를 꽉 조여야 해요. 하나라도 잘못 조립하면 자동차가 움직이지 않기 때문에 실수 없이 해야 한답니다. 그래도 사자는 콧노래를 부르며 조립에 집중합니다. 시간도 많이 들고 인내심도 필요하지만 하나씩 맞춰가는 일이 재미있거든요. 조립을 하다 보면 기계의 원리와 작동 방법까지 알 수 있어서 일석이조예요.

읽을 책

저학년 나는 자동차가 좋아 / 유다정 외 지음 / 다산어린이

자동차의 역사, 자동차와 관련된 직업, 만들어지는 과정 등을 설명하며 자동차를 좋아하는 아이에게 자동차와 관련된 다양한 정보를 소개해 줍니다. 아이들이 자동차에 대한 관심과 흥미를 키워 나가고 자기의 꿈을 위해 무엇을 해야 하는지를 알려 주는

책입니다.

고학년 오토마타 공작실 / 전승일 지음 / 길벗어린이

간단한 기계장치로 움직이는 인형이나 조형물을 의미하는 오토마타는 기계 장치를 이용해 인형이나 장난감을 만드는 것입니다. 이 책은 오토마타의 역사와 예술세계, 만드는 방법 등을 자세히 알려 줍니다. 또한 직접 만들어 볼 수 있도록 제작방법과 도면을 실어 아이들이 오토마타를 이해하고 흥미를 가질 수 있게 합니다. 아이들이 오토마타를 만들면서 기계장치의 운동 원리를 쉽게 이해하며 상상력을 키울 수 있습니다.

청소년 로봇 다빈치, 꿈을 설계하다 / 데니스 홍 지음 / 샘터

데니스 홍은 <파퓰러사이언스>가 선정한 젊은 천재 과학자 10인에 들어갈 만큼 뛰어난 로봇공학자입니다. 그가 알려진 것은 그의 과학 정신이 매우 인간적이기 때문입니다. 그가 로봇을 만드는 이유는 시각장애인에게 눈을 대신하고, 다리가 불편한 사람에게 다리를 대신하기 위한 것입니다. 로봇공학자로서 삶의 태도와 정신, 그리고 로봇공학의 미래도 엿볼 수 있는 책입니다.

롤모델

레고왕 고트프레드

세계적으로 유명한 레고 장난감은 1934년 덴마크에서 만들어졌습니다. 목수였던 고트프레드의 아버지 올레 크리스티얀센이 엄마를 잃은 아이들에게 나무로 된 오리 인형을 만들어 위로하려고 만들었어요. 그런데 이것이 인기상품이 되었고, 목공소를 '레고'라는 이름의 장난감 공장으로 바꾸어 본격적으로 레고를 만들게 됩니다.

고트프레드는 아버지 올레를 도와 장난감을 고안하고 설계도를 그리는 일을 하였습니다. 그러나 두 번의 화재로 인해 공장에 어려움이 생기자 올레와 고트프레드는 나무가 아닌 플라스틱에 관심을 갖고 새로운 레고 블록의 원형을 선보입니다. 이 후 레고의 제2대 대표가 된 고트프레드는 새로운 도전을 계속하면서 연구를 거듭하다 지금의 레고 블록을 완성해 특허를 받게 됩니다. 고트프레드의 계속되는 도전으로 레고 장난감은 전 세계에서 가장 인기 있는 장난감이 되었습니다.

레고 사의 성공은 고트프레드가 자신이 정한 레고 시스템을 위한 기본 규칙을 충

실히 이행한 결과였습니다. 열 가지 기본 규칙은 놀이의 가능성이 무한할 것, 여자아이와 남자아이 모두를 위한 것, 모든 연령의 아이에게 맞는 것, 일 년 내내 가지고 놀 수 있는 것, 아이의 건강과 편안함을 고려할 것, 적당한 놀이 시간을 지킬 수 있을 것, 발전·환상·창의력을 증대시킬 것, 더 많은 놀이의 가치를 증폭시킬 것, 쉽게 보충할 수 있을 것, 품질이 완전할 것으로 이 규칙은 오늘도 레고 사의 기본 규칙으로 이어지고 있습니다. 1995년 고트프레드는 세상을 떠났지만 아들이 회사를 이어 받아서 로봇, 컴퓨터와 장난감이 결합된 미래형 장난감 마인드스톰을 선보이며 레고의 무한도전을 계속 이어 나가고 있습니다.

참고도서 고트프레드 : 장난감을 향한 무한도전 레고 발명가 / 최재훈 외 지음 / 웅진주니어

학과·직업

관련 직업 자동차 조립원, 가구 조립원, 항공기, 선박 조립원, 레고 디자이너, 컴퓨터 조립원, 무대세트 디자이너, 자동차공학 기술자, 로봇공학자, 발명가, 테마파크 전문가, 3D 관련 기획자, 기계공학 전문가, 조선공학 전문가, 항공공학 전문가, 자동차 장치 기획가, 공장자동화 전문가, OEM 컨설턴트

• **자동차 조립원** : 수많은 자동차 부품을 정해진 곳에 조립하여 자동차를 만드는 사람입니다. 작은 부품이라도 빠지지 않게 정확히 조립해야 자동차가 완성되므로 꼼꼼하고 세심해야 하며 기계에 대해서도 잘 알아야 합니다. 좋은 차를 만들기 위해 여러 조립원들이 함께 힘을 합쳐서 책임감 있게 작업해야 하므로 협동심과 사회성 등이 필요하답니다.

• **무대세트 디자이너** : 연극무대, 방송사, 영화세트 제작이나 각종 공연무대, 박람회, 전시회 등의 무대를 디자인해서 세트를 세우는 일입니다. 프로그램의 내용과 분위기에 맞게 디자인하여 세트를 만들어 조립하여 세우기를 반복합니다. 디자인 및 무대기술 전공, 기구와 기기 등에 대한 전문적인 지식이 있어야 하며 컴퓨터 그래픽에 대한 지식도 알아야 합니다. 설계도면 작업과 모형 맞추기, 작품을 분석하는 분석력 등이 필요합니다.

관련 학과 자동차공학, 기계제어공학, 컴퓨터공학, 디자인학

추천활동

- **키즈앤키즈 : 옥스퍼드디자인센터**(http://www.kidsnkeys.co.kr)

블록을 이용해서 내가 생각한 상상이야기를 다양하게 표현할 수 있는 곳입니다.

- **현대자동차 : 공장견학**(http://tour.hyundai.com)

자동차가 만들어지는 과정을 볼 수 있으며 과거, 현재, 미래의 차들을 관람할 수 있습니다. 생산 공장에서 자동차가 조립되는 과정을 한눈에 볼 수 있습니다. 울산공장과 아산공장, 전주공장 중 선택하여 견학신청 후에 방문하면 됩니다.

15

수리하기

스토리

날개 달린 원숭이들이 서쪽 마녀의 명령에 따라 양철나무꾼을 잡고 날아올라 바위 계곡으로 떨어뜨렸어요. 그 바람에 양철나무꾼의 몸이 심하게 망가졌어요. 전부터 허수아비는 새들의 공격으로 지푸라기가 빠져나와 엉망이 된 친구 허수아비들을 많이 고쳐줬어요. 그래서 양철나무꾼을 수리하는 것도 자신 있었어요. 처음에는 팔과 다리를 잘못 끼우는 실수를 했지만, 망가지지 않은 왼쪽 다리를 살펴보고 어떻게 수리해야 하는지 알아냈어요. 그러고는 뚝딱뚝딱 알맞은 위치에 끼우고 나사를 조이고 기름칠을 했어요. 그러자 양철나무꾼은 제 모습을 찾아가기 시작했어요. 허수아비는 무엇이든 수리하는 것을 좋아해요. 물론 처음 해보는 것들은 어렵기도 하지만 잠시 살펴보기만 해도 금세 방법을 알아내어 고칠 수 있어요.

읽을 책

저학년 재활용 아저씨 고마워요 / 알리 미트구치 지음 / 풀빛

사고 싶은 물건을 마음대로 사고, 새 물건의 놓을 자리를 마련하기 위해 헌 물건을 남의 집에 몰래 버리는 부자 동네로 이사 온 크링겔 씨와 버려진 물건으로 가득한 크링겔 씨의 집. 그러던 어느 날 동네 아이들이 크링겔 씨네 집에 찾아오고, 아이들은 버려진 물건들을 다시 조립하고 멋지게 색칠을 해서 로켓, 자동차, 우주정거장 같은 것들을 만들어 냅니다. 버려진 물건들이 아이들의 손에 의해 새로운 물건으로 탄생한 것

이지요. 고장 난 것이나 버려진 것들을 그냥 넘기지 않고 뚝딱뚝딱 잘 고치거나 새로운 것으로 만들어 내기 좋아하는 아이에게 즐거움을 줄 수 있는 책입니다.

고학년 미래탐험 꿈발전소 9 - 자동차회사 / 박연아 지음 / 국일아이

주인공 의림, 소희, 준우는 산업스파이를 잡기 위해 M 자동차 회사에 어린이 기자단 자격으로 방문합니다. 이곳에서 자동차에 대해 몰랐던 점을 배우고 산업스파이를 잡기 위해 고군분투하는 내용이 담긴 책이에요. 뿐만 아니라 자동차 엔지니어, 자동차 디자이너, 테스트 드라이버 등 자동차 관련 직업과 각 분야의 역할에 대해 흥미진진하고 알기 쉽게 소개하고 있어요. 자동차의 원리에 관심이 많고 그것과 관련된 일을 해 보고 싶은 아이가 재미있게 읽을 수 있을 것입니다.

청소년 목수 김씨의 나무작업실 / 김진송 지음 / 시골생활

목수 생활을 하고 있는 저자가 각 나무 특성에 맞는 조각법, 도구를 다루는 법, 조각에 대한 감상, 금속 공예에 대한 생각 등을 보여 주고 있는 책입니다. 목수란 예술가에 가깝습니다. 산과 들판에 굴러다니는 나무를 구해서 쓰임새를 생각하고 형태나 결에 따라 각 나무의 특성을 살려 디자인하고 만드는 사람인 것입니다. 그러려면 나무에 대해 잘 알아야 하고 거기에 어울리는 물건을 생각해 내는 창의력이 필요합니다.

롤모델

예술품 복원 전문가 박지선

훼손 위기에 처한 서화류 문화재 보존처리 및 복원의 1인자인 박지선 선생님은 정재문화재보존연구소장이면서 용인대 교수이기도 합니다. 예술품 복원이라는 분야에 처음으로 뛰어들어 그동안 무수히 많은 문화재가 선생님의 손을 거쳐 갔습니다. 국보 111호 고려 안향(1243~1306) 영정, 국보 126호 무구정광대다라니경, 국보 196호 신라 백지묵서대방광불화엄경, 보물 133호 화엄사서5층석탑 출토 다라니경, 보물 1286호 고려불화 수월관음도, 국내 서화류 문화재의 최고 명품들은 모두 선생님의 손끝에서 새 생명을 얻었답니다.

서화류 문화재 복원은 인내를 요하는 고독한 작업입니다. 보존처리는 대개 '기본 조사-해체-소독 및 세척-배접지(그림이나 글씨 뒷면에 덧붙이는 종이) 제거-종이

천 짜깁기-배접-표구'등의 순서를 거치는데, 이 과정이 거의 수작업으로 이루어집니다.

특히 종이나 천(비단 등)을 짜깁기하는 과정은 고난도의 작업이에요. 원재료와 같은 재질의 종이나 천을 제작해야 하는데다 벌레 먹어 구멍이 났거나 오래되어 탈락된 크고 작은 부분을 일일이 손으로 짜깁기해 넣어야 합니다. 그래서 끈기와 정교함이 모두 필요하고, 시간도 오래 걸립니다. 보물 1286호 수월관음도의 경우에는 복원하는 데 4년이나 걸렸다고 해요. 그래서 선생님은 후배나 제자들에게 "5년 이상 고아가 됐다고 생각하고 버텨야 한다. 고독을 무서워하지 말고 즐겁게 도전하라."고 말하곤 합니다.

또한 서화류 보존처리는 극도의 긴장을 요하는 일이에요. 사소한 실수라도 발생하면 국보나 보물 등의 문화재가 훼손되기 때문이에요. 그래서 선생님은 매일 아침에 일어나면 나쁜 생각도 하지 않고 나쁜 것도 보지 않아요. 마음을 맑게 해야 보존처리를 제대로 할 수 있다고 생각하기 때문이에요. 선생님은 서울대 회화과를 졸업하고 같은 대학원 동양화과 재학시절, 간송미술관의 최완수 연구실장의 강의를 들으면서 서화류의 보존처리 및 복원 전문가가 필요하다는 생각을 했습니다. 그래서 대학원을 졸업한 이듬해인 86년 일본으로 건너가 93년까지 교토국립박물관 문화재보존수리소에서 보존과학을 배웠습니다. 94년 귀국했을 때, 국내 서화류 보존처리 전문가는 박지선 선생님뿐이었습니다. 지금은 전공자들이 늘어났지만 아직도 수준급 전문가는 손꼽을 정도라고 합니다. 힘든데다 크게 돈 버는 일도 아니기 때문에 하려는 사람이 많지 않다고 합니다. 그래도 선생님은 자신의 일을 무척 좋아합니다.

"문화재 명품을 볼 수 있다는 게 너무 행복합니다. 문화재 공부하는 사람에게 그보다 더 큰 기쁨이 어디 있겠어요. 그게 보존처리의 진정한 매력입니다."

학과·직업

관련 직업 문화재 수리 기능자, 피아노 조율사, 의료장비기사, 각종 엔지니어, 기계수리 전문가, 로봇공학자, 로봇설계 전문가, 산업공학자, 방위산업 전문가, 사회복지사, 재활의학 전문가, 정형외과 전문가, 외과 의사, 흉부학 전문가, 기능성 가구 전문가, 조각가, 로켓공학자, 농업학자, 수의사

• **문화재 보존 과학자** : 궁궐이나 사찰, 미술관, 박물관에서 소장하고 있는 문화

재를 보존하고 수리하는 일을 합니다. 현재까지 잘 보존된 문화재는 앞으로도 잘 유지되도록 관리하고, 파손된 문화재는 역사적 확인 작업을 거쳐서 복원하는 일을 하기도 해요. 따라서 문화재를 아끼고 사랑하는 마음이 있어야 하고, 꼼꼼하고 섬세하게 수리할 수 있는 능력도 필요합니다.

• **항공기 정비원 :** 비행기의 안전 상태를 점검하고 문제가 있는 부분을 고칩니다. 따라서 집중력이 필요해요. 그리고 안전과 관련된 일을 하기 때문에 책임감도 반드시 필요합니다. 기술적인 부분에서 도구와 기계를 다루는 능력은 기본이랍니다. 그렇기 때문에 기계의 종류나 작동 원리 등을 공부하면 좋아요. 대학에서 항공기 정비와 관련된 공부를 하면 더욱 좋아요.

관련 학과 항공공학, 기계공학, 자동차공학, 고고학, 자동차정비학, 항공정비학

추천활동

• **한국잡월드 : 어린이 체험관**(http://koreajobworld.or.kr)

자동차 정비원, 전기 수리원 등의 직업을 체험해 볼 수 있어요.

• **대한항공 : 초등학생 견학체험**(http://kr.koreanair.com)

초등학생의 눈높이에 맞춘 체험위주 견학 프로그램으로써, 각 분야별 전문 지식을 갖춘 전문가의 설명을 통하여 항공사에 대한 이해를 도와줍니다. 주니어 공학기술교실, 중장비 공장, 군용기 공장 등을 직접 보고 배울 수 있습니다.

• **부천 로보파크**(www.robopark.org)

16

도구 이용하기

스토리

허수아비가 고장 난 양철나무꾼을 고쳐 주기 위해 어떤 도구를 쓸까 생각하고 있네요. 도구를 이용해서 무엇을 고치거나 만들기를 좋아하는 허수아비는 도구를 효과적으로 사용하는 법, 주의해야 할 점, 도구들이 갖고 있는 각각의 특징 등을 잘 알고 있답니다. 사람이 동물과 다른 이유 중 하나는 도구를 이용하는 것이에요. 인류가 지금껏 기술을 발전시켜 올 수 있었던 것도 허수아비처럼 도구를 이용할 줄 알았기 때문이랍니다. 허수아비는 물건이 고장 났을 때 어떻게 하면 고칠 수 있을지 궁리를 해 본 다음에 그것을 위해 필요한 도구들을 생각해 냅니다. 또 도구들을 가지고 필요한 물건을 만들 때도 있어요.

읽을 책

저학년 일과 도구 / 권윤덕 지음 / 길벗어린이

사람들의 모습과 일하는 데 사용하는 도구를 보여 주며 도구의 모양, 이름, 쓰임새, 도구를 이용해 일하는 모습을 담은 책입니다. 도구를 많이 사용하는 농장, 병원, 구두공장, 목공소, 중국집, 의상실, 화실 등을 한 여자아이와 고양이가 찾아다니면서 이야기를 만들어 나갑니다. 도구를 이용해 일하는 모습과 사용하는 도구를 아름답게 그림으로 표현한 책입니다.

고학년 도구와 기계 250백과 / 조엘 르봄 지음 / 미세기

우리 생활에서 쓰이는 250가지 도구와 기계의 움직임을 그림으로 자세히 설명해 주는 책입니다. 우리가 늘 사용하고 있는 기계의 원리를 알게 해 주어 호기심을 해결하고 과학적 탐구력과 관찰력을 길러주며 기계에 대해 흥미를 갖게 해 줍니다.

청소년 명품 명장 통영 12공방 이야기 / 조윤주 지음 / 디자인하우스

통영에서 예술가로 자라 자신의 예술로 그 고장을 표현하고 있는 예술가가 통영의 전통 공예가 어떻게 시작되었고 통영만의 독특함은 무엇인지 등을 소개하고 있습니다. 이들은 '크래프트 12'라는 이름의 이 프로젝트를 시작으로 현대 디자이너와 전통 공예 장인들의 협업을 시도했습니다. 목표는 통영 12공방을 되살린 브랜드를 만드는 것입니다. 2008년 시작된 이 프로젝트는 2009 서울 리빙 디자인 페어와 이탈리아 밀란 가구 페어에서 대중에게 공개되었습니다. 서양의 명품이 아닌 우리 고유의 아름다움을 세계에 당당히 내놓고 알리고 있는 공방의 이야기입니다.

롤모델

요리사 아키라 백

라스베이거스에서 최고의 셰프로 손꼽히는 한국인 요리사인 아키라 백은 라스베이거스 호텔업계에서 동양인 최초이자 최연소로 총주방장이 되었습니다. 빌 클린턴 전 대통령 등 미국 유명 인사의 파티 음식을 성공적으로 준비해 이름을 알리게 되었고, 미국 인기 요리 프로그램인 <아이언 셰프 아메리카>에 한국인 최초로 출연하여 화제를 모았습니다.

청소년 시절 미국으로 이민을 가게 된 아키라 백은 미국 생활이 힘들었지만, 세계 랭킹까지 드는 프로 스노보드 선수가 되었어요. 한국인 최초 스노보드 챔피언이 되겠다는 꿈을 안고 세계선수권 출전 준비를 했지만 심한 발목 부상으로 인해 선수 생활을 그만 두어야 했습니다. 하지만 아키라 백은 요리사가 되겠다는 꿈을 다시 품고 일류 셰프의 길을 가기 위해 열심히 노력합니다. 주방에서 허드렛일을 하는 그에게 요리에 관해 알려주는 사람은 없었지만 열정을 가지고 열심히 노력해서 10년 이상 걸릴 것이라 생각했던 주방장을 5년으로 단축시키며, 세계 일류 셰프의 꿈을 향해 날마다 노력했어요. 안정적인 생활이 이어졌지만, 새로운 요리를 만들 때마다 힘든 자신의 모습

을 발견하고 2년간 요리 여행을 떠나기로 결심합니다. 어려운 도전이었지만 아키라 백은 유명한 셰프들을 찾아가 메뉴 개발과 레스토랑 운영 시스템, 다양한 요리법 등을 배우며 세계적인 셰프가 될 준비를 하였습니다. 다양한 경험을 바탕으로 자신감을 갖게 된 아키라 백은 노부와 마츠히사 체인점을 통틀어 유일한 비일본계인이자 가장 나이 어린 총주방장이 되었어요.

이 후 아키라 백은 자신만의 요리 스타일로 라스베이거스의 벨라지오 호텔 내 옐로테일 재패니즈 레스토랑 앤 라운지의 총주방장이 되어 세계 사람들이 인정하는 세계 최고의 요리사가 되었답니다. 아키라 백의 요리에 대한 거침없는 도전과 성공이야기는 꿈을 찾아 가는 청소년들에게 희망이 될 것입니다.

참고도서 라스베이거스 요리사 아키라 백 / 아키라 백 외 지음 / 김영사

학과 • 직업

관련 직업 마술사, 요리사, 기계설비사, 공예가, 무선통신 기술자, 측량기능사, 지적 기능사, GIS 전문가, GPS 전문가, 특수용접 전문가, 수술 전문 집도의, 흉부외과 의사, 설비 전문가, 공연무대 세팅 전문가, 특수 효과 전문가, 각종 연구 단체 엔지니어, 특허 관련 심사원

• **마술사 :** 다양한 마술 도구를 이용하여 빠른 손기술로 물건을 숨기거나 바꾸며 환상적인 속임수로 마술 공연을 연출하는 사람입니다. 신비한 마술 공연을 위해 마술 도구를 만들고 기술을 연구하기 위한 창의력이 필요하며 공연기획을 위해 연출과 진행 능력이 있어야 합니다. 마술 도구를 이용해 완벽한 마술을 보여 주기 위해 많은 연습이 필요하므로 인내심이 있어야 한답니다.

• **공예가 :** 다양한 도구와 손을 이용해 일상생활에서 필요한 각종 공예품을 만드는 사람입니다. 공예품의 종류는 금속공예, 도자기공예, 목공예, 한지공예 등이 있어 재료에 따라 다양한 공예품을 만듭니다. 여러 도구를 이용해서 공예품을 만들기 때문에 손재주가 있어야 하고 예술적이고 창의적이어야 합니다. 공예에 대한 전문지식이 있어야 하며 숙련된 기술이 필요하므로 끈기와 인내심이 있어야 합니다.

관련 학과 식품조리학, 기계학, 공예학, 마술학

추천활동
- **동아리 : 마술활동**

각 학교나 문화센터, 수련관 등에서 마술을 체험할 수 있고 동아리 활동을 통해 전문적인 마술에 대해 배울 수 있습니다.

- **짚풀생활사박물관**(http://www.zipul.co.kr)

우리나라 짚풀 문화의 소중함을 알리기 위해 세운 박물관으로, 짚풀로 만들어진 물건이 우리 민족의 삶에 얼마나 유용하게 쓰였는지를 알 수 있습니다. 짚풀로 만들어진 우리 생활도구를 전시하고, 아이들에게 직접 만들기 체험프로그램을 실시하고 있습니다.

17

재배하기

스토리

도로시는 이른 아침 일어나 꽃에 물을 줍니다. 지난 가을에 받아둔 꽃씨를 봄에 심었더니 마른 흙을 뚫고 조그만 싹이 고개를 내밀었어요. 도로시는 식물 키우기를 좋아해요. 귀여운 싹이 예쁜 꽃을 피울 때, 또 열매를 맺을 때 보람을 느끼고 뿌듯하답니다. 그래서 물을 뿌릴 때에도 "잘 자라라."하고 말을 해요. 그렇게 하면 식물이 더 잘 큰다는 말을 들은 적이 있거든요. 도로시는 식물 재배에 대한 책을 보면서 언제 어느 정도의 물을 주어야 하는지, 어떤 과정으로 자라는지 등을 알게 되었어요. 그랬더니 식물을 키우는 일이 더 재미있고 흥미가 커졌어요.

읽을 책

저학년 화분을 키워주세요 / 진 자이언 지음 / 웅진닷컴

아빠가 너무 바빠서 토미네는 여름휴가를 가지 못했어요. 그래서 토미는 휴가를 떠난 이웃들의 화분을 대신 키워주기로 합니다. 토미네 집은 온통 화분으로 가득차지요. 토미는 화분을 잘 키우기 위해 온 정성을 기울입니다. 과연 토미는 끝까지 잘 키워서 주인에게 돌려줄 수 있을지 궁금증을 가지고 읽다 보면 웃음이 절로 나는 책입니다.

고학년 신기한 식물일기 / 크리스티나 비외르크 지음 / 미래사

식물을 좋아하는 리네아가 다양한 식물을 가꾸면서 식물에 대한 궁금증을 풀어 나

간다는 내용의 책입니다. 식물에게 왜 물이 필요한지, 키우기에 가장 재미있는 식물은 무엇인지 등 식물 키우는 법을 쉽게 설명해 주고 있습니다. 물을 잘 주는 법, 해충을 막는 법 같이 식물을 키우는 데 필요한 상식뿐 아니라 식물의 생장과 물의 순환 같은 어려운 질문도 쉽게 설명해 줍니다. 자기가 기른 식물로 요리도 만들어 봅니다.

전 학년 세밀화로 그린 보리 어린이 식물도감 / 보리 편집부 지음 / 보리

청소년 기적의 사과 / 이시키와 다쿠지 지음 / 김영사

일본에서 사과 키운 농부로 유명한 저자는 농약을 사용하지 않고도 건강한 사과를 생산하기 위해 수많은 연구를 한 농부입니다. 그는 끈질긴 노력과 오랜 실험 끝에 최초로 무농약 사과 재배 방법을 알아내어 세상을 깜짝 놀라게 했습니다. 그의 사과는 불티나게 팔렸고, 그는 자신만의 재배 방법으로 큰돈을 벌 수 있었지만 그렇게 하지 않았습니다. 모든 사람이 무농약 사과를 먹을 수 있도록 자신이 알게 된 재배 방법을 공개하였습니다. 사과에 대한 열정과 실험 정신, 그리고 자신의 것을 나누는 정신까지 감동을 주는 사연이 담겨 있는 책입니다.

롤모델

나무 심는 사람 임종국

임종국 선생님은 일제강점과 한국전쟁을 지내느라 먹을 것조차 구하기 어렵던 시절에 나무 심기를 시작했어요. 그때는 산에서 나무를 베어다 땔감으로 방을 따뜻하게 하던 때여서 산에 나무를 심어야 한다는 생각을 하는 사람이 매우 드물었어요. 사람들이 마구 나무를 베는 바람에 우리나라 산은 황무지나 다름없었어요. 그때 그는 나무를 심으려고 밭을 갈아엎어 묘목을 키웠어요. 심지어 일부러 땅을 사서 그곳에 편백나무와 삼나무를 심었어요. 하지만 힘든 일들이 많았어요. 그때는 나무에 대해 제대로 공부한 사람도 없었고 나무를 키우기 위해 준비된 도구도 없었어요. 또 수리시설이 허술해서 홍수가 나서 묘목이 떠내려가기 일쑤였고, 가뭄에 묘목이 말라죽기도 했어요. 이웃들도 왜 고생을 사서 하냐고, 열매도 없는 나무에 물을 주기는 왜 주냐고 타박을 하며 비웃었지요. 그러나 그는 나무를 심는 일에 대한 자신의 신념을 버리지 않았습니다.

그는 민둥산을 내버려두면 미래가 없다고 생각했어요. 쌀농사는 한 해 농사요, 나무 농사는 백년 농사라고 생각한 것입니다. 그는 나무를 심으면 가꾸게 되고, 가꾸면 사랑하게 된다고 말했습니다. 그렇게 해서 그는 삼나무 6십 3만 4천 그루, 편백나무 1백 4십만 6천 그루, 밤나무 5만 4천 그루의 나무를 심었습니다. 어느 누구도 상상하지 못한 일이었습니다. 1987년, 72세의 나이로 숨을 거둘 때까지 산에 나무 심기를 그만두지 않았습니다. 지금 그가 가꾼 숲은 전남 장성군 축령산 편백나무 숲으로, 수많은 사람들의 소중한 쉼터이자 치유의 숲이 되었습니다.

학과·직업

관련 직업 원예사, 분재 재배 관리자, 수목의, 식물원 직원, 산림청 직원, 정원사, 식물학자, 약초 연구가, 꽃 재배 농부, 토양환경 기술사, 토피어리 디자이너

관련 학과 조경학, 농생물학, 원예학

추천활동

- 농촌진흥청 : 농업과학관 체험활동(http://www.rda.go.kr/children/index.html)
- 한살림 생명학교
- 〈식물의 사생활〉(영상물)

세계적인 공영방송인 영국 BBC의 다큐멘터리 〈Natural World〉 제작팀이 95년에 선보인 6부작 자연 다큐멘터리. 평소에 보기 힘들었던 식물과 그들의 습성들에 대하여 자연 다큐 해설자로 알려진 '데이빗 애튼버러'가 직접 출연하여 세계 곳곳을 다니면서 상세히 해설합니다. 아무런 움직임이 없는 듯 보이는 식물의 열악한 환경에서 살아남기 위한 놀라운 생존법을 소개합니다. 특히 온 세계를 돌아다니며 촬영한 생동감 넘치는 화면에서 내레이션과 함께 식물이 씨앗을 퍼뜨리기 위해 동원하는 다양한 씨앗여행의 기술 등을 보여 줍니다.

18

수집하기

스토리

마법사가 안경들을 바라보며 행복한 표정을 짓고 있네요. 마법사는 여러 가지 다양한 안경들을 수집하는 것을 좋아해서 새로운 디자인이 나오거나 여행을 갈 때는 늘 안경을 산답니다. 또 옛날에 썼던 안경이나 특별한 안경들도 수집해요. 마법사는 안경뿐 아니라 다른 특이한 물건들도 수집하기 좋아해요. 이렇게 특별한 것들을 수집하다 보면 다양한 디자인을 구경하는 재미도 있고, 희귀한 것을 갖고 있다는 자부심도 생겨요. 수집한 물건을 보면 물건이 발전해 온 과정을 알 수 있어서 재미있어요. 또 물건에 얽힌 역사도 알게 되지요. 어떤 물건은 예술적으로 가치가 있답니다. 수집가인 마법사의 꿈은 자신이 수집한 물건을 전시하는 박물관을 짓는 것이에요. 여러 사람들에게 자신이 모은 수집품을 보여 주며 즐거움을 같이 나누고 싶기 때문이죠.

읽을 책

저학년 나는 잡동사니 대장 / 폴라 폭스 지음 / 논장

마음에 드는 물건은 무엇이든 모으는 모리스는 꼬마 수집가입니다. 어른들 눈에는 쓸데없는 잡동사니로 보이지만 모리스는 수집한 모든 물건 하나하나가 소중합니다. 모리스의 방은 아주 특별한 박물관이 되어 가는데 바로 도마뱀, 돌멩이, 시계태엽, 침대 스프링, 박제 곰까지 방바닥에서부터 벽, 천장까지 온갖 물건들로 가득 채워져 있네요. 걱정이 가득한 부모님과는 달리 잡동사니를 소중히 모으면서 특별한 세계를 가

꾸는 모리스의 이야기를 그린 책입니다.

고학년 고물 할아버지와 엉뚱한 박물관 / 정인수 지음 / 신원문화사

'숨어 있는 전통문화 탐구반'의 조사팀 리더가 된 동이는 옛날 유물들을 찾아다니면서 우리나라 전통문화와 옛날 사람들의 지혜로운 삶에 대해 알게 됩니다. 민지 할아버지 고물상에 있는 신기한 옛 유물들에 대해 설명을 들으면서 전통문화를 이해하고 소중함에 대해 알게 합니다. 박물관 정보와 유물 사진을 함께 보면서 유물들의 생생한 정보를 알 수 있고, 수집의 소중함을 느끼게 하는 책입니다.

청소년

1. 수집 / 필립 블룸 지음 / 동녘

시대별 수집가와 수집품의 모습을 소개하고 있습니다. 방대한 자료를 풀어놓으면서 기묘하고 아름다운 강박의 세계에 대해 이야기합니다. 수집품은 과거와 현재, 미래를 연결해 주는 문화의 산증인이지요. 결국 수집이란 역사를 모으는 일입니다. 이 책을 읽으면서 수집의 의미를 다시 생각해 볼 수 있을 것입니다.

2. 뜨거운 미술 차가운 미술 / 이일수 지음 / 인디북

미술관과 친해지는 방법을 소개한 책입니다. 저자는 "알고 가면 미술관엔 그림이 있고, 모르고 가면 미술관엔 그림이 없다."는 말을 하면서, 미술관에 가기 전부터 미리 전시장과 친해지고, 전시장 안에서는 작품을 세상에 내놓은 작가의 마음을 읽으라고 합니다. 미술관에 다녀온 후에도 전시장에서 얻은 지식을 다시 만끽하고 즐기는 방법도 알려 줍니다. 학예사나 미술전시에 관심 있는 사람이 읽으면 실질적인 정보를 얻을 수 있을 것입니다.

롤모델

우리 문화재를 사랑한 간송 전형필

우리 문화재를 사랑한 전형필은 1904년 서울에서 손꼽히는 부잣집 아들로 태어났습니다. 유복한 어린 시절을 보냈지만 가족들의 연이은 죽음과 나라를 잃은 슬픔으로 힘든 나날들을 지내게 됩니다. 나라의 미래를 걱정하던 전형필은 당시 금석학자이자 대감식안이었던 오세창 선생과의 인연을 통해 우리 문화를 체계적으로 정리하고 지키

는 것에 대해 배우게 되고 우리 문화의 소중함을 일깨우게 됩니다. 이 후 전형필은 우리나라 서화와 고서적, 문화재를 수집하는 데 일생을 바치게 됩니다. 일제가 없애고자 했던 《훈민정음 해례본》을 먼저 발견해서 수집한 이야기, 〈청자상감운학문매병〉을 기와집 20채의 가격에 구입한 이야기, 영국인 존 개스비에게 고려 도자기를 구입한 이야기, 한국전쟁 때 유물들을 지키기 위해 애쓴 이야기 등 전형필의 수집이야기는 긴장감이 있고 감동적입니다. 전형필이 수집한 우리 문화재는 '빛나는 보물을 모아둔 집'이라는 의미를 지닌 '보화각'이 세워 지면서 더욱 큰 의미를 지니게 되었습니다. 이 후 우리나라 최초의 사립 미술관인 간송 미술관이 되어 문화재의 소중함을 알리는 곳이 되었습니다. 간송 미술관은 국보 12점, 보물 10점, 서울시 지정문화재 4점 등 수많은 문화재 등을 소장한 곳으로 간송 전형필의 우리 역사와 문화를 사랑하는 마음이 고스란히 남겨져 있답니다.

참고도서 간송 전형필 / 이충렬 지음 / 김영사

학과·직업

관련 직업 정보검색사, 학예연구원, 사서, 수집가, 박물관장, 보석감정사, 명품 전문가, 명품 디자이너, 시계 디자이너, 고미술 전문가, 경매사, 미술품 관련 업계 종사자, 주방기구 제작사업가, 전자제품 기획자

• **학예연구원 :** 박물관이나 미술관에서 작품을 수집하고 보존, 연구하여 전시 등을 하는 직업입니다. 미술에 대한 지식이 필요하고 우리 문화, 유물을 사랑하는 마음과 역사지식이 필요하며, 다른 나라의 문화와 역사도 알아야 하므로 책을 많이 읽어야 합니다.

• **수집가 :** 우표나 동전, 골동품, 책 등 다양한 물건이나 재료를 찾아서 모으는 것을 전문적으로 하는 사람입니다. 수집하는 물건을 잘 감별할 수 있도록 전문적인 지식과 관찰력을 가져야 하며 수집한 물품을 관리, 보존하는 능력이 있어야 합니다.

관련 학과 정보학, 도서관학, 미술사학, 문화재학

추천활동

• **우표박물관**(http://www.kstamp.go.kr/kstampworld)
많은 사람에게 수집품으로 사랑을 받는 우표에 대해 알려 주는 곳으로 전시장과

체험시설에서 우표에 대한 재미있는 이야기와 나만의 우표 만들기 체험을 할 수 있습니다.

- **간송미술관**(http://www.kansong.org/museum/museum1.asp)

간송 전형필이 세운 우리나라 최초의 사립 미술관으로 우리나라 전통유물들을 모아 놓은 곳입니다. 전시작품으로는 '훈민정음', '청자상감운학문매병', '혜원전신첩' 등 우리나라 국보, 보물, 유물들을 볼 수 있습니다.

- **쇳대박물관**(www.lockmuseum.co.kr)

19

작동하기

스토리

날개 달린 원숭이들이 허수아비를 잡아 가버렸어요. 오즈는 도로시와 친구들에게 헬리콥터를 빌려주겠다고 했어요. 도로시는 캔자스에 살 때 헨리 아저씨에게 마차 운전하는 법을 배운 적이 있어요. 그리고 아저씨가 자동차를 운전할 때도 옆에서 지켜보았기 때문에 헬리콥터 운전을 해보겠다고 용기를 냈어요. 도로시와 양철나무꾼은 오즈에게 들은 대로 차분히 시동을 걸고 핸들을 당겼어요. 헬리콥터가 날아오르기 시작했어요. 방향을 바꾸는 방법도 금세 알게 되었어요. 도로시와 양철나무꾼은 커다란 헬리콥터를 직접 움직일 수 있다는 것이 무척 즐거웠어요. 둘은 자전거, 자동차, 마차 등 움직이는 것들을 조종하는 것을 아주 좋아해요.

읽을 책

저학년 바무와 게로의 하늘 여행 / 시마다 유카 지음 / 중앙출판사

어느 날 바무와 게로의 집에 산더미만 한 소포가 배달되었습니다. 소포에는 할아버지 생신 파티 초대장과 함께 비행기 부품이 가득 들어 있었어요. 바무와 게로는 여러 날이 걸려서 비행기를 조립하고 드디어 할아버지 댁으로 출발했어요. 그런데 가는 길은 순탄하지 않았어요. 주의사항을 적은 할아버지의 편지를 미리 읽고 준비하지 않은 탓에 눈물이 줄줄 흐르는 양파 산맥, 벌레가 우글우글한 사과산, 흡혈 박쥐가 사는 동굴 등을 지나가게 됩니다. 하지만 다행히 비행기 운전을 잘 해서 무사히 할아버지

댁에 도착할 수 있었어요. 비행기를 타고 여러 가지 장애물을 지나가는 것을 보며 비행기처럼 움직이는 것을 조종하는 것에 재미를 느낄 수 있는 책입니다.

고학년 비행기 조종사 / 오주영 지음 / 주니어랜덤

초보 부기장 한비의 이야기를 통해 승객의 안전을 무엇보다 중시하는 비행기 조종사의 세계를 보여 줍니다. 비행기 조종사는 어떤 일을 하는지, 비행기 조종사가 갖추어야 할 것들, 비행기 조종사의 일 뿐만 아니라 비행기 내부 모습과 공항에서 일하는 다양한 사람들, 출국과 입국에 필요한 절차에 대한 정보까지 모두 담고 있는 책입니다.

청소년 IT 천재들 / 이재구 지음 / 미래의창

21세기, 컴퓨터와 인터넷, 클라우드, 스마트폰 등 IT가 존재하지 않는 공간은 상상하기 힘든 세상이 되었습니다. IT를 통해 많은 양의 데이터를 저장하고 송신할 수 있으며, 시공간을 떠나서 소통할 수 있게 되었지요. 이 책은 이런 IT 혁명을 이끈 주역들에 관해 소개하고 있습니다. 최초의 컴퓨터, 최초의 트랜지스터, 최초의 휴대폰 등 '최초'라는 명칭을 붙이고 다니는 최초의 개발자들에 대한 일화와 역사가 흥미롭게 전개됩니다.

롤모델

여성 비행사 아멜리아 에어하트

1897년 미국에서 태어났어요. 당시는 여성이 자유롭게 사회 활동을 할 수 없던 때였지만, 아멜리아는 남자와 여자를 차별하지 않았던 부모님의 영향으로 새로운 분야에서 일하고 싶다는 꿈을 품을 수 있었습니다. 어릴 적 에어쇼에서 몇 차례 비행기를 보았던 아멜리아는 성인이 되어 비행기에 타 보고 난 후 비행사가 되기로 결심했어요. 아멜리아는 1921년 비행을 배우기 시작해 마침내 1923년 여성 비행사로서는 세계에서 열여섯 번째로 비행사 면허증을 땄습니다. 그리고 1928년, 두 명의 남성 비행사와 함께 대서양 횡단 비행에 성공하며 유명해졌어요. 아멜리아는 그 후로도 100킬로미터 코스 비행 속도 기록, 오토자이로를 타고 5,600여 미터 상공을 나는 기록 등 여러 비행 기록을 세우며 최고의 비행사로 일컬어졌습니다. 1932년에는 홀로 비행기를 몰아 대서

양을 횡단함으로써 전 세계에 이름을 알렸고, 1935년에는 세계 최초로 하와이에서 캘리포니아까지 태평양을 가로지르는 비행에 성공했습니다. 남성 비행사도 쉽게 도전하지 못하는 비행에 계속해서 도전했던 아멜리아는 '하늘의 여왕', '하늘의 퍼스트레이디'라는 별명을 얻었습니다.

1937년, 항법사 프레드 누난과 함께 적도 주변을 따라 도는 세계 일주 비행에 나섰습니다. 그녀는 남아메리카, 아프리카, 아시아를 지나는 데 성공했으나 남태평양의 뉴기니 섬을 떠나 하울랜드로 가는 도중 실종되었습니다. 비록 실종되어 세계 일주 비행을 끝마치지 못했으나 항상 적극적인 태도로 자신의 삶을 개척해 나가고, 길이 없는 곳에 길을 만들어 나갔던 아멜리아의 도전 정신과 용기는 지금도 많은 이들에게 깊은 감명을 주고 있습니다.

참고도서 아멜리아 에어하트 / 조경숙 지음 / 비룡소

학과 • 직업

관련 직업 운전기사(버스, 택시 등), 중장비 기사, 사업용 로봇 전문가, 도선사, 자동차 관련 엔지니어, 폐기물 관련 산업기사, 음향 전문가, 카레이서, 우주인, IT전문가, 건축 전문가, 구조원, 선장, 재난 구조사, 비행기 조종사, 크레인 및 호이스트 운전원, 지게차 등의 대형 기계 운전원, 기계 공학자, 전파 공학자, 열차 기관사, KTX 기관사, 공군 비행사, 잠수함 조종사

• **항공기 조종사 :** 여객기, 전투기, 헬리콥터와 같은 항공기를 운전합니다. 비행하는 동안 일어난 일을 항공일지에 기록하고 비행 중에 발생한 문제를 보고하기도 합니다. 또 비행기 성능을 평가하기 위한 시험 비행을 하기도 해요. 따라서 침착한 성격과 정확한 판단력이 필요해요. 또한 비행기를 작동하는 것에 대한 충분한 이해가 필요합니다.

• **철도 기관사 :** 사람이나 물건을 실어 나르기 위하여 기관차와 전동차를 운전합니다. 계기판의 여러 정보를 정확히 알고 열차를 운전할 수 있어야 하며, 선로의 상태나 객차의 연결 상태도 점검해야 합니다. 또한 정차하는 역에 진입했을 때 승객이 안전하게 타고 내릴 수 있도록 정확한 위치에 정지할 수 있어야 해요. 많은 사람의 생명을 책임지고 있기 때문에 사명감이 있고 성실해야 해요. 그리고 운송과 기계에 대한 지식을 필수적으로 갖추고 있어야 합니다.

관련 학과 항공운항학, 기계항공공학, 자동차공학, 특수건설장비, 중장비

추천활동

- **서울도시철도공사**(http://www.smrt.co.kr)

운전실에 탑승하는 체험을 통해 기관사의 일상도 엿보고 질서와 안전 의식도 일깨울 수 있습니다.

- **한국항공대학교 항공우주박물관**(http://www.aerospacemuseum.or.kr)

항공기에 대한 과학적 이해와 간접 체험이 가능합니다.

- **사천 항공우주박물관**(www.aerospacemuseum.co.kr)

20

만들기

스토리

마법사가 로봇의 심장을 만들고 있네요. 로봇에게도 사람들처럼 쿵쾅쿵쾅 뛰는 심장을 만들어 주고 싶기 때문이에요. 에메랄드 성에서 처음 도로시와 사자, 허수아비, 나무꾼을 만날 때 이용한 여러 장치도 마법사의 다양한 생각으로 만들어졌습니다. 마법사는 자신이 만든 물건이나 기계가 사람들에게 즐거움을 주고 편리함을 준다고 생각하면 마음이 흐뭇해져요.

물건이나 기계를 만들기 위해서는 인내심이 많고 꼼꼼해야 해요. 자칫하다 실수하면 기계가 작동되지 않고 자주 고장이 날 수 있기 때문이지요. 또 뭔가를 만들려면 꼼꼼한 손놀림도 중요하지만 남과 다른 생각, 창의성이 필요해요. 그래서 마법사는 평소에 책도 많이 읽고 뭐든지 잘 관찰하고 기억해 두는 눈썰미를 길렀어요.

읽을 책

저학년 풍차소년 캄쾀바 / 윌리엄 캄쾀바 외 지음 / 파란자전거

캄쾀바는 가뭄이 심한 아프리카의 작은 나라 말라위에 살고 있는 열네 살 소년입니다. 어느 날 마을의 작은 도서관에서 과학 그림책을 우연히 보게 되었는데 책에서 전기를 만들고 물을 퍼 올릴 수 있다는 풍차에 대해 알게 되었어요. 풍차를 만들기로 결심한 캄쾀바는 부품을 구할 수 없어 쓰레기 더미에서 찾아낸 부품들을 이용해 풍차를 만들게 됩니다. 어려운 환경을 극복하고 끈기 있게 도전하여 자신의 꿈을 이룬 캄쾀바

의 실제 이야기는 우리에게 꿈을 이룰 수 있는 희망을 전해 줍니다.

고학년 어떻게 만들어졌을까 / 빌 슬라빈 외 지음 / 문학수첩리틀북

우리가 날마다 가지고 놀고, 먹고, 입는 물건들이 어떤 재료와 과정을 거쳐 만들어지는 가에 대해 자세하고 사실적으로 알려 줍니다. 백과사전 같지만 물건의 제작과정을 그림으로 표현하여 마치 견학하는 듯 한 느낌을 갖게 하며 아이들이 잘 이해할 수 있는 어휘를 사용해 설명을 해 줍니다. 또한 물건이 만들어 지게 된 역사나 일화, 상식 등의 내용이 담겨 있어 글을 읽는 재미를 더해 줍니다.

청소년 손바느질 다이어리 / 김정아 외 지음 / 스타일북스

바느질의 여러 영역을 두루 둘러볼 수 있고 구경할 수 있는 책입니다. 손바느질, 미싱 사용법, 자수, 뜨개질, 펠트, 인형 만들기에 이르기까지 초보자도 따라 하기 쉽게 풍부한 그림 설명과 함께 실물본도 소개하고 있습니다. 일상생활 안에서 사용할 수 있는 장식품을 비롯하여 주머니와 가방, 머리띠 등을 만들어 볼 수 있습니다. 만들기를 좋아하는 사람이라면 누구나 도전해 볼만한 친절한 책입니다.

롤모델

로봇 박사 오준호

'휴보 아빠'라고 불리는 오준호 박사는 우리나라를 대표하는 로봇공학자입니다. 한국과학기술원 기계공학과 교수이며 휴머노이드로봇 연구센터 소장으로 우리나라 최초로 인간형 로봇 휴보를 개발하였습니다. 어릴 적부터 과학자가 되고 싶었던 오준호 박사는 사물에 대한 호기심이 많아 기계들을 분해 조립하고 만들기를 즐겨했습니다. 고물상에서 전기 모터 등을 구해 프로펠러를 끼워 소형 모터보트를 만들고, 소형 비행기, 로켓을 만들어 발사해보기도 했답니다. 기계에 대한 관심과 자신감을 가지고 연세대학교 기계 공학과에 입학해 고등학교 때 궁금했던 것들을 배우며 재미있게 생활했습니다. 이 후 과학자의 꿈을 위해 유학길에 오르고 박사가 된 후 돌아와 KAIST 교수가 되었습니다.

2000년 뉴스를 통해 일본의 휴먼형 로봇 '아시모'를 보게 된 후, 우리나라 로봇을 만들기로 결심한 오준호 박사는 로봇 연구를 한지 6개월 만에 휴보의 전신인

KHR-2를 만들고 2004년 '휴보'를 완성하였습니다. 현재까지 개발된 휴머노이드로봇 '휴보', 안드로이드형 로봇 '알버트 휴보' 있습니다. 하지만 휴보의 성능 개발은 아직도 개발 중이고 계속해서 발전하고 있답니다. 로봇 개발에 열정을 다하고 있는 오준호 박사는 "로봇은 상상력에서 만들어졌다."라고 말하며 지금도 과학적 상상력을 펼치고 있답니다.

참고도서 1대 100 : 로봇 오준호 박사 / 오준호 지음 / 스콜라

학과·직업

관련 직업 로봇공학자, 공예가, 기계설계사, 가구 제작가, 파티쉐, 메카트로닉 공학 기술자, 로봇설계자, 쇼콜라티에, 브루 마스터, 컨버터 소재 디자이너, 줄기세포 관련 전문가, 생체 세포 연구가, 유전공학자, 정형외과 의사, 재활의학과 의사, 건강보조기 관련업 종사자, 조율사, 자동차 공학 전문가, 인공신체 관련 전문가, 사물인터넷 전문가, 조향사

- **로봇공학자** : 로봇을 설계하고 기계를 조립, 제작, 개발하는 사람입니다. 상상력이 풍부해야 하며 논리력이 있어야 합니다. 또 다른 분야의 사람들과 모여 일을 하기 때문에 사회성도 필요하며 각 분야의 관련 지식들을 알기 위해 많은 책들을 읽어야 합니다. 컴퓨터, 기계공학, 재료공학 등을 전공하는 것이 유리합니다.
- **기계설계사** : 기계를 설계, 제작하는 직업으로 각 분야에 맞게 설계 내용을 작성합니다. 특히 건축, 토목, 기계 등 다양한 분야 사람들과 함께 일해야 하므로 융통성과 사회성이 필요합니다. 또 기계를 설계하는 능력과 창의력이 있어야 합니다.

관련 학과 로봇공학, 기계설계학, 공예학, 가구디자인학

추천활동

- 나무집 만들기 체험
- 키자니아 : DIY 가구 공작소(http://www.kidzania.co.kr)

아이가 직업 체험활동을 하면서 직업에 대한 이해와 즐거움을 느낄 수 있는 곳으로 DIY 가구 공작소에서는 어린이가 직접 디자이너가 되어 가구를 만듭니다. 가구 디자인과 제작, 가구 만들기를 체험할 수 있습니다.

- 안성 문화마을

안성 문화마을에서는 도자기, 조각, 공예 등을 전시하고 직접 체험할 수 있는 곳으로 예술품 감상과 체험을 동시에 느낄 수 있습니다.

21

나르기 운송하기

스토리

양철나무꾼은 쓰러진 나무를 알맞은 크기로 잘라서 수레, 책상, 의자 등을 만들 목재로 다듬는 것을 아주 잘해요. 그래서 허수아비는 에메랄드 시로 목재를 보내달라고 했어요. 하지만 양철나무꾼은 목재가 너무 크고 무겁기 때문에 에메랄드 시까지 보낼 방법이 없다고 했어요. 도로시는 무거운 목재를 어떻게 하면 손쉽게 나를 수 있을지 생각했어요. 그리고 좋은 방법이 떠올랐어요. 많은 양을 한꺼번에 실을 수 있는 배를 이용하는 거예요. 목재를 배에 실을 때도 기구를 이용해서 차곡차곡 쌓았어요. 도로시 덕분에 한꺼번에 많은 양의 물건들을 서로 주고받을 수 있게 되었어요.

읽을 책

저학년 사람과 짐을 실어 나르는 탈것 / 김향금 지음 / 아이세움

하늘과 땅, 바다 위를 달리는 탈것들은 사람과 물건을 목적지까지 안전하게 실어 나릅니다. 이제 우주 공간도 오가는 최첨단 탈것이 등장한 시대지만, 처음 인간의 두 발을 대신할 탈것이 개발되었던 아주 오랜 옛날에는 요즘과 같은 급격한 발달은 상상도 할 수 없는 일이었습니다. 이 책은 처음 탈것이 어떻게 생겨났으며, 어떤 변화를 거치며 오늘날까지 발전해 왔는지, 그리고 탈것의 발달에 따라 교통과 대외 무역은 어떻게 변해 왔는지 탈것의 역사를 보여 주는 책입니다.

고학년 바틀렛의 빙산 운반 작전 / 오도 허쉬 지음 / 개암나무

아주 먼 옛날 일곱 나라를 다스리는 여왕이 있었습니다. 여왕은 탐험가 바틀렛에게 세상에서 가장 달콤하고 맛있다는 멜리드롭을 가져오라고 명령합니다. 내키진 않지만 동굴 탐험을 후원해 준다는 조건에 바틀렛은 멜리드롭을 신선한 상태로 옮길 수 있는 방법을 찾아 나섰어요. 왜냐하면 멜리드롭은 딴 지 하루만 지나도 먹을 수 없기 때문이에요. 바틀렛은 포기하지 않고 노력한 끝에 결국 방법을 찾아냈고, 여왕의 명령이 떨어진지 일곱 달하고 세 시간 만에 멜리드롭을 싣고 도착하게 됩니다. 그 덕분에 여왕은 꿈에 그리던 멜리드롭을 먹게 됩니다.

청소년 테크놀로지의 세계 3 / 미래를 준비하는 기술교사 모임 / 랜덤하우스코리아

한국산업기술진흥원이 지식경제부의 지원을 받아 기획한 것으로 29명의 현직 기술교사와 기술교육 전문가들이 썼습니다. 인류 역사를 뒤바꾼 기술 혁명의 결정적인 장면들부터 기술의 핵심 8개 분야(디자인·정보 통신·제조·에너지·전자 기계·건설·생명·수송)의 최신 지식을 10대의 눈높이에 맞춰 담았습니다. 이 시리즈의 세 번째 책에서는 '전자 기계', '건설', '생명', '수송' 분야의 기술 지식을 다루고 있는데, 이 가운데 '수송'에서는 자동차, 비행기, 기차 등의 친근한 수송 수단을 사례로 하여 땅, 바다, 하늘, 우주 속에서 이루어지는 다양한 수송의 원리와 기능을 설명합니다. 또 수송 기술은 어떻게 발전해왔는지, 현대 수송 기술의 두 축인 물류와 여객 수송은 어떻게 운용되고 있는지도 소개하고 있으며, 친환경 자동차, 바다 위의 위그선 등 수송 기술 분야의 미래 모습도 예측하고 있습니다. 책의 끝 부분에는 수송 분야의 진로탐색 안내도 나와 있습니다.

롤모델

대한항공 회장 조중훈

한평생 '수송 외길'을 걸으며 국내 최대 종합 수송 그룹인 '한진그룹'을 일으킨 대한민국 수송계의 거인입니다. 그는 해방 직후인 1945년, 항구의 물동량이 많아지기 시작하던 때 인천 지역에 조그마한 간판('한진상사') 하나를 내걸고 운송 회사를 시작했습니다. 당시 나이는 스물다섯, 가진 것이라곤 트럭 한 대뿐이었어요. 비록 트럭 한 대

로 시작했지만 '신용'을 바탕으로 사업의 기반을 쌓아 갔어요. 이후 한국전쟁의 풍파로 빈손이 되어 다시 원점에서부터 사업을 시작해야 하는 위기를 맞았지만, 미군과 군수 물자 수송 계약을 체결하며 단기간에 한진상사를 국내 최대의 육상 운송 회사로 성장시킬 수 있었습니다.

1969년에는 만성 적자에 시달리고 있던 국영 기업인 '대한항공공사'를 인수하며 항공 사업을 시작했습니다. 인수 당시 제대로 된 비행기는커녕 노선조차 제대로 확보되지 않은 때 조중훈 회장님은 과감히 초대형 항공기인 점보기를 들이고, 끊임없이 다른 나라의 문을 두드리며 항공 노선을 개척하는 데 온 힘을 기울였습니다. 대한항공을 '민족의 날개'로 만들겠다는 국가적인 사명을 띠고 도전을 멈추지 않았습니다.

'뜻이 있는 곳에 길이 있다'는 진리를 삶으로 증명한 수송왕 조중훈 회장님은 수송업을 통해 나라에 이바지하겠다는 마음으로 평생 노력했습니다. 뿐만 아니라 평소 손에서 책을 놓지 않으며 교육 사업에 남다른 관심을 보이기도 했습니다. 그는 한국항공대학, 인하공대 등을 인수하여 나라의 미래를 이끌어갈 일꾼을 양성하는 데도 이바지했습니다.

참고도서 조중훈처럼 / 고수정 지음 / 에프케이아이미디어(FKI미디어)

학과·직업

관련 직업 화물운송 종사자, 물류 전문가, 머천다이저, 유통 전문가, 대형 체인 설계자, 프랜차이즈 전문가, 무역 관련 계통 종사자, 사업가, 해운업 종사자, 항공 산업 종사자, 크레인 기사, 건축학 종사자, 유통 채널 전문가, 교통안전 전문가, 교통 체제 전문가, 도시공학자, 접안시설 전문가, 아웃소싱 전문가

• **물류 전문가 :** 물건을 나르고 관리하는 일을 합니다. 물건이 소비자에게 팔릴 때까지 드는 운송비, 포장비, 보관비 등을 줄이고 좀 더 효과적으로 물건을 나르도록 관리합니다. 따라서 많은 물건을 어떻게 하면 빨리, 적은 비용으로 옮길 수 있을지 생각해야 해요. 주로 외국과 거래하는 일이 많기 때문에 외국어 공부도 많이 해야 합니다.

• **철도운송 산업기사 :** 열차조작에 관한 기초적인 기술지식과 숙련기능을 바탕으로 철도 및 지하철을 이용하는 여객과 화물의 안전하고 정확한 시간 내 수송을 위한 여러 가지 관련 업무를 수행합니다. 열차 취급규칙, 수송관련 절차, 여객운송 절차, 화물취급 절차에 따라 열차를 운전하고 조작할 수 있어야 하며, 역구내에서 선로를 변경

하는 일과 각종 보안장치를 다룰 수 있어야 합니다.

관련 학과 유통 물류학, 국제 물류학, 철도운송 물류학, 항만 물류시스템학

추천활동

- **삼성화재교통박물관**(http://www.stm.or.kr)

자동차와 자동차 관련 문화유산을 수집·연구·전시하고 교육하며, 다양한 문화적 체험을 할 수 있습니다.

- **대전교통문화센터**(http://www.dtcc.or.kr)

교통안전에 대한 종합적인 학습과 체험을 할 수 있습니다.

- **철도박물관**(http://www.railroadmuseum.co.kr)

철도운수업무의 발전과정 등을 보고, 듣고 느낄 수 있습니다.

- **국립해양박물관**(http://www.nmm.go.kr)

우리 배의 생김새, 우리 배가 누빈 바다, 교류 기록과 유물 등을 전시하고 있습니다.

- **평택항 홍보관**(http://www.ppic.or.kr)

평택항을 소개하고 항만선과 운항노선에 대해 알려 줍니다.

22

재료 구매하기

스토리

마법사가 바람에 부서진 도로시의 집을 튼튼하게 수리하려고 양철나무꾼에게서 나무를 구입하고 있네요. 마법사는 집을 지을 때 필요한 나무나 건축자재를 잘 골라서 도로시에게 갖다 주었어요. 재료를 구입하기 전에 마법사는 집짓기에 좋은 나무가 어떤 나무인지 알아보았어요. 책도 읽어보고 직접 집짓는 곳에 가서 전문가에게 배우기도 했답니다. 이렇게 좋은 재료들을 구입하기 위해서는 재료의 특성이나 생산지, 유통 과정, 가격 등을 알아야 해요. 자신이 잘 고른 재료를 가지고 집을 짓게 된 도로시를 보면서 마법사는 뿌듯하고 자랑스러웠어요. 좋은 재료를 알아서 사람들에게 제공해 주는 일은 보람도 있고 재미도 있어요. 사람들이 일부러 생산지에 가지 않아도 안심하고 편리하게 물건을 구입하도록 도와줄 수 있으니까요.

읽을 책

저학년 파란 티셔츠의 여행 / 비르기트 프라더 지음 / 담푸스

파란 티셔츠의 재료는 작은 목화예요. 목화에서 실을 뽑아 옷감을 만들고 천연염색으로 파란 옷감으로 변신합니다. 이 책은 목화가 파란 티셔츠로 만들어져서 아이에게 오기까지의 과정을 알려 주기도 하며 서로 물건을 사고 팔 때 공정하게 무역을 할 수 있는 방법을 알려 줍니다. 좋은 재료로 만들어진 물건들의 소중함을 일깨워 줍니다.

고학년 세상을 뒤흔든 재료세상 : 재료공학 / 김도연 지음 / 주니어랜덤

우리가 일생생활에서 쓰고 있는 물품의 재료는 무엇이고 재료는 어떻게 쓰였는지를 알게 하며, 재료공학이 발전해 온 과정과 개념, 과학 원리를 쉽게 알려 주는 책입니다. 우리 생활 속 어디에나 숨겨져 있는 재료공학의 이야기를 보면서 재료가 가지고 있는 각 특성과 소중함을 느끼게 해 줍니다.

청소년 아이엠 MD / 최낙삼 지음 / 책미래

MD는 머천다이징의 준말입니다. 1930년대 미국 대공황을 극복하기 위한 마케팅에서 나온 말인데, 회사 브랜드 운영의 실무 책임자입니다. MD는 기획과 마케팅, 디자인, 품질관리에 이르기까지 많은 일들을 합니다. 시장조사를 하고, 견본을 구매한 후 반응을 조사하며, 마케팅 전략을 세우는 한편, 상품 거래처를 발굴과 선정, 매출 관리를 총괄합니다. 이 책은 MD가 되기 위해 필요한 공부는 무엇이고, 인성적 측면에서 길러야 할 점은 무엇인지, 구체적인 진로 준비 과정까지 소개하고 있습니다.

롤모델
환경운동가 존 로빈스

존 로빈스는 1947년 세계 최대의 아이스크림 회사인 '베스킨라빈스'의 상속자로 태어났습니다. 하지만 그는 상속을 거부하고 일생을 전 세계인에게 건강한 식품을 선택할 수 있도록 알리는 환경운동가가 되어 헌신합니다. 10년 동안 컬럼비아 해안의 작은 섬에서 통나무 집을 짓고 살며 채식주의에 관한 책을 쓰며 건강식 식단의 중요성을 알렸습니다. 또 미국의 공장식 축산이 불러오는 심각한 상태에 대해 세상에 공개하고 개인의 건강과 지구 환경 보호의 필요성을 강조하며 환경운동에 적극적으로 참여합니다. 그는 첨단 과학 기술로 각광받는 유전자 변형 식품의 유해성도 고발하며 신선하고 안전한 식품 재료의 중요성을 강조하고 또 강조합니다. 이런 노력의 공로를 인정받 존 로빈스는 1994년 '레이첼 카슨상'을 수상합니다.

존 로빈스는 가족과 함께 통나무집에서 모여 가족들이 직접 재배한 채소를 먹으며 건강한 삶을 살고 있습니다. 그는 각종 강연회, 책을 쓰는 활동을 통해 지구를 구하는 희망적인 메시지를 전하며 건강한 마음과 몸으로 세상을 살아가고 있답니다.

참고도서 14살 인생 멘토 / 김보일 지음 / 북멘토

학과 • 직업

관련 직업 유통경영자, 구매자재 사무원, 도·소매업자, 건설재료 연구원, 구매바이어, 사업가, 유통 채널 전문가, 머천다이저, 쇼핑 호스트, 홈쇼핑 채널 전문가, 아동 소비자 공학과, 소비자 보호원 관련 근무자, 대기업 구매 관련 근무자, 국제 무역 전문가, 가구 관련 종사자(목재 구입), 국제 자원 개발학자, 국제 자원 관련 종사자, 원유 가공 관련 종사자

- **구매바이어 :** 상품을 구매하거나 구매한 것을 파는 사람입니다. 구매하는 물품의 시장동향을 살피고 다양한 전시장에 참석하여 세계 시장의 흐름을 알아야 합니다. 또한 구매하려는 상품에 대한 정보와 가격을 정확하고 신속히 알기 위한 수리능력이 필요하며, 구매가 정확히 이루어질 수 있게 책임감과 신뢰성을 가져야 합니다.

- **국제무역 전문가 :** 기업의 국제무역에 필요한 계약과 결재를 하며 수출입 바이어와의 상담과 화물의 통관, 신고, 외환 관리 등을 합니다. 국제법과 국제무역에 대한 전문적인 지식과 외국어 능력이 필요합니다. 대인관계가 좋아야 하며 국제적인 감각도 있어야 합니다. 전공은 무역학, 회계학, 경영학, 법학 등 관련 학과 학력이 필요합니다.

관련 학과 마케팅, 유통학, 무역학, 식품재료공학, 회계학, 경영학, 법학

추천활동

- **농장견학**

각 지역 특색에 맞는 농산물 재배현장을 견학하여 다양한 농산물 재료를 알 수 있습니다.

- **재래시장 : 남대문시장**(http://www.namdaemunmarket.co.kr)

600년 동안 우리나라를 대표하는 전통재래시장으로 각종 재료들을 구입할 수 있고, 관광명소로 알려진 곳입니다. 다양한 물품들을 살 수 있을 뿐만 아니라 먹을거리와 볼거리가 풍부한 곳으로 시장 체험을 하기엔 알맞은 곳입니다.

23

이동하기

스토리

허수아비가 다스리는 에메랄드 시에는 어린이들이 좋아하는 초록 사탕, 초록 팝콘이 많아요. 양철나무꾼이 다스리는 서쪽 나라에는 벌꿀이 많아요. 그런데 동쪽 나라에는 그런 것들이 없기 때문에 도로시는 동쪽 나라로 가져다주려고 해요. 그리고 동쪽 나라의 여러 가지 과일을 가져다 에메랄드 시와 서쪽 나라에 전해줄 계획이에요. 도로시와 함께 살던 헨리 아저씨는 캔자스에서 생산된 우유를 이웃 마을에 가져다주었어요. 도로시는 아저씨를 따라 다니며 그 일이 얼마나 중요한지를 알게 되었어요. 그래서 오즈의 나라 친구들을 위해서 그 일을 하고 싶었어요. 그건 도로시가 아주 잘 할 수 있는 일이거든요.

읽을 책

저학년 딩동딩동 편지 왔어요 / 정소영 지음 / 사계절

도시 지역과 산간 지역을 아우르는 우체국에서 일하는 집배원 효순씨의 하루를 따라가 봅니다. 일반인은 접근하기 어려운 집배실의 모습을 비롯하여, 배달 업무와 맞먹는 시간을 차지하는 우편물의 분류, 정리 업무 과정부터 배달까지 우편 집배원이 하는 일을 생생하게 보여 줍니다. 말로 설명하면 복잡하고 어려운 우편 업무지만, 정성이 깃든 펜 선과 맑고 밝은 색감이 어우러진 그림을 따라가다 보면 편지 한 통이 어떤 과정을 통해서 전해지는지 자연스럽게 알 수 있습니다.

고학년 공정 무역, 행복한 카카오 농장 이야기 / 신동경 지음 / 사계절

카카오 농사를 짓는 아프리카 가나의 한 마을이 카카오 값의 하락으로 어려움을 겪다가 협동조합과 공정 무역으로 다시 활기를 찾게 되는 과정을 다루면서 공정 무역이란 무엇이며 왜 필요한지를 자연스럽게 알려 줍니다. 가장 모범적인 공정 무역 생산지의 사례로 꼽히는 가나의 쿠아파 코쿠 협동조합의 실제 사례를 바탕으로 이야기를 재구성하여, 자칫 어렵게 느껴질 수 있는 주제를 재미있게 읽으면서 쉽게 이해할 수 있습니다. 카카오 농사짓기, 초콜릿의 역사, 초콜릿 제조 과정, 일반 무역과 공정 무역의 차이, 어린이 노동 등 꼭 필요한 지식을 알맞게 곁들였습니다. 정겨운 그림을 통해 스스로 느끼고 공감하며 경쟁보다는 협동, 더불어 사는 것에 대해 한 번 더 생각하게 만드는 책입니다.

청소년 여행도 하고 돈도 버는 여행작가 한번 해볼까 / 채지형 외 지음 / 위즈덤하우스

여행기자로 10년 이상 근무한 저자가 여행작가가 되고 싶은 사람들을 위해 질문을 던지고 답을 하는 형식으로 엮은 책입니다. 여행작가는 자격시험이 없어 누구나 될 수 있으며, 다만 필요한 것은 취재 능력과 세상을 보는 안목, 자신의 관점, 사진 실력, 성실함 무엇보다 체력과 끈끈한 네트워크라고 말합니다. 여행 중 글감 찾기와 글쓰기 노하우, 사진 찍는 법, 알아두면 도움이 될 여행서 목록, 여행작가 인터뷰 등 실제 정보가 되는 내용이 많습니다.

롤모델
거상 임상옥

조선 후기의 무역 상인입니다. 붉은 색을 좋아하는 중국인의 심리와 오래 보관하기 좋다는 점을 이용해 인삼을 홍삼으로 만들어 중국에 판매합니다. 그러나 중국인들은 이를 헐값에 사들이기 위해 조선 인삼 불매운동을 펼칩니다. 이에 여러 조선의 상단들이 굴복하여 빨리 인삼을 팔아버리려고 헐값에 인삼을 내놓습니다. 그런데 이 인삼을 모두 사들인 것은 바로 임상옥이었어요. 그는 이 인삼을 헐값에 파느니 다 태워버리겠다고 불을 지핍니다. 결국 청나라 상인들은 임상옥에게 손을 들고 1821년 이 불매운동을 스스로 깨게 되는 것이죠. 결국 임상옥은 이를 통해 원가의 수십 배 되는 값으

로 홍삼을 팔아 막대한 돈을 벌어들인 것으로 유명합니다.

임상옥의 호는 '가포'입니다. 가포는 '채마밭에서 채소밭을 가꾸는 노인'이라는 뜻입니다. 임상옥은 막대한 재화를 자신을 위해 쓴 것이 아니라 빈민구제 활동을 하게 됩니다. 다른 사람들의 빚을 탕감해 주고, 본인은 아껴 쓰면서 그 재산을 가난한 사람들에게 나눠주는 것이 그의 삶이었습니다. 그 공으로 1832년 역관의 신분으로 관리가 되어 곽산군수에 임명되었어요. 그 후에도 왕은 계속 그를 공직에 머무르도록 만들기 위해 또 다른 벼슬자리를 맡기려 했습니다. 그러나 '임상옥 같은 비천한 상인을 임용하는 것은 옳지 않다.'는 양반 관리들의 항의 때문에 관직에서 물러났습니다. 그는 관직에 욕심내기 보다는 다른 사람들을 위해 재산을 나눠주며, 글과 시를 쓰며 평생을 살았습니다. 결국 그는 마지막에도 전 재산을 사회에 환원하고 세상을 떠났습니다.

참고도서 아테나 역사 인물 만화 - 인삼 무역왕 임상옥 / 임채봉 지음 / 아테나

학과 · 직업

관련 직업 여행가, 물류 전문가, 작가, 자원 발굴 전문가, 유통 채널 구축 전문가, 항공 산업 종사자, 탐험가, 여행 설계자, 카페리 관련업 종사자, 선장, 파일럿, 무선통신 전문가, 전파 공학자, 촬영 기사, 캐스팅 헌터, 해류 전문가, 지도 관련 업무 종사자, 지도 제작자, 국제 식량 관련 업계 종사자(델, 델몬트, 썬키스트 등), 사업가, 자동차 테스터, 사진사

• **우편물 집배원 :** 우편물을 수집하고, 우편물을 표기주소지에 전달하는 일을 담당합니다. 우편물이나 상품 등을 고객에게 정확하고 신속하게 전달해야 하므로 우편물이나 상품 등을 자기 물건처럼 소중하게 다룰 수 있는 책임감이 필요합니다. 또한 집배 가방을 메고 걷거나 오르내리며 무거운 물건을 운반하는 일이 잦으므로 건강한 체력과 어떠한 기후조건에도 성실하게 우편물을 배달할 수 있는 성실함과 인내력도 있어야 합니다. 무엇보다 신속하고 정확한 우편물의 배달을 위해 담당 관할 구역의 지리도 잘 파악할 수 있어야 해요.

• **공정 무역 전문가 :** 세계 무역에서 소외된 저개발 국가 농민들이 생산한 물건을 구매해 주고, 지속적으로 물건을 생산할 수 있게 도와주는 일을 합니다. 나라와 나라 사이의 교육이기 때문에 어려운 나라를 돕는다는 단순한 생각보다는 여러 문명의 다양성을 이해할 수 있는 마음이 필요해요. 세계 여러 나라를 대상으로 하는 일이기 때

문에 외국어 능력이 반드시 필요합니다.

관련 학과   지리학, 경제학, 문화인류학, 무역학

추천활동
- **우정사업본부 어린이우체국**(http://www.koreapost.go.kr/child)

만화와 사진으로 우체국의 역사와 우편 시스템에 대해 배울 수 있습니다.

- **코이카 지구촌체험관**(http://gv.koica.go.kr)

개발도상국가에 펼쳐지고 있는 개발 사업과 지구촌의 이슈들을 다루는 교육 프로그램. 지구촌의 삶과 문화를 생생하게 전하는 문화체험 전시 등을 통해 공정 무역의 필요성을 배울 수 있습니다.

24

현장관리

스토리

　도로시와 친구들은 마법사가 갖다 준 좋은 재료들로 집을 지으려고 하네요. 도로시는 안전모를 쓰고 도면을 들고 현장을 관리하고 있고, 허수아비는 측량을, 양철나무꾼은 집을 지을 때 필요한 기구들을 조작하고 있네요. 모두들 힘을 합쳐 멋지고 튼튼한 집을 만들기로 했답니다. 건물을 지을 때는 다양한 직업을 가진 사람들이 모여서 한 마음으로 지어야 해요. 설계하는 사람, 재료를 공급하는 사람, 땅 파는 사람, 기둥을 세우는 사람 등 수많은 사람들이 각자 역할을 잘해 주어야 하지요. 그때 이 모든 일을 감독하는 사람이 필요합니다. 문제가 생겼을 때 신속하게 해결할 수 있으려면 현장을 관리하는 책임자가 있어야 하지요. 현장 관리자는 전체 설계에서부터 집 짓는 과정까지 다 알아야 하고, 일하는 사람들이 열심히 하도록 격려하는 한편 다치지 않도록 돌봐주어야 해요. 또 집 지을 때 주변의 마을 사람들에게 피해가 가지 않도록 신경 써야 하고요.

읽을 책

저학년 모두 함께 지은 우리 집 / 김진수 지음 / 문학동네

　느림 씨네 가족은 도시에 살다가 깨끗한 환경에서 살고 싶어 시골로 내려가 세상에서 가장 멋진 집을 지으려 합니다. 오랜 시간이 걸리더라도 가족들과 마을 사람들이 힘을 합쳐서 '흙벽돌' 집을 지어 가네요. 흙벽돌을 찍어 만들고, 구들을 깔고, 기둥을

세우고, 지붕을 얹고, 벽을 흙으로 바르고, 페인트칠과 도배, 바닥을 콩댐하고, 문짝을 달고 나니 드디어 느림 씨네 집이 완성됩니다. 작가의 실제 경험담을 아름다운 그림과 글로 그려 낸 책입니다.

고학년 멋진 다리위의 세상 / 백이호 지음 / 주니어랜덤

'다리'라는 말에는 어떤 뜻이 담겨져 있을까요? 이 책은 다리의 물리적인 의미와 기능, 역사 등을 흥미롭게 알려 주며 다리의 다양한 문화와 환경, 미적 가치 등 다리와 연관된 모든 것을 알게 합니다. 다리의 과거와 현재, 미래를 재미있는 이야기를 통해 알아 가면서 다리의 중요성과 소중함을 알게 됩니다.

청소년 나, 건축가 안도 다다오 / 안도다다오 지음 / 안그라픽스

안도 다다오는 고등학교 졸업의 학력 때문에 세상의 편견에 시달렸지만 독학으로 자신만의 건축 세계를 만들어온 사람입니다. 콘크리트라는 거칠고 무미건조한 건축 재료에 인간의 문화와 예술, 환경을 우선하는 그의 건축 정신을 담았습니다. 40여 년 이상 건축가로 살아온 저자의 삶의 여정과 희망이 담겨 있는 책입니다.

롤모델

대목장 최기영

대목장은 나무로 궁궐이나 사찰 또는 가옥을 짓고 건축과 관련된 일을 하는 장인을 말합니다. 대목장이 하는 일은 설계, 시공, 감리 등 집을 짓는 전 과정을 책임져야 합니다. 이 모든 과정을 수행하기 위해서는 건축에 관련한 모든 기술과 기법을 충분히 갖추어야 하는데 수십 년에 걸친 현장 경험과 스승으로부터의 가르침이 있어야 합니다. 대목장은 '유네스코 인류 무형유산'으로 등록되어 한국을 뛰어 넘어 전 인류가 보전해야 할 유산이 되었습니다.

최기영 대목장은 국가지정 중요무형문화재 74호로 우리나라 3대 대목장 중에 한 명입니다. 전란 중에 태어나 먹고 살기 위해 목수가 된 최기영은 열일곱 살에 당대 도편수인 고 김덕희 옹의 제자로 입문하면서 대목장의 길을 걷게 됩니다. 낮에는 스승의 어깨 넘어 배우고 밤에는 전통건축물을 연구했답니다. 17세에 예산 수덕사 공사에 참여하면서 50년 세월을 나무집을 짓는 데에만 바친 최기영 대목장은 서울 봉원사, 경기

용문사, 창경궁, 남한산성 등을 지휘해 되살렸어요. 1,300년 전의 백제를 그대로 재현해 놓은 충남 부여 '백제문화단지' 도 그의 작품입니다. 평생 나무와 교감하면서 목수라는 직업에 대한 자부심과 열정을 가지고 대목장의 길을 걸어가고 있는 최기영 대목장은 묵묵히 우리의 전통문화를 지키고 있답니다.

학과 · 직업

<u>관련 직업</u> 건설자재 시험원, 공무원(건설 관련직), 토목 기술자, 머천다이저, 시설관리원, 감리사, 항공교통 관제사, 건설공사 품질관리원, 현장 감독, 사업가, 측량기사, 건축기사, 토목기사, 도시공학 전문가, 운동선수, 소방관

- **토목 기술자 :** 도로, 철도, 항만, 댐, 교량, 운하 등을 설계하고 건설하는 직업입니다. 토목 기술자의 기본은 수학적 능력이에요. 설계와 건설 시공 시에 오차가 생기면 안 되므로 계산을 세밀하고 정확히 해서 설계와 시공을 해야 합니다. 현장에서 작업을 잘 이끌어 나갈 수 있도록 책임감과 리더십이 필요하며 각 분야의 다양한 사람들과 함께 일하므로 협동심이 있어야 합니다.

- **머천다이저 :** 소비자가 원하는 상품을 선정하여 알맞은 가격으로 적절한 시기와 장소에 공급하는 직업입니다. 상품이 얼마큼 팔리는지를 예측해서 생산량과 수입량을 결정하고, 각 매장에 상품을 나눠 줍니다. 또한 새로운 상품을 만들기 위해 창의적인 아이디어가 필요하며, 상품을 구매하기 위해서는 협상력도 있어야 합니다. 기획과 구매, 홍보하며 현장에서 매장구성, 디스플레이 등 다양한 일들을 해야 하므로 미적 감각과 통솔력이 필요합니다.

<u>관련 학과</u> 건설정보학, 토목학, 건축학, 전기학, 소방 관련학

추천활동

- **한국 잡월드 : 건설현장**(http://www.koreajobworld.or.kr)
- **한옥 짓기 체험학교**
- **서울매트로 견학**(http://www.seoulmetro.co.kr)

서울매트로 견학으로 지하철에 대해 알고, 컴퓨터와 기계로 지하철 모의 운전도 할 수 있습니다. 또 차량기지에서는 차량에 대한 설명과 지하철을 직접 타보고 비상장치 열어보기 체험활동과 사진 찍기 등으로 지하철기지 현장을 생생히 알게 합니다.

25

건축하기

스토리

사자는 도로시와 함께 여행을 하면서 여러 가지 성을 보았어요. 오즈가 살던 초록빛 에메랄드 성, 서쪽 마녀가 살던 크고 뾰족한 성을 보며 자기가 사는 숲속 나라에도 그런 성이 있으면 좋겠다고 생각했어요. 성이 있으면 비바람과 추위로부터 동물 친구들을 지켜줄 수 있을 테니까요. 그래서 사자는 성을 짓기로 했어요. 성의 높은 부분은 하늘을 나는 새들이 드나들기 좋게 사방으로 문을 내고, 아래층은 큰 동물들을 위해서 크고 높은 문을 만들 계획이에요. 그리고 성 주변에는 물을 좋아하는 동물들을 위해 물이 흐를 수 있도록 할 거예요. 사자는 차근차근 돌을 쌓아올렸어요. 계획했던 그대로 성이 완성되어가는 것을 보며 뿌듯했어요. 사자는 성이 다 완성되고 나면 도로시의 집도 예쁘게 지어줄 생각이에요. 사자는 누가 어떻게 사용할지를 생각해서 알맞은 건축물을 설계하고 만드는 것을 아주 좋아해요.

읽을 책

저학년 여기가 우리 집이라면 : 세계의 여러 가지 집 이야기 / 자일스 라로슈 지음 / 시공주니어

집의 종류와 건축 재료, 세워진 위치와 시기 그리고 알아 두면 재미있는 사실까지, 각각의 집에 대한 간략하면서도 충실한 정보가 잘 정리되어 있습니다. 왜 이런 모양의 집이 지어졌으며 재료는 왜 그런 종류를 사용했는지를 알아보면, 여기에 영향을 끼친

자연환경과 사회·문화적 환경을 이해할 수 있을 뿐 아니라 이러한 환경에 사람들이 어떻게 적응하여 살아왔는지 쉽게 알 수 있어요. 책 마지막 장에는 각각의 집을 어디서 볼 수 있는지 세계 지도에 표시하여 정리해 주고 있습니다.

고학년 어린이를 위한 유쾌한 세계 건축 여행 / 배윤경 지음 / 토토북

주인공인 토토는 우연히 발견하게 된 뷰파인더를 통해 세계 대표 건축물들을 만나는 여행을 하게 됩니다. 최초의 집인 오두막에서부터 방어를 위한 요새, 왕을 위한 무덤과 궁궐, 각 종교를 대표하는 신전과 환경을 생각하는 집에 이르기까지 모두 흥미진진한 이야기를 들려주었지요. 그런데 토토가 만난 건축물들은 정말 말이 많았습니다. 그간 할 말이 많았을 거예요. 건축 속에는 역사도 들어 있고, 문화도 담겨 있으니까요. 그 건축물을 계획하고 만들었던 사람들의 이야기며, 그것을 실제로 가능하게 만든 과학과 기술에 대한 이야기도 있지요. 건축에는 그야말로 모든 것이 들어 있습니다. 이 책을 통해서 그 많은 이야기들 속에 담긴 의미를 재미있게 이해할 수 있을 것입니다.

청소년 건축가가 말하는 건축가 / 이상림 외 지음 / 부키

건축 분야 전문가 17명의 경험담과 조언, 실용적인 정보가 들어있는 책입니다. 건축가가 되기까지 겪은 고민과 보수, 하는 일 등이 솔직하게 나와 있고, 건축가는 조경, 도시계획, CM, 구조엔지니어 등 다양한 분야가 있어서 활동의 폭이 넓다는 것도 이 책을 통해 알 수 있습니다. 건축가에 대한 16가지 문답 코너와 부록으로 있는 건축 분야 학과를 모은 전국 대학 일람표도 유익한 정보가 될 것입니다.

롤모델

건축가 안토니오 가우디

스페인의 건축가 가우디는 어린 시절, 몸이 아파 주로 자연과 벗하며 지냈어요. 이때 고향 카탈루냐의 유서 깊은 유적지를 많이 보았고 그곳에 대한 애정을 느끼고 고유의 아름다움을 발견했답니다. 이때부터 그는 '자연을 닮은 동화 같은 집'을 짓는 것을 꿈으로 삼았어요. 그는 건축학교 시절부터 전통을 그대로 답습하지 않고, 자신만의 독창성이 담긴 설계를 고집해서 학장이나 다른 학생들의 미움을 사기도 했어요.

그리고 어렵게 졸업을 한 후에도 그의 독창적인 건축물은 다른 건축가들에게 많은 비난을 받았습니다.

하지만 구엘 백작을 만나면서 가우디의 독창성과 천재성은 빛을 발하게 되었어요. 구엘은 카탈루냐를 끔찍이 사랑하여, 전 재산을 카탈루냐의 문화를 일으키는 데 쏟기로 결심한 사람이에요. 가우디는 그의 후원으로, 그리스 신화의 황금열매나무 이야기에서 아이디어를 얻어 구엘 별장을 설계했어요. 그리고 카탈루냐를 상징하는 무늬나 조각을 새겼을 뿐 아니라 곡선과 포물선을 이용하고 기둥을 없애 탁 트인 공간을 연출한 구엘 궁전, 그리스 신화의 파르나소스 산처럼 자연스럽고 거칠며 소박한 아름다움을 표현한 구엘 공원을 만들기도 했습니다. 이후 가우디는 뼈처럼 생긴 집, 바트요 저택과 구불구불 곡선을 살린 밀라 저택, 인체의 모양을 본떠 만든 구엘 교회 들을 지으면서 자연을 닮은 건축물에서 한 걸음 발전해 인간을 위한 건축을 하게 되었습니다. 거기서 더 나아가 수녀원 학교와 성가족 대성당 같은 종교 건물을 지으며 누구에게나 활짝 열려 있는 사랑을 보여 주는, 사람의 마음에 사랑과 위로를 주는 건축물을 짓는 방향으로 발전해 나가게 됩니다.

가우디는 75세 때 안타깝게도 전차에 치어 생을 마감합니다. 죽기 전까지 평생 그의 꿈과 도전을 비웃고 방해하는 사람들 때문에 어려움을 겪었지만 자신이 옳다고 믿은 것은 절대로 포기하지 않았고, 자신이 가진 모든 것을 쏟아 부으며 꿈을 이루기 위해 노력했습니다. 그 결과 그의 건축물들 대부분이 스페인의 국립문화재로 지정되고, 1984년 구엘 궁전, 구엘 공원, 밀라 저택이 유네스코의 세계문화유산에 지정되어 가우디의 꿈과 도전 정신은 오늘날 전 세계 사람들의 보물로 남아 사랑받고 있습니다.

참고도서 자연과 꿈을 빚은 건축가 가우디 / 김문태 지음 / 뜨인돌어린이

학과 • 직업

관련 직업 건축가, 토목공학자, 도시개발 전문가, 신도시 개발 전문가, 건축 설계 기사, 모델러, 레고 디자이너, 환경공학자

- **건축가 :** 아파트, 학교, 호텔 같은 건물을 비롯해 성, 다리 같은 건축물을 계획하고 설계하는 일을 합니다. 따라서 공간을 잘 파악할 수 있어야 하고, 이용하기 편하고 보기에도 좋은 건물을 만들 수 있는 창의력도 있어야 해요.
- **도시계획가 :** 교통, 환경, 인구, 보건, 자연 환경 등을 고려하여, 공간 이용 계획

을 잘 세워서 기존의 도시를 재개발하거나 신도시를 계획하고 설계하는 일을 합니다. 따라서 분석적 사고력과 환경과 공간, 건축에 대한 폭넓은 지식이 필요해요.

관련 학과   건축학, 토목공학

추천활동

• **전주 한옥마을**(http://tour.jeonju.go.kr)
우리 전통 가옥을 볼 수 있어요.

• **한국건축박물관**(http://www.ktam.or.kr)
문화재로 지정된 옛 건축물들의 실제 모형이 전시되어 있어요.

• **경기도 어린이박물관**(http://www.gcmuseum.or.kr)

한옥, 그리스 신전 그리고 현대 건축물까지 다양한 건축물을 살펴보고 나의 집은 어떻게 지을지 상상해 봅니다. 그리고 다양한 재료를 탐색해 본 후, 이 세상에 하나밖에 없는 나만의 건물을 계획하고 만들어 볼 수 있어요.

26

실험하기

스토리

사자가 로켓과 기구의 차이점과 공통점을 알기 위해 실험을 하고 있네요. 사자는 무엇이든지 실제로 해보는 것을 좋아해요. '왜 그럴까?', '아마 그럴 거야.' 하고 가설을 세우고 나서 직접 실험을 해 보면 실험이 훨씬 재미있어요. 또 자신이 예측한 대로 되었을 때도 기분이 좋지만, 뜻밖의 실험 결과가 나왔을 때도 좋답니다. 새로운 사실을 알게 되었으니까요. 또 실험을 통해 얻어지는 수치를 통해 정확한 연구를 할 수 있기 때문에 실험은 중요한 것이랍니다. 실험을 정확히 하려면 같은 것을 계속 반복할 때도 있어요. 그래도 사자는 끈기를 가지고 끝까지 해내고 있어요. 이번 실험에 성공하지 못한다 해도 계속하다 보면 좋은 결과를 얻을 수 있고, 실험 그 자체로 과학의 발전에 도움이 될 수 있으니까요.

읽을 책

저학년 데이글로 형제 / 크리스 바턴 지음 / 문학동네

우리가 일상생활에서 잘 쓰는 형광색은 어떻게 만들어졌을까요? 의사가 꿈인 형밥과 마술사가 꿈인 동생 조가 우연히 발견한 한 줄기 형광 빛을 페인트로 만들면서 시작되었어요. 서로 다른 꿈을 꾸던 두 형제가 자신들의 실패를 두려워하지 않고 실험을 거듭하고 연구하며 얻어 낸 것입니다. 형은 사람들을 구하고 싶었고 동생은 사람들을 즐겁게 해 주고 싶었는데, 이런 간절한 마음을 모아서 데이글로 형제는 찬란한

형광의 세계를 만들었답니다.

고학년 과학이 보인다, 나의 특별한 실험책 / 라이너 쾨테 지음 / 풀빛

어린이들이 일상생활을 하면서 보고 느끼는 것과 교과과정에서 다루는 과학 내용을 탐구 주제로 삼고 실험하면서 답을 찾게 하는 책입니다. 자연현상에 대한 호기심과 관찰력을 높여주고, 생활 속의 다양한 도구로 실험할 수 있다는 것도 알게 해 줍니다. 또 실험의 즐거움을 알 수 있게 하며 실험을 통해 과학적 정보를 알 수 있습니다.

청소년 테크놀로지의 세계 1 / 미래를 생각하는 기술교사 모임 지음 / 랜덤하우스

구석기 시대부터 유비쿼터스 시대에 이르기까지 과학기술의 역사를 친절하게 설명하는 책입니다. 뿐만 아니라 과학기술과 발명에 얽힌 재미나는 일화도 들려주어 흥미를 일으킵니다. 2권과 3권에는 체험활동 및 진로탐색 코너가 있어서 과학기술 및 발명 분야에서 일을 하려면 어떤 과정을 거쳐야 하는지도 알려 줍니다. 교육 현장에서 선생님과 학생들이 직접 이야기를 나누며 진로탐색을 할 수 있도록 지도서 및 학습지까지 들어있어서 매우 실용적인 책입니다.

롤모델

과학자 마리 퀴리

마리 퀴리는 1867년 폴란드에서 태어났습니다. 어려서부터 호기심이 많고 집중력이 뛰어났던 마리 퀴리는 노벨상을 수상한 최초의 여성 과학자이자 노벨상을 두 번 수상한 최초의 과학자입니다. 마리 퀴리는 과학자가 되고 싶은 꿈을 이루기 위해 늘 열심히 공부를 했답니다. 집안 형편이 어려워서 대학을 들어가기 힘들었지만, 가정교사를 하면서 언니를 먼저 대학에 보낸 후, 자신도 여학생이 200명 정도인 소르본대학에서 공부를 해서 물리학 박사 학위를 받습니다. 마리 퀴리의 끝없는 도전 정신 덕분에 꿈을 이루게 된 것입니다.

마리 퀴리의 도전은 계속 되어 실험에 실험을 거듭한 결과 피치블렌드 광석에서 우라늄보다 더 강한 빛을 내는 새로운 방사성 원소를 발견해서 이 새로운 원소에 조국 폴란드의 이름을 따서 '폴로늄'이라고 이름을 지었답니다. 실험도구도 제대로 갖춰져

있지 않는 실험실에서 퀴리 부부는 계속해서 실험을 했습니다. 힘든 실험을 계속한 결과 퀴리 부부는 순수 라듐을 분리하게 되었습니다. 라듐은 역사상 가장 위대한 발견으로 방사능은 인류에게 매우 유용한 물질이었습니다. 마리의 연구는 핵물리학 세계의 문을 연 것으로 이후 핵물리학 분야는 눈부시게 발전을 하게 되었답니다. 마리 퀴리의 세상을 바라보는 호기심과 어려움을 이겨내는 도전정신, 인내와 끈기로 끊임없이 계속된 실험이 세계의 과학발전을 이루었답니다.

참고도서 새싹 인물전 4 - 마리 퀴리 / 캐런 월러스 지음 / 비룡소

학과 • 직업

관련 직업 과학기술자, 기계기술 연구원, 미생물학자, 항공우주공학자, 유전과학자, 신약개발 전문가, 로봇공학 전문가, 로켓공학자, 우주공학자, 연구원, 컴퓨터 공학자, 금속공학자, 기계공학자, 화학공학자, 의사

- **항공우주공학자 :** 항공기, 로켓, 인공위성 등을 설계하고 실험, 연구를 통해 항공우주공학기술을 개발하는 직업입니다. 새로운 것을 만들기 위해 끊임없는 실험과 연구를 반복해야 하므로 인내심이 필요하며 또한 창의성과 분석적이고 논리적이어야 합니다.

- **유전과학자 :** 지구에 있는 모든 생명체를 연구하는 사람입니다. 유전방식을 연구하고 유전자를 재조립하여 새로운 유전자를 발견하기 위해 끊임없는 실험과 연구가 필요합니다. 유전공학, 의학, 약학 등의 관련 지식을 가지고 있어야 하며, 변화에 대응할 수 있는 창의적이고 개방적 사고능력이 필요합니다. 자연과 생명에 대해 관심이 많고 생명을 소중히 하는 마음을 가져야 합니다.

관련 학과 항공우주공학, 로켓공학, 미생물학, 기계공학

추천활동

- **동아리 활동 : 과학실험 동아리**
- **나로우주센터 : 우주과학관**(http://www.narospacecenter.kr)

우주에 관한 기본적인 원리를 알 수 있도록 전시관과 교육 및 체험학습을 할 수 있는 곳입니다. 전시관에서는 로켓, 인공위성, 우주탐사 등을 테마로 하여 다양한 전시품을 볼 수 있으며 돔 영상관에서는 대형 스크린을 통해 진동, 물, 번개, 바람 등을

오감으로 느낄 수 있습니다. 우주과학교실에서는 체험을 통해 우주과학에 대해 알려줍니다.

27

손님 모시기

스토리

도로시와 친구들은 오즈와 약속한 대로 서쪽 나라 마녀를 물리치고 에메랄드 성으로 돌아왔어요. 오즈는 마녀를 죽이고 온 도로시와 친구들을 기쁘게 맞아 주었어요. 오즈는 어떻게 마녀를 물리칠 수 있었는지, 어떤 어려움을 겪었는지 잘 들어주었어요. 그리고 지쳐있는 친구들을 위해 맛있는 음식과 편안한 잠자리를 마련해 주었어요. 그리고 각자에게 알맞은 선물을 주었어요. 양철나무꾼에게는 비단으로 만든 예쁜 심장을, 뇌를 갖고 싶어 한 허수아비에게는 왕겨로 만든 묵직한 머리를, 겁쟁이 사자에게는 용기가 생기는 마법의 물약을 주었어요. 그리고 도로시에게는 캔자스로 돌아갈 수 있는 열기구를 만들어 주었어요. 기뻐하는 친구들을 보며 오즈도 역시 즐거웠어요. 오즈는 한 사람 한 사람을 어떻게 대해야 그들이 편안해 하는지 잘 알고 있어요. 그리고 자신으로 인해 다른 사람들이 편안해 할 때 자기도 기쁘다는 것을 알아요.

읽을 책

저학년 짜증난 곰을 달래는 법 / 닉 블랜드 지음 / 키득키득

비가 내리는 날 숲속 작은 동물 네 마리는 동굴을 하나 발견하고 그 안에서 재미있게 놀고 있었습니다. 그런데 동굴 속에 있던 커다란 곰이 동물들을 쫓아냅니다. 동물들은 짜증이 잔뜩 나 있는 곰을 기분 좋게 만들기 위해 사자는 갈기를, 무스는 커다란 뿔을, 얼룩말은 줄무늬를 곰에게 만들어 줍니다. 하지만 곰은 더욱 화를 냅니다.

그런데 이때 양이 곰의 마음을 잘 알고 좋은 생각을 해냈고, 그 덕분에 곰을 달랠 수 있었습니다.

고학년 우동 한 그릇 / 구리 료헤이 지음 / 청조사

섣달 그믐날 밤. 막 문을 닫으려는 북해정에 두 아들과 함께 들어온 어머니가 우동 한 그릇을 시킵니다. 주인 부부는 그들 모르게 우동 사리를 더 넣어 내놓았습니다. 게다가 주인은 우동을 다 먹고 돌아갈 때까지 한결같이 친절히 대해 주었어요. 그리고 가족들은 그 다음 해에도 또 다시 이 가게에 왔습니다. 주인은 한결같이 그들을 친절히 대했어요. 그렇게 해마다 섣달 그믐날이면 우동집을 찾던 가족이 어느 해부터 나타나지 않습니다. 우동집 주인 부부는 그때부터 매해 마지막 날이면 세 사람이 앉았던 자리를 '예약석'으로 비워놓고 기다립니다. 그리고 수년이 흘러 다시 가게에 찾아온 가족들의 모습을 통해 따뜻한 마음으로 손님을 대한 가게 주인의 친절한 행동이 얼마나 큰 힘을 발휘하는지 알게 됩니다.

청소년 호텔리어 로랑의 시선 / 구유회 지음 / 안나푸르나

27년간 그랜드 하얏트 서울을 지킨 호텔리어 '로랑'의 일과 삶이 담긴 책입니다. 얼핏 화려해 보이는 호텔리어의 일상 안에 숨겨 있는 호텔리어들의 애환과 감정노동으로 인한 스트레스, 도전을 느낄 수 있습니다. 저자는 남다른 열정과 행복한 마음, 투철한 서비스 정신으로 호텔리어로서 보람되게 살고 있는 자신을 소개합니다. 매일 전쟁터처럼 바쁘게 돌아가는 호텔 안에서 일어나는 다양한 에피소드와 호텔리어로서의 자부심 등을 엿볼 수 있습니다.

롤모델

호텔왕 콘래드 힐튼

전 세계적으로 76개국의 주요 도시에 540개가 넘는 호텔과 48만여 개의 객실 규모를 자랑하는 힐튼 호텔의 창업주이며 호텔왕으로 불립니다. 그는 여덟 살부터 아버지 상점에서 점원 생활을 하였고 실패와 성공을 반복하며 우여곡절 끝에 힐튼 호텔을 세웠습니다. 그리고 성공한 후에도 지치지 않고 79세까지 일을 했답니다. 50세가 넘은 후에야 많은 재산을 갖게 되었지만, 교만해지지 않고 검소함을 잃지 않았습니다.

힐튼은 가진 재산이 많지 않았고, 학력이 좋지도 않았는데 어떻게 그렇게 성공할 수 있었는지 많은 사람들이 궁금해 하며 물었어요. 그는 이렇게 대답했습니다.

"지금 당장 가진 게 없다고, 현재 하는 일이 마음에 들지 않는다고 절망하지 마십시오. 그 대신에 그 일을 좋아할 방법을 찾거나 나의 능력을 확실히 발휘할 수 있는 분야를 찾아보십시오. 그렇다면 성공은 결코 멀리 있지 않습니다. 그리고 신뢰를 잃는 것은 희망을 잃는 것과 같습니다. 정직하십시오. 이것은 단순히 남을 속이지 않는다는 소극적인 방법 이상의 것을 말합니다. 그것은 자신이 남을 대할 때, 우리가 진실이라고 생각하는 것을 용감하게 분명히 주장하는 것입니다."

그는 정직하게 고객을 대하고 자신이 품은 꿈을 이루기 위해 포기하지 않고 노력했기 때문에 '호텔왕'이라는 큰 업적을 이룰 수 있었습니다.

학과·직업

관련 직업 여행가이드, 파티플래너, 국제회의 기획업무, 국제회의 운영, 통역가, 전문 비서, 서비스 컨설턴트, CS 강사, 유텔 인터내셔널, 호텔 GRO, 호텔리어, 호텔경영, 리조트 운영, 와이너리 운영, 여행기획가, 마술사, 연예인, 창업 컨설턴트, 기타 서비스업 종사자, 기업체 의전 담당 직원, CRM 전문가

• **호텔리어 :** 호텔에서 일하며 손님에게 편안한 서비스를 제공합니다. 객실을 청소하고 짐을 옮겨 주기도 하고, 식당이나 오락장에서 손님을 응대하기도 해요. 또한 호텔을 경영하고 관리하는 일도 합니다. 따라서 친절해야 하고 사람들을 잘 접대할 수 있어야 해요. 호텔을 이용하는 사람들 중에는 외국인이 많기 때문에 외국어는 필수입니다.

• **승무원 :** 비행기나 KTX에서 승객들이 안전하고 편안하게 목적지까지 갈 수 있도록 안내하고 돕는 일을 합니다. 음료나 식사 같은 서비스도 제공하고, 도움이 필요한 승객에게 빠르고 적절한 도움을 주어 안전한 여행이 될 수 있도록 돕습니다. 친절한 태도와 상황에 따라 민첩하게 행동할 수 있는 능력이 필요해요. 여러 국적의 손님들을 대하기 때문에 외국어 능력을 갖추어야 합니다.

관련 학과 호텔경영학, 항공운항, 서비스학, CS(Customer Service), 음식조리학

추천활동

- **내나라여행박람회**(http://www.naenara.or.kr)

여행과 관련된 여러 가지 프로그램과 상품을 볼 수 있어요.

- **인사동홍보관**(http://www.hiinsa.com)

외국 손님을 맞이하는 방법을 알 수 있어요

- **소셜미디어진흥원**(http://www.wilab.co.kr)

28

함께 일하기

스토리

도로시와 사자, 양철나무꾼, 허수아비가 함께 도로시가 집으로 타고 갈 열기구를 만들러 가요. 혼자서 하면 많은 시간이 필요하지만, 각자 역할을 나눠서 같이 하기로 했어요. 도로시는 천을 꿰매고, 양철나무꾼은 나무를 하고, 사자는 물건들을 옮기고, 허수아비는 바구니를 만들어서 열기구를 금방 만들었답니다. 어렵고 힘든 일도 함께 하면 힘들지 않게 해낼 수 있어요. 또 늘 함께 하니 친구들이 무엇을 잘 하고 못 하는지도 알 수 있고 서로 협동하고 도와주며 일을 하니 항상 즐거워요. 친구들과 함께 일을 하며 배려와 규칙의 중요성을 알게 되어 더 보람되고 행복한 도로시는 앞으로도 함께하면 좋은 일들을 찾아보기로 했답니다.

읽을 책

저학년 출동 119 우리가 간다 / 김종민 지음 / 사계절

출동 벨이 울리면 하던 일을 멈추고 모든 소방관들은 사람들을 구하러 갑니다. 무시무시한 불 속에 들어가 용감하게 사람들을 구해내는 소방관의 모습을 섬세하고 생동감 있게 표현한 이 책은, 소방관의 하루를 들여다보면서 소방관의 삶과 꿈, 감동, 보람, 희망 등을 느끼게 합니다. 소방관이 해야 하는 다양한 일들을 소개하고 소방관이 지녀야 할 마음을 알게 합니다.

고학년 연대한다는 것 : 커피콩을 따는 아이들 / 서영선 지음 / 장수하늘소

'연대'란 여러 사람이 함께 힘을 모아 일을 하거나 책임을 지는 것으로, 이 책은 연대의 의미와 힘, 중요성을 알게 해줍니다. 우리나라 품앗이와 두레, 향약에서 이루어진 연대의 모습과 가난한 나라의 아이들이 커피콩을 수확하면서 생활비를 버는 모습을 그리면서 어렵게 일하는 사람들과 함께 연대하는 마음가짐에 대해 알고 연대의 중요성을 깨닫게 합니다.

청소년 서른 세 개의 희망을 만나다 / 얀 홀츠아펠 외 지음 / 시대의창

독일 청년 세 명이 세계 각국의 사회적 기업을 찾아 나선 이야기입니다. 사회적 기업은 이윤을 추구하면서도 나눔을 목적으로 운영하는 회사를 말합니다. 모두 함께 잘 살기 위한 대안 기업이라고 할 수 있지요. 이 책은 33곳의 사회적 기업이 하는 일과 만든 목적, 보람 등을 자세히 소개하고 있습니다. 이 가운데는 방글라데시에서 가난한 사람들을 위한 은행을 만든 '무하마드 유누스' 박사의 이야기도 들어 있고, 인도의 가난한 지역에 컴퓨터를 설치하여 컴퓨터를 통해 지식을 전달하는 사회적 기업도 등장합니다. 아직 사회적 기업이 많지 않은 우리나라 입장에서 사회적 기업의 미래 전망을 모색해 볼 수 있는 책입니다.

롤모델

신부 장 피에르

피에르 신부는 프랑스 사람들이 가장 좋아하는 인물로 세계 곳곳에서 가난하고 소외된 사람들을 도와주는 '엠마우스 공동체'의 창설자입니다. 1912년 프랑스 리옹의 상류층 가정에서 태어난 피에르 신부는 어린 시절 '항해사나 선교사가 되는 것이 꿈이었어요.

19세에 카푸친 수도회에 들어가 수도에 전념하지만 소속을 바꾸어 프란체스코회에서 사제서품을 받게 됩니다. 그로노블 성당에 재직하던 피에르 신부는 레지스탕스로도 활약했는데, 전쟁이 끝난 후에는 모든 형태의 불의에 맞서 저항하는 일에 앞장서기로 다짐합니다. 사회적 약자를 돕고, 가난하고 집 없는 사람들의 목소리가 되고 싶어 가톨릭 사제에게는 금기인 정치인이 되었지만 자신의 소명은 다른 것임을 깨닫습니다.

1947년 가난한 사람들을 구체적으로 돕기 위해 '엠마우스 공동체'를 세운 피에르

신부는 그들에게 경제적인 도움을 주는 것에 머물지 않고 사회적인 소외에서 벗어날 수 있도록 용기와 희망을 주었답니다. 빈민구호를 외치며 세운 '엠마우스 공동체는' 세계적인 운동이 되어 현재 전 세계 50여개국 350여 개의 단체가 활동하며 국제적인 조직체가 되었습니다. 가난한 사람들과 평생을 함께 한 피에르 신부는 94세에 생을 마감하기 전까지도 노숙자와 주택 보급 문제에 대한 관심을 놓지 않았답니다.

참고도서 피에르 신부 / 장 미셸 비이유 지음 / 으뜸사랑

학과・직업

관련 직업 수도자, 소방관, 코디네이터, 응급구조사, 운동선수, 스태프, 공연무대 기획가, 영화제작 전문가, 연극기획 전문가, 지역 축제 기획가, 인적 네트워킹 전문가, SNS 마케터, HR 컨설턴트, 인력관리 전문가, CRM 전문가

• **운동선수** : 축구, 야구, 농구, 배구 등 스포츠를 전문적으로 하는 직업입니다. 팀을 이루어 운동해야 하는 경우 팀 선수들과 잘 어울릴 수 있고 서로에 대한 믿음을 가져야 합니다. 맡은 역할에 최선을 다하기 위해 연습을 꾸준히 해야 하며 승부욕이 있어야 합니다.

• **응급구조사** : 응급환자가 생긴 현장에서 구조 업무를 하고 환자를 이송하며 응급처치를 하는 사람입니다. 환자의 상태와 처치 내용을 기록하여 응급센터나 병원 의사에게 정확히 상황을 알려 주어 환자가 신속하고 안전하게 치료를 받을 수 있도록 도와줍니다. 함께 팀을 이루어 일을 하고, 아픈 환자를 대하는 일이므로 대인관계가 원만하고 긍정적인 마음을 가져야 합니다.

관련 학과 신학, 응급구조학, 소방방재학, 체육학

추천활동

• **동아리 활동** : 선거 참모 경험하기
• **협동학습** : 협동조합 견학하기

협동조합에서 운영하는 다양한 체험활동에 참가하여 함께 일하는 기쁨을 느낄 수 있습니다.

• **시민 안전 체험하기** : 서울시민안전체험관(http://safe119.seoul.go.kr)
언제, 어디서, 어떻게 일어날지 모르는 재난사고를 신속하고 안전하게 대처하기 위

해 재난대처방법에 대해 알려 주는 곳입니다. 안전체험관에서는 지진, 태풍, 화재, 교통사고 등 재난체험장과 응급처치방법, 소방시설 작동법 등을 체험하며 실제와 같은 가상체험도 할 수 있습니다.

29

판매하기

스토리

오즈의 나라를 여행하고 캔자스로 돌아 온 도로시는 전처럼 헨리 아저씨와 엠 아주머니를 도와드리며 지내고 있어요. 특히 엠 아주머니 가게에서 물건을 파는 일은 정말 재미있어요. 가게에 오는 사람들에게 무엇을 원하는지 물어보고 그에 따라 알맞은 물건을 소개해 주면 손님들은 자신이 원하는 것이라며 무척 마음에 들어 해요. 덕분에 엠 아주머니의 가게를 찾는 사람이 아주 많아졌어요. 도로시는 손님들이 무조건 비싼 것을 사가기만을 바라지 않아요. 꼭 필요한 물건을 사서 유용하게 사용하기를 바라는 마음으로 제품을 소개하고 권해요. 그래서 도로시는 자신이 소개한 제품을 마음에 들어 하는 손님들을 보면 기분도 좋고 보람도 느껴요.

읽을 책

저학년 도토리 마을의 모자 가게 / 나카야 미와 지음 / 웅진주니어

도토리 삼총사는 모자가 팔리지 않아 고민이에요. 그런데 셋은 좌절하지 않고, '어떻게 하면 잘 팔릴까?', '우리 모자에 부족한 것을 뭘까?' 하고 서로 고민하면서 해결점을 찾아냅니다. 더 많은 도토리들이 사는 큰 도시로 장사를 떠나고, 모자 가게를 알리는 광고지를 붙여 보기도 하고요. 그러다 우연히 똑같은 모자를 사간 아기 쥐들에게서 번뜩이는 아이디어를 얻게 됩니다. 결국 발상을 전환하여 평범하고 흔하기만 했던 모자에서 상상력과 창의력 넘치는 세상에 하나뿐인 '두근두근' 모자를 만들어 냅

니다. 도토리 삼형제는 문제에 부딪쳤을 때 쉽게 좌절하지 않고, 기발한 상상과 아이디어로 맞서서 이겨냅니다. 상상력과 창의력이 얼마나 큰 힘을 가지고 있는지 일깨워주는 책입니다.

고학년 한국사를 뒤흔든 열 명의 상인 / 김현주 지음 / 한림출판사

무역과 상업을 적극 활용해 나라의 기반을 닦고 발전시킨 10명의 상인 이야기를 담은 책입니다. 천민 신분으로 태어났지만 자신의 능력을 개발해 존경받는 장군이 되고 해상 무역으로 나라를 부강하게 만든 해상왕 '장보고', 고아, 천민, 변방 출신, 여자라는 당시의 모든 악조건을 이기고 많은 사람들의 존경을 받았던 '김만덕', 어린 나이에 아버지를 여의었지만 끊임없는 도전으로 러시아와 우리나라를 오가며 조선 최고의 선박왕이 된 '최봉준', 은행원이었지만 부끄러움을 무릅쓰고 고물을 사고파는 넝마주이로 변신하여 우리나라 최초의 백화점을 세운 '최남'에 대한 이야기가 실려 있습니다. 더불어 판매의 달인이 되기 위해서 갖추어야 할 요건이 인물들의 재미있는 일화를 속에 자연스럽게 담겨 있습니다.

청소년 멈추지 않는 팽이 / 최신규 지음 / 마리북스

팽이 하나로 1조원 매출 신화를 쓴 한국문화콘텐츠산업의 1세대 최신규 CEO의 인생이야기를 담은 책입니다. 가난 때문에 초등학교 때부터 일을 해야 했던 그는 고난과 역경을 극복하고 지금의 탑블레이드로 유명한 장난감 회사의 CEO가 되었습니다. 책을 통해 저자는 자신이 살아온 이야기를 하면서 경영 노하우도 소개합니다.

롤모델

거상 김만덕

여성의 사회 활동이 제약되었던 조선 시대에 평민 출신사업가로 이름은 남긴 여성입니다. 김만덕은 정조 때 제주도에 살던 평민 출신의 큰 상인입니다. 그녀는 어릴 때 전국을 휩쓴 전염병으로 부모를 모두 잃고 기생의 집에서 더부살이를 하다가 기생이 되고 말았습니다. 뛰어난 미모와 재능으로 제주에서 이름난 기생이던 그녀는 관가에 끈질기게 매달린 끝에 기녀 명단에서 이름을 빼고 본래 신분으로 돌아갈 수 있었습니다. 그 후 그녀는 결혼도 마다하고 사업에 뛰어들어 열심히 노력했어요.

객주를 열고 그곳에 출입하는 상인들을 통해 물건의 유통 과정을 익혔습니다. 그리고 전라도에서 쌀과 무명 등을 사들이고, 제주도의 특산물인 약재, 전복, 재목, 갓 등을 전라도에 팔았어요. 때로는 변동하는 물가를 잘 이용하여 많은 이익을 남겼고, 한라산에 많은 사슴을 이용하여 녹용 장사를 해서 큰돈을 벌기도 했답니다. 뿐만 아니라 난초를 재배해서 큰 이익을 남기기도 했습니다. 이렇게 부지런히 노력한 덕분에 세월이 흘러 그녀는 제주도에서 손꼽히는 큰 상인이 되었습니다.

1794년 가을, 제주도에 태풍이 휩쓸고 지나가 추수를 앞둔 곡식들을 모두 잃게 되었습니다. 그 때문에 온 섬에 굶어 죽는 사람이 넘쳐났어요. 백성을 구제하는 곡식을 전라도에서 실어 왔지만 턱없이 모자랄 뿐이었어요. 이런 상황을 안타깝게 여기던 김만덕은 자신의 모든 재산을 털어 육지에서 곡식을 구해왔고 굶주린 제주 백성들을 구했습니다.

김만덕의 선행을 전해들은 정조는 한양에 가서 임금님을 뵙고, 금강산을 구경하는 것이 소원이라는 김만덕의 바람을 흔쾌히 들어 주었습니다. 명재상 채제공은 김만덕의 일을 《만덕전》이라는 이야기로 지어 주었습니다. 여자를 낮추어 보던 조선 시대에 김만덕이 평민 여성으로는 최초로 임금을 만나고, 《조선왕조실록》이나 《승정원일기》 같은 정사에 이름을 올린 것만 보아도 그녀가 얼마나 큰일을 했는지 알 수 있습니다.

참고도서 거상 김만덕 / 임용웅 지음 / 와이앤엠

학과 · 직업

관련 직업 세일즈 전문가, 외제차 딜러, 브랜드 매니저, 부동산 중개인, 마케터, 영업 전문가, 해외영업 전문가, 영업 관련 컨설턴트, 영업채널 전문가, 전문 딜러, 로비스트, 전문 중개인, 영업 대리인, 사업가, 무역업종 종사자

• **쇼핑호스트 :** 홈쇼핑 채널에서 상품을 판매하는 프로그램을 진행하며 시청자가 상품을 구매하도록 상품의 기능과 특성, 장단점을 설명하는 일을 합니다. 유행의 흐름이나 소비자의 구매 경향과 욕구를 잘 알고 있어야 하며, 판매할 제품의 특성이나 용도, 장단점에 대해 꼼꼼하게 분석하는 능력도 필요해요.

• **브랜드 매니저 :** 브랜드를 맡아 해당 브랜드의 제품을 사람들에게 널리 알리고, 다른 브랜드와의 경쟁에서 이기기 위한 판매 전략을 세우는 등 브랜드와 관련된 모든 과정을 관리하는 일을 합니다. 따라서 브랜드의 특성과 제품에 대한 정보를 잘 아는

것은 물론이며, 판매에 관한 기본 지식을 갖추고 있어야 합니다. 소비자의 취향을 꼼꼼하게 분석할 수 있어야 하고, 공감할 수 있는 능력이 필요합니다. 뿐만 아니라 광고·홍보 등도 담당해야 하기 때문에 독창적이면서도 창조적인 사고도 요구됩니다.

관련 학과 쇼핑호스트, 마케팅홍보학, 자동차딜러, 비즈니스학, 부동산학

추천활동

- **시민 나눔 장터 체험**

누구나 재활용품을 가지고 나와서 판매를 할 수 있어요.

- **인천 YWCA 나눔 장터**(http://www.happynaum.com)
- **서울시 재활용 나눔 장터**(http://fleamarket.seoul.go.kr)

30

친구 사귀기

스토리

도로시와 사자, 양철나무꾼, 허수아비가 신나게 노래 부르고 춤추고 있네요. 도로시는 친구들과 마음을 열고 재미있게 놀고 나니 기분이 좋아졌답니다. 즐거운 마음으로 친구와 나누는 도로시는 친구의 마음을 잘 이해해 주고 배려하기 때문에 주위에 친구들이 많아요. 도로시는 친구들을 만나면 항상 미소를 지으며 먼저 인사를 하고, 친구들의 이야기를 잘 들어줍니다. 또 친구들의 생각이나 취미, 특기, 성격 등을 잘 알아서 친구가 원하는 것이 무엇인지를 알고 헤아려 준답니다. 이렇듯 친구들과의 우정을 잘 지키려면 무엇보다 서로에 대한 믿음을 가져야 하고 예의바르게 행동해야 해요. 또 서로에게 좋은 영향을 줄 수 있는 친구가 되도록 노력해야 해요.

읽을 책

저학년 성격이 달라도 우리는 친구 / 에런 블레이비 지음 / 세용출판

활발한 '펄 발리'와 조용한 '찰리 파슬리'는 친한 친구지만 성격이 달라도 너무 다릅니다. 소녀 펄은 뛰어노는 것, 이야기 하는 것, 시끄럽게 노래하는 것을 좋아하지만 소년 찰리는 가만히 앉아서 생각하고, 수수께끼를 풀거나 책을 보는 것을 좋아합니다. 그런데 이 둘은 어떻게 친한 친구가 되었을까요? 서로의 성격을 이해하고 도와주면서 부족한 점을 채워 주며 우정을 쌓아 가는 펄과 찰리입니다.

고학년 친구의 마음을 얻는 법 51 / 전지은 지음 / 올파소

친구의 마음은 어떻게 얻을 수 있을까요? 이 책은 친구의 소중함과 우정의 가치를 알게 하는 51가지의 이야기가 담겨 있습니다. 초등학생이 고민하는 친구와의 다양한 상황들, 친구와 대화를 시작하는 법, 멀어진 친구와 관계를 회복하는 법, 친구의 마음을 알아차리는 법, 단짝 친구를 만드는 법 등 다양한 고민을 제시하고, 해결책을 말해 적용할 수 있도록 하며 따뜻한 마음을 가진 친구가 될 수 있도록 합니다.

청소년 **청소년을 위한 비폭력대화 / 김미경 지음 / 우리학교**

말하는 법에 관한 책입니다. 말하기가 왜 친구 사귀는 법을 배우는 데에 중요할까요? 우리는 일상에서 무수한 대화를 나누고 삽니다. 하지만 말로 인해 관계가 틀어지고 상처를 입고 단절되기도 하지요. 그래서 의사소통방법, 즉 대화법은 다른 사람과 사귀기 위해 꼭 길러야 하는 능력이라고 할 수 있습니다. 상대방을 판단하지 않고, 남과 비교하거나 생각을 강요하지 않으며, 책임을 전가하거나 회피하는 말들을 하지 않는 의사소통 기술을 배운다면, 다른 사람을 잘 사귈 수 있고, 스스로 상처받지 않고 당당하게 살아갈 수 있을 거예요.

롤모델

국민 MC 유재석

유재석은 대한민국의 유명한 예능 MC이며 개그맨입니다. 1991년 방송국 개그제에서 장려상을 받으며 데뷔했어요. 하지만 오랜 무명생활을 하며 존재감 없는 개그맨 활동을 하고 있었습니다. 유재석이 온 국민이 사랑하는 국민MC로 성공한 이유는 무엇일까요?

먼저 무엇이든 어떤 환경 속에서도 자신이 스스로에게 감동할 정도까지 열심히 하는 것입니다. 다음은 공부하는 것입니다. 신문과 잡지, 인터넷에서 기사 검색까지 다양한 분야의 지식을 쌓았답니다. 세 번째는 자신을 낮추는 태도입니다. 네 번째는 배려입니다. 게스트에게 이야기할 기회를 공평하게 나누고 각자의 캐릭터와 특징을 잡아주는 것입니다. 다섯 번째는 자신을 감추며 남을 돋보이게 해주는 것이고 여섯 번째는 희생이며 마지막으로 게이머가 되기 바라는 것입니다. 게스트가 만든 게임들을 유행시키고 또 즉석으로 게임을 만들어 진행하기도 했습니다. 사람들의 마음을 잘 공감하고 이해해 주면서 사람들과 함께 했기 때문에 인기있는 개그맨이 된 것입니다.

학과 • 직업

관련 직업 레크리에이션 지도사, 성직자, 연예인, 정치인, 판매원, 커플매니저, 로비스트, 영업 관련 전문직, 사업가, 외교관, 기업체 인사팀, 공연기획가, 파티플래너

- **레크리에이션 지도사 :** 여행이나 캠프, 운동회 등 각종 모임에서 오락프로그램 기획과 진행을 하는 사람입니다. 사회를 보면서 게임, 율동, 노래 등으로 사람들을 흥겹고 친하게 만들어 줍니다. 다양한 분야의 사람들을 만나기 때문에 활달하고 밝아야 하며 체력도 튼튼해야 합니다. 프로그램 기획을 해야 하기 때문에 창의력과 독창성이 있어야 하며 현장에서 프로그램을 진행할 때에 순발력도 있어야 합니다.

- **연예인 :** 가수, 탤런트 영화배우, 개그맨 등 TV 방송 프로그램이나 영화에 출현하는 사람입니다. 개개인의 개성을 가지고 연기나 노래, 유머를 보여 주며 사람들을 즐겁게 합니다.

관련 학과 사회체육학, 방송연예, 신학, 대중예술 관련학

추천활동

- **방송국 견학 : KBS 견학홀**(http://office.kbs.co.kr/kbson)
- **다문화 박물관 다문화체험**(http://www.multiculturemuseum.com)

세계 여러 나라의 문화체험을 하며 하나되는 지구촌 이야기를 만들어 나가는 공간입니다. 각 나라의 문화와 언어, 음식, 의상 등을 통합적으로 체험하면서 다른 나라의 문화를 편견 없이 받아들이고 넓게 수용할 수 있는 마음가짐을 갖게 합니다.

31

도움주기

스토리

양철나무꾼은 허수아비가 무거운 상자를 들고 쩔쩔매며 걸어가는 것을 보고 흔쾌히 도와주었어요. 양철나무꾼은 양철로 된 튼튼한 팔다리 덕분에 힘이 무척 세요. 그래서 힘을 쓰는 일을 할 때 달려가서 도와줘요. 또 도끼를 잘 다루기 때문에 나무를 베어 무언가를 만드는 것도 무척 잘해요. 그래서 도로시와 친구들이 강을 건너지 못하고 쩔쩔매고 있을 때는 뗏목을 만들어 강 건너는 것을 도와주었어요. 그뿐만이 아니에요. 언젠가 칼리다라는 무시무시한 괴물에게 쫓길 때는 나무를 베어 쓰러뜨려서 계곡을 건널 수 있도록 도와주기도 했어요. 양철나무꾼은 주위 사람들에게 도움 주는 것을 무척 좋아해요. 그래서 앞으로도 더 많은 친구들을 도와줄 생각이에요.

읽을 책

저학년 소방관이 되고 싶어 / 펠리시티 브룩스 지음 / 문학동네

화재 현장에 번개같이 출동하는 소방관의 이야기를 담은 책입니다. 소방관이 아침에 소방서로 출근해서 하루 종일 하는 일들을 알려 줍니다. 소방서에서 사용하는 도구들과 비치되어 있는 물건들도 살펴볼 수 있습니다. 화재진압 현장에서 불을 끄기 위해 최선을 다하는 장면을 통해 소방관이라는 직업이 가진 특별한 의미를 알게 될 것입니다. 쉬운 내용과 직업에 대한 자세한 설명 덕분에 유아를 비롯한 초등 저학년 어린이들에게 유용합니다.

고학년 세상에서 가장 쉬운 일, 자원봉사 / 김하늘 지음 / 토토북

　즐겁게 봉사 활동을 하면서 봉사에 대한 오해와 고정관념을 깬 김하늘 학생의 이야기를 담았습니다. 하늘이가 봉사 활동을 통해 자신의 정체성을 찾고 더불어 사는 것의 의미를 깨닫게 되기까지의 과정을 따라가다 보면, 봉사는 누군가를 돕는 일이라기보다는 스스로를 성장시키는 활동이라는 것을 알게 됩니다.

청소년 하루를 살아도 나는 사회복지사다 / 도래샘 네트워크 엮음 / 인간과복지

　현재 우리나라에는 7만 명의 사회복지사가 있다고 합니다. 이 책은 12명의 사회복지사가 현장에서 자신들이 무슨 일을 하고 있는지를 실감나게 소개하고 있습니다. 이주노동자, 위기 가정, 새터민, 독거노인, 마을 공동체, 장애우, 저소득층 등 사회복지와 관련된 분야에서 겪는 문제와 고민, 해결과정이 자세히 나와 있습니다. 사회복지사가 되고 싶은 사람뿐 아니라 사회적 약자들을 돕고자 하는 사람에게도 필요한 책이라고 할 수 있습니다.

롤모델

의사 장기려

　서양에 슈바이처가 있다면 한국에는 장기려 박사님이 있습니다. 우리나라 의료보험조합의 뿌리라 할 수 있는 '청십자 의료보험조합'을 만들고, 우리나라에서 처음으로 간을 크게 잘라내는 수술에 성공하였으며, 돈 없는 사람들과 환자들에게 월급을 다 쓰고 자신은 병원 옥상에 있는 조그만 옥탑방에서 살다 간 장기려 박사님의 삶은 의사의 본보기라 할 수 있습니다.

　박사님은 평안북도 용천에서 태어나 1932년 경성의학전문학교를 졸업한 후 평양의과대학 외과교수, 평양도립병원장 및 김일성종합대학 교수를 지냈습니다. 그는 의사가 된 동기를 "의사를 한 번도 못 보고 죽어가는 가난한 사람들을 위해 뒷산 바윗돌처럼 항상 서 있는 의사가 되기 위해서"라고 말했습니다. 1950년 한국전쟁이 일어나 가족들과 헤어져 남한으로 내려오게 되었습니다. 그 후 부산 영도구에 천막을 치고 복음병원을 세워 거리를 떠돌아다니는 가난한 병자들을 치료하였습니다. 박사님은 가난하고 힘든 사람들이 병원비가 없어서 치료를 받지 못하는 것에 늘 마음 아파하며

무료로 치료해 주었습니다. 그리고 어떻게 하면 사람들을 도울 수 있을까 고민하던 중 1968년에 한국 최초의 의료보험조합인 '청십자 의료보험조합'을 설립하고 운영하게 되었습니다.

몸을 아끼지 않는 봉사와 노력은 많은 사람들에게 희망이 되어주었습니다. 그리하여 1976년 국민훈장 동백장을 받았으며, 1979년 막사이사이상(사회봉사 부문)을 받았습니다. 1991년에는 미국의 친지로부터 북한에 가족이 살아 있다는 소식을 듣고 아내의 편지와 가족사진을 받은 뒤 재회를 기다렸으나 지병인 당뇨병으로 안타깝게 세상을 떠나셨습니다.

평생을 가난한 사람들을 위해 봉사하셨기 때문에 1975년 복음병원에서 정년퇴임한 후에도 집 한 채가 없었어요. 그래서 병원에서 마련해 준 병원 옥탑방에서 사셨어요. 자신의 월급봉투를 가난한 사람에게 전부 내어주기 일쑤였던 박사님은 정작 자신은 너덜너덜 해진 옷을 입고 다니셨어요. 한 평생 의사로서 없는 이들을 위해 봉사의 삶을 살다간 장기려 박사님은 앞으로도 많은 사람들에게 진정한 의사로 기억될 것입니다.

참고도서 성자가 된 옥탑방 의사 / 강이경 지음 / 우리교육

학과·직업

관련 직업 국회위원, 지방의회 의원, 공무원, 국회의원 보좌관, 호스피스 전문 간호사, 특수학교 교사, 경로도우미, 실버산업 전문가, 장례지도사, 컨시어지, 베이비시터, 아동지도사, 사회복지사, 국제단체 근무자(유네스코, 해비타트 등), 구세군

• **국제구호 활동가** : 위험을 무릅쓰고 재난 현장이나 가난한 나라에서 필요로 하는 음식과 의약품 등을 제공하고 난민들을 돕는 일을 합니다. 어려운 사람들을 돕는 일을 하기 때문에 사람을 사랑하고 귀하게 여기는 마음과 희생정신이 반드시 필요해요. 또한 책임감이 강하고 성실해야 합니다.

• **사회복지사** : 어려움에 처한 사람들의 문제를 상담해 주고, 법이나 정책으로 해결책을 찾는 데 도움을 줍니다. 사회의 어두운 곳에서 힘들게 살아가고 있는 사람들을 보살펴주고, 도움을 주기 위해 노력해요. 또한 공공기관에서 사회복지 프로그램을 계획하고 시행하는 일도 해요. 어려움에 처한 사람들을 위해 일할 수 있는 배려심과 봉사정신, 희생정신이 꼭 필요합니다. 많은 사람을 상대하므로 대화를 잘 이끌어야 해요.

관련 학과 사회복지학, 의학, 의예학, 특수교육학

추천활동
- 전국 시·도 지역 소방안전본부 어린이 소방안전체험
- **청소년 자원봉사**(http://dovol.youth.go.kr)

쉽고 편리하게 봉사활동 정보 검색 및 신청을 할 수 있도록 도와줍니다.

- **1365자원봉사**(http://www.1365.go.kr)

도움이 필요한 곳의 정보를 주고 봉사를 할 수 있도록 연결해 줍니다.

32

이끌기

스토리

사자가 도로시와 양철나무꾼, 허수아비를 가슴에 안고 모두가 바라는 곳으로 가려고 하네요. 겁이 많은 사자였지만 용기를 갖게 된 후로는 모든 일에 자신감을 갖고 앞장서는 사자예요. 사자는 좋은 리더가 되기 위해 노력하고 있어요. 하나의 조직을 이끈다는 것은 쉬운 일이 아니죠. 조직원 모두의 마음을 다 헤아려 원하는 것을 알아야 하고, 서로의 뜻이 맞지 않을 때에는 조정하는 능력이 있어야 하며 협력하는 방법도 알려 줘야 해요. 또 자기의 신념이나 철학이 뚜렷해야 하며 청렴과 성실성이 있어야 해요. 믿음을 주는 지도자가 되는 것이 쉬운 일은 아니지만 자신감과 용기를 가지고 끈기 있게 노력하면 현명한 믿음의 지도자가 될 수 있답니다.

읽을 책

저학년 내가 만약 대통령이 된다면 / 카트린 르블랑 지음 / 잭과 콩나무

내가 만약 대통령이 된다면 무엇을 할까요? 누구나 한 번쯤은 상상해 본 일입니다. 이 책의 주인공은 대통령이 되어 하고 싶은 일들을 상상하면서 즐거워합니다. 엄마 아빠를 학교에 보내는 일을 가장 하고 싶어 하고, 가장 친한 친구를 국무총리로 임명하고 에펠탑에 미끄럼틀을 만들고 싶어 합니다. 또 가난한 사람들에게 돈을 나눠주고, 집 없는 사람이 없게 하며, 지구의 환경 보호를 위하고 전쟁이 없는 세상을 만들고 싶어 합니다.

고학년 어린이를 위한 리더십 편지 / 박성철 지음 / 주니어중앙

자신의 분야에서 최고가 된 18명의 글로벌 리더들의 삶을 다양한 그림과 사진을 통해 설명하고 소개하는 책입니다. 리더들의 삶을 살펴보면서 올바른 가치관과 리더로서의 자질을 배울 수 있으며, 나의 삶을 계획하고 꿈을 향해 나아가는 긍정적인 마음을 갖게 해 줍니다.

18인의 리더 이야기는 임권택의 노력, 뉴턴의 열린 마음, 윈스턴 처칠의 끈기, 공옥진의 자신감, 헨리 포드의 의지, 루트비히 판 베토벤의 사랑, 크리스 가드너의 소망, 루치아노 베네통의 상상력, 앤드루 카네기의 나눔, 스티븐 호킹의 긍정적 자세, 강영우의 통찰력, 프리다 칼로의 열정, 진창현의 도전, 인순이의 당당함, 넬슨 만델라의 준비, 칼리 피오리나의 신념, 이태영의 용기, 앙드레 김의 독창성으로 이루어져 있답니다.

청소년 청소년, 정치의 주인이 되어볼까? / 이효건 지음 / 사계절

정치는 어른이나 하는 것이고 청소년과는 상관이 없을까요? 이 책은 현재 고등학교에서 학생을 가르치고 있는 선생님이 청소년의 눈높이에 맞춰 정치의 개념과 일상 안에서 이루어지는 정치에 대해 친절하게 알려 주고 있습니다. 정치에 대한 공부를 통해 자신의 권리가 무엇인지 알 수 있으며, 시민사회운동가, 법조인 등 정치활동을 직업으로 삼을 수 있는 일도 소개하고 있답니다.

롤모델

마하트마 간디

마하트마는 '위대한 영혼'이라는 뜻으로 인도의 유명한 시인 타고르가 간디를 존경하는 마음으로 지어준 별명이에요. 진리와 사랑의 힘을 믿고 폭력에 저항하며 가난하고 억압받는 인도 사람들을 위해 평생을 일한 간디는 인도 사람들에게는 위대한 영혼을 지닌 성자와 같았답니다.

간디는 1869년 인도 서부 포르반다르 명문가에서 태어났습니다. 당시 인도는 영국의 지배를 받고 있었습니다. 어린 시절 간디는 겁이 많고 무척 예민한 아이였는데 수줍음이 많아 변호사가 되고도 일을 제대로 할 수가 없었어요. 이런 간디가 일을 하러 간 남아프리카에서 인종 차별을 당한 후 변하게 됩니다. 이십여 년 동안 남아프리카에 머물며 차별받는 인도 사람들을 위해 일을 했습니다. 자유와 평화를 사랑한 간디는 평화

적인 방법으로 불의에 저항할 수 있다고 믿고 비폭력으로 저항하는 모습을 보여주었습니다. 영국인이 하는 학교나 직장을 다니지 않고 영국 상품을 사지 말고 직접 물레를 돌려서 옷을 만들어 입자고 했어요. 간디는 직접 작은 물레를 가지고 다니며 실을 짜고 직접 옷을 만들어 입었답니다. 또 인도의 신분제도인 카스트 제도를 반대하였는데, 신분과 종교가 다르다고 서로 미워하면 진정한 독립을 이룰 수 없다고 믿었기 때문입니다. 인간에 대한 폭력과 차별을 반대하고 인도의 독립을 위해 비폭력 운동과 무소유, 공동체 사상을 추구하고 살아온 간디는 인도의 위대한 지도자로 남아 있답니다.

참고도서 간디 : 마하트마 인도를 밝힌 위대한 영혼 / 한상남 지음 / 씽크하우스

학과·직업

관련 직업 정치인, CEO, 감독, 교사, 언어치료사, 헬스케어 전문가, 생활체육 지도사, 아트 매니지먼트, 다이어트 프로그래머, 스피치 지도사, 운동경기 감독, 재활의학 전문가, 컨설턴트, 유엔 사무총장, 국제단체장, NGO 근무자

• **정치인 :** 대통령, 국회의원, 지방의회 의원 등으로 법을 만들고 정책을 결정하며 나라의 살림살이를 살피며 나라의 정치를 맡아 일을 하는 사람입니다. 국민들을 잘 이끌어 나가기 위해서 지도력과 신뢰감이 있어야 하며 국민을 위한 정책을 결정하여 신념을 가지고 국민들을 위해 책임을 다해야 합니다. 다양한 분야에 전문 지식을 갖추기 위해 책이나 신문 등을 꾸준히 읽어야 하며 강한 도덕성이 요구되는 직업입니다.

• **CEO :** 기업을 대표하여 최고의 결정권을 가지고 업무를 총괄하는 사람입니다. 기업을 위해 기술을 개발, 생산하고 좋은 서비스 활동 등 모든 분야에서 리더십을 가져야 합니다. 전문지식을 위해 늘 공부해야 하며 확고한 경영철학으로 기업을 이끌어 나가야 합니다. 또한 직원들과의 의사소통이 원만하게 이루어져야 합니다.

관련 학과 경영학, 정치학, 교육학

추천활동

• **리더십 캠프**
학교, 청소년수련관, 청소년단체에서 주최하는 리더십 캠프에 참여할 수 있습니다.

• **국회의사당 견학 :** 국회방문자센터 어린이체험관(http://memorial.assembly.go.kr/mmrl/main/mmrlMain/main.do)

- **한국정치박물관 : 아고라**

  연세대 정치외교학과 신명순 교수가 수집해 온 한국 및 세계 40여개 국의 정치 관련자료 1,000점과 우표 3,000점이 5개 전시관에 상설 전시되고 있습니다.

33

상담하기

스토리

사자는 자신이 겁쟁이인 것이 너무 속상해요. 조그만 위험이 닥쳐도 심장이 마구 뛰고, 작은 생쥐 한 마리도 무서워서 잡지 못한다며 슬피 울어요. 양철나무꾼은 그런 사자의 이야기를 다정하게 들어주며 위로를 해 줍니다. "그래도 너는 쿵쿵 뛸 수 있는 심장이 있잖아. 난 그런 심장조차도 없는 걸. 그래서 난 오즈한테 심장을 달라고 부탁할거야. 너는 오즈에게 용기를 달라고 하면 되겠다." 이렇게 말하며 울고만 있는 사자가 어떻게 하는 것이 좋은지 따뜻하게 이야기를 해 주었어요. 양철나무꾼은 다른 사람의 이야기를 잘 들어주고 그 마음을 이해해 주는 것을 참 잘해요. 그래서 사자도 허수아비도 힘든 일이 있을 땐 양철나무꾼에게 이야기를 해요.

읽을 책

저학년 공자 할아버지의 고민상담소/ 다락원

학업 문제, 친구, 왕따, 가족 문제 등 다양한 고민들로 시름하는 아이들에게 고전 속 글귀로 해답을 제시해주어 아이들의 생각을 깨우치고 바른 인성을 키우는 인성 동화입니다.

공자 할아버지의 고민상담소에 27명의 아이들이 저마다의 고민 편지를 들고 찾아와 상담소의 문을 두드립니다. 아이들은 공자 할아버지와 고민 편지를 주고받으며 고민을 깊이 나누고 따뜻한 위로를 받기도 합니다. 더불어 공자 할아버지가 아이들에게 준 답장에는 《논어》 속 구절이 명쾌한 해답으로 제시되어 아직은 무엇이 옳고 그른지 판단하기가 쉽지 않은 아이들에게 생각의 잣대가 되고 고민 해결의 씨앗이 되기도 합니다.

고학년 고민 들어 주는 선물 가게 / 임태희 지음 / 주니어김영사

여섯 명의 아이들이 파란 머리 소년을 만나 자신의 콤플렉스를 극복해나가는 이야기를 담았습니다. 뚱뚱한 외모 때문에 자신의 꿈을 숨기는 효진이, 명랑하지만 공부 앞에서는 '엄친아'의 비교에 무너지고 마는 열등생 두리, 착해야 한다는 생각 때문에 가슴 속은 눈물로 가득한 찬희, 재혼 가정의 부자연스러움으로 인해 늘 조마조마해하는 태준이 등 여섯 명의 친구들이 가진 고민은 아이들이 흔히 가질 수 있는 문제입니다. '이상한 가게'의 배달부인 파란 머리 소년은 여섯 친구들에게 선물을 배달합니다. 그 선물은 아이들의 고민을 해결하는 데 도움을 줍니다.

청소년 공감 / 박성희 지음 / 이너북스

다른 사람의 감정을 이해하고 수용하는 공감 능력은 현대 사회를 살아가는 우리 모두에게 꼭 필요한 능력이라고 할 수 있습니다. 공감은 다른 사람과 좋은 관계를 맺기 위해서도 필요하지만 사회 속에서 소통하고 문제를 해결해 나가기 위해서도 필요하다고 할 수 있지요. 상담을 전공한 저자는 공감하는 능력을 어떻게 향상시킬 수 있는지, 어떤 식으로 표현하면 되는지를 우리에게 익숙한 고전과 우화, 예화를 통해 친절하게 알려 줍니다. 상담가가 되고 싶은 사람은 물론 일반 사람들도 상식적으로 배워두면 좋을 것으로 보입니다.

롤모델
심리학자 칼 구스타브 융

융은 1875년 스위스 바젤에서 출생하였습니다. 융의 아버지는 개혁적 성향의 개신교 목사였고, 할아버지는 유명한 정신의학자였습니다. 기록에 따르면 융은 어린 시절부터 상당히 예민한 기질의 소유자였고, 심령 현상에 관심이 많았다고 합니다. 거짓으로 신경증을 일으켜서 학교를 빼먹기도 했으며, 자신이 두 가지 인격으로 이루어져 있다는 생각에 사로잡히기도 했습니다. 사춘기에 접어들면서는 기독교 신앙에 대한 회의로 목사인 아버지과 갈등을 빚기도 했습니다. 특이한 꿈과 환상을 체험하면서 점차 품게 된 인간의 내면에 대한 관심은 훗날 그를 심리학의 세계로 이끌었습니다.

의과대학에 진학한 융은 1900년 의사 자격시험을 앞두고 정신의학자 리하르트 폰 크라프트에빙의 책을 읽다가 정신과 의사가 되기로 작정합니다. 이때까지만 해도 정신의학은 아직 개척 중인 분야였으며, 의과대학에서 정규 과목으로 편입된 지도 얼마 되지 않은 상황이었습니다. 졸업 후 첫 직장은 정신병원의 보조의사이자 연구원이었습니다.

활발한 연구 활동을 벌이던 융은 당시 이름을 떨치고 있던 프로이트를 만나 친분을 나누고 연구 결과에 대해 토론을 벌입니다. 하지만 몇 년 만에 두 사람은 의견 차이로 헤어지고, 융은 그후 독자적인 길을 걷습니다. 융은 꿈과 신화에 대한 연구를 하였는데, 집단적으로 갖고 있는 문화적 특성이 인간의 심리에 영향을 준다는 것을 발표하여 사람들에게 신선한 충격을 주었습니다.

융은 1961년 사망할 때까지 심리학에 대한 많은 책을 썼습니다. 그의 이론은 오늘날 '분석심리학'이라고 말하고 있으며, 수많은 학자들에게 영향을 미쳤습니다. 심리학이나 상담을 공부하는 사람들이라면 누구나 융의 이론을 접하게 된답니다.

참고도서 융이 들려주는 콤플렉스 이야기 / 오채환 지음 / 자음과모음

학과 · 직업

관련 직업 심리상담사, 집단상담 전문가, 판매 전문가, 영업 관련 종사자, 청소년 상담사, 미술심리치료사, 음악치료사, 직업상담사, 사회사업가, 학습지도사, 실버사업 전문가, 정신과 의사, 임상심리 전문가, 사이코드라마 전문가, 동물 심리치료 전문가, 학원장, 프랜차이즈 전문가

• **심리상담사** : 우울한 마음, 불안한 마음으로 살아가는 사람들의 고민을 상담해 주고 해결책을 같이 찾아 줍니다. 또 학습, 진로, 가족, 성격 등과 같은 문제에 대해서도 함께 고민하고 상담해 주는 일을 해요. 그리고 다양한 사람들의 여러 가지 심리 문제를 해결하는 데 도움을 주기 위한 여러 가지 프로그램을 개발하기도 합니다. 따라서 다른 사람의 이야기를 잘 들어줄 수 있어야 해요. 그리고 고민거리가 무엇인지 분석하고 적절한 해결책을 찾아 제시해 줄 수 있는 능력이 필요합니다.

• **음악치료사** : 음악을 통하여 몸과 마음의 병을 치료해 주는 일을 합니다. 환자의 상태와 병에 대해 상담을 하고 그것을 치료하는 데 적합한 음악을 들려주고, 환자

들이 악기를 연주하면서 자신의 병을 알고 스트레스를 풀 수 있도록 돕습니다. 따라서 환자를 존중하고 적극적이고 긍정적인 마음을 갖고 있어야 해요. 또한 음악에 대해 잘 알고 적절한 음악을 골라 활용할 수 있어야 합니다.

관련 학과 심리학, 사회복지학, 상담심리학

추천활동

- **서울시 청소년상담복지센터 상담프로그램 참가해보기**(http://www.teen1318.or.kr)

청소년을 위한 다양한 상담프로그램이 준비되어 있습니다.

34

격려하기

스토리

사자가 건너기 어려운 강을 도로시와 양철나무꾼, 허수아비를 태우고 힘들게 헤엄쳐서 건너고 있네요. 힘든 사자를 위해 모두들 큰소리로 파이팅을 외치며 힘껏 응원해 주고 있어요. 몸이 지친 사자지만, 친구들의 격려를 받고 힘이 나 열심히 헤엄쳐서 강을 건넜어요. 칭찬은 무엇을 잘 했을 때 하는 것이지만, 격려는 아직 못했음에도 불구하고 할 수 있을 것이라고 진정한 마음을 담아 힘을 주는 것입니다. 격려의 한마디는 지친 마음을 바로 세우고 긍정의 힘을 가질 수 있게 해줘요. 나의 격려가 누군가에게 새로운 삶을 시작할 수 있는 힘이 되었다고 생각해 보세요. 가슴이 따뜻해 질 거예요.

읽을 책

저학년 파이팅! 너라면 할수있어 / 고정욱 지음 / 여름숲

이 책은 어린이들에게 칭찬과 격려가 얼마나 중요한지를 알려 줍니다. 봉사의 마음을 알게 해준 안마 이용권, 자신감이 없는 아이를 격려해주는 선생님의 노력이 담긴 우리 반 앵초 담당, 친구의 우정과 배려를 깨닫게 해주는 샤프펜슬과 만년필 등 칭찬과 격려의 이야기가 담겨 있답니다. 이야기가 끝날 때마다 선생님의 편지를 읽으면서 진솔하고 따뜻한 격려 한마디의 소중함을 알게 된답니다.

고학년 나눌 수 있어 행복한 사람 이태석 / 정희재 지음 / 주니어중앙

이 책은 전쟁과 질병, 굶주림으로 고통받는 아프리카 남수단의 톤즈에서 진정한 사랑과 평화를 나누며 헌신한 이태석 신부님의 이야기입니다. 모든 것이 부족한 톤즈에서 신부님은 어떻게 지냈을까요? 넘쳐나는 환자를 돌보고, 음악과 수학을 가르치고, 다양한 물건들을 만들고, 병원과 학교를 짓고, 몸이 불편한 한센인은 마음을 다해 돌보면서 자신이 가진 모든 것을 나누며 진정한 친구가 되어 주신 신부님입니다. 어려운 환경 속에서도 함께 격려하며 사랑과 평화가 넘치는 톤즈를 만들기 위해 노력한 이태석 신부님의 행복한 이야기가 담긴 책이랍니다.

[청소년] 십대답게 살아라 / 문지현 지음 / 뜨인돌

누구나 한번뿐인 자신의 삶을 가슴 뛰는 삶의 이력서로 만들고 싶어 합니다. 그런데 무엇이 우리의 힘, 열정, 에너지를 축내서 용기를 내지 못하도록 가로막는 것일까요? 이 책은 '내 삶에 태클을 거는 바이러스 퇴치법'에 관한 내용이 담겨 있습니다. 첫 번째 바이러스는 '낮은 자존감 바이러스'입니다. 저자는 자신이 실수했거나 자신이 미워질 때, 스스로 위로의 말을 건네고 실수한 일을 용서하며, 무엇보다 자기 비난을 하지 않기로 결심을 할 필요가 있다고 강조합니다. 누구나 거절하고 거절당할 수 있다는 걸 받아들이고, 아주 사소한 일이라도 자기 의견을 밝히는 연습을 합니다. 또 일기를 쓰면서 자신의 내면을 들여다보라는 것이지요. 이 책은 십대의 열정을 갉아먹는 각종 바이러스를 공감할 만한 사례를 통해 소개하는 한편, 해결책까지 친절하게 알려 주고 있습니다.

롤모델

추기경 김수환

김수환 추기경은 1922년 대구에서 태어났습니다. 집안이 대대로 독실한 가톨릭 집안이어서 어려서부터 종교적 가르침을 받고 자랐습니다. 초등학교 1학년 때 아버지가 세상을 떠나시고 엄한 어머니의 가르침으로 어린 시절을 지냈습니다. 김수환 추기경의 어릴 적 꿈은 장사꾼이 되어 결혼해서 평범한 삶을 살아가는 것이었지만, 어머니의 깊은 신앙심의 영향으로 형과 함께 성 유스티노 신학교에 입학합니다. 서울 동성 상업학교를 졸업한 후 일본으로 유학을 떠났으나, 학업을 중단하고 돌아와 가톨릭대학교에서 신학을 전공하면서 한국 전쟁 중에 사제가 되었습니다. 1951년 대구에서 본당 신부 생활을 시작으로 주교, 대주교를 거쳐 한국 최초의 추기경이 되었습니다. 그 후 나라를 대표해 나라 안팎에서 활동하시다가 2009년 2월 선종하였습니다.

'고맙습니다, 사랑합니다'라는 유언을 남기시고 세상을 떠나셨지만, 사랑과 겸손, 나눔을 몸소 실천하시며 가난하고 소외된 사람들을 격려하며 함께 해주셨습니다. 7,80년대에는 국민들의 자유를 위해 정부를 향해 비판의 목소리를 내고 은퇴 후에도 서민, 노동자들과 함께 한 추기경은 돌아가신 후에도 자신의 각막을 기증하며 아름다운 나눔을 실천하였습니다.

참고도서 꺼지지 않는 사랑의 등불 김수환 추기경 / 김윤정 지음 / 청어람미디어

학과·직업

관련 직업 성직자, 조직심리전문가, 스포츠멘탈코치, 비애 치료사, 학교사회사업가, 재활의학 전문가, 전문 상담사, 트레이너, 학교 선생님, 유치원 선생님, 치어리더, 사회사업가, 강사, 강연가, 전문 코치, 정치가, 재난 지역 관리 전문가, 선장, 관제 관련 업무 종사자, 스튜어디스

- **스포츠멘탈코치**: 운동선수의 심적 부담감을 덜어 경기 중에 최선을 다해 즐겁게 임할 수 있도록 조력해 주는 사람입니다. 운동선수에게 자신감을 주어 최고의 경기를 할 수 있도록 멘토 역할을 합니다. 선수와 친밀감을 갖는 것도 중요하지만 심리적으로 편안함을 가질 수 있도록 돕는 것이 중요한 일입니다.

- **치어리더**: 춤과 아크로바틱, 함성 등으로 운동 경기에서 선수들을 응원하며 관중들의 흥을 유도합니다. 팀의 특색이나 취향을 살려 응원 안무나 구호를 만들고 춤을 추며 선수들을 격려하며 관중들의 응원을 돕는 역할로, 긍정적이며 명랑한 성격을 가진 사람에게 적합합니다. 많은 움직임이 필요하므로 강인한 체력이 요구되고, 사회성, 리더십, 협동심 등이 있어야 합니다.

관련 학과 심리학, 스포츠심리학, 체육교육학, 신학

추천활동

- **동아리 : 응원단 활동**

각 학교 및 청소년수련관, 청소년활동진흥원에서 실시하는 활동에 참여할 수 있습니다.

• **기부활동**

기부활동 단체에 가입하거나 후원단체를 통해 기부활동을 할 수 있습니다.

• **기아체험 24시간**(http://www.famine24.net/new)

호주에서 처음 실시된 이후 전 세계 여러 나라가 함께 하는 글로벌 운동으로 빈곤과 질병, 전쟁으로 어려움을 겪고 있는 지구촌 이웃들의 삶을 '기아체험'을 통해 느껴보고 힘든 현실을 알리는 세계적인 나눔 봉사운동입니다. 기아체험을 직접 계획하여 다양한 형태로 참여할 수 있습니다. 굶주림체험, 물 절약, 영상 만들기, 사랑의 빵, 글쓰기, 마라톤 등의 기아체험은 격려가 필요한 지구촌 이웃들에게 많은 도움이 될 것입니다.

35

훈련시키기

스토리

도로시는 허수아비, 사자, 양철나무꾼과 함께 오즈의 마법사를 만나러 가기로 했어요. 그런데 가는 길에 여러 가지 위험한 일들이 있다는 것을 잘 알고 있어요. 그래서 도로시는 친구들이 그런 어려움에서 자신의 역할을 잘 해낼 수 있도록 훈련을 시키기로 했어요. 빠른 걸음으로 도망을 쳐야 할 때는 사자가 나서야 하니까 빠르게 달릴 수 있도록 연습을 시켰어요. 수레나 뗏목과 같은 것을 이용해야 할 때는 양철나무꾼이 나서야 하니까 그가 도끼질을 더욱 강하고 정확하게 할 수 있도록 훈련을 시켰어요. 허수아비는 가벼운 몸으로 점프를 잘할 수 있도록 도와주었어요. 도로시 덕분에 세 친구들은 각자가 잘 할 수 있는 것을 더욱 훌륭하게 해낼 수 있게 되었어요. 그리고 넷은 무사히 오즈의 마법사가 사는 에메랄드 성에 도착할 수 있었어요.

읽을 책

저학년 사자 조련사 티토 / 귀도 반 게네흐텐 지음 / 한국삐아제

서커스단의 어릿광대 티토는 이것저것 하고 싶은 일이 많은 '꿈쟁이'입니다. 서커스 단장도 하고 싶고, 줄타기 곡예사도 되고 싶어 하는 꼬마입니다. 꼬마 어릿광대 티토가 바라는 것은 신기하게도 언제나 꼭 이루어집니다. 왜냐하면 생각대로 정말 그렇게 되는 꿈을 꾸기 때문입니다. 어느 날 밤 꿈 속 나라에 간 티토는 사자 조련사가 되어 사자 레오와 함께 멋진 서커스 공연을 만듭니다. 으르렁대는 몸짓 큰 사자를 티토는

마음대로 움직이게 할 수도 있고, 멋진 춤도 추게 하며, '뒹굴뒹굴' 구르기 재주도 가르칩니다. 티토의 말 한 마디면, 사자 레오는 활활 타오르는 불 속으로 뛰어들기도 합니다.

고학년 기적의 동물 마음 상담소 / 김선희 지음 / 주니어김영사

동물의 마음을 읽고 그것을 사람에게 전해 동물과 인간이 서로 소통할 수 있도록 돕는 사람인 '애니멀 커뮤니케이터'의 놀라운 실화를 바탕으로 탄생한 창작 동화입니다. 책 속의 실제 인물인 하이디는 '동물 마음 상담소' 소장으로, 하이디를 만나 마음의 상처를 치유한 동물들이 각 이야기의 주인공으로 등장합니다. 책 속에는 7개의 이야기가 들어 있습니다. 이야기 속 동물들은 저마다 어떤 계기로 인해 마음의 상처를 입고 이상 행동을 보입니다. 그들과 같이 사는 사람은 동물이 왜 그런 행동을 하는지 몰라 애태웁니다. 그렇게 동물과 사람이 서로의 마음을 전할 길 없어 점점 멀어져 갈 때 하이디는 서로 소통하는 법을 깨우쳐 주는데, 그것은 바로 '마음을 여는 것'이었습니다. 마음을 여는 순간 나와 전혀 다른 존재라고만 생각했던 동물들이 나와 같은 감정과 생각을 지닌 또 하나의 소중한 생명체임을 깨닫게 되고, 비로소 서로를 진심으로 이해하고 받아들일 수 있게 됩니다.

청소년 나의 직업 군인 육군 / 청소년행복연구실 지음 / 동천출판

군인(육군)을 꿈꾸는 청소년에게 정보를 주는 책입니다. 먼저 군인의 세계에 대해 자세히 알려 줍니다. 우리나라 군대의 변화과정과 현재 모습을 소개하고, 군내 내 여성의 역할과 위치를 알 수 있습니다. 다음으로는 육군의 임무와 하는 일에 대해 설명합니다. 전투병, 기술병, 행정병, 특수병 분야로 나누어 설명하고 있으며, 각 분야별 업무와 특징을 소개합니다. 이 책은 또 군인을 직업으로 가지려는 사람들에게 구체적으로 어떤 과정을 거쳐 직업 군인이 되는지를 알려 줍니다.

롤모델
축구 감독 알렉스 퍼거슨

영국 스코틀랜드 출신 축구 감독으로 맨체스터 유나이티드 FC의 감독을 맡았으며 20여 년 동안 약 1,000여 회 이상의 경기를 치렀습니다. 그는 1986년 11월 맨체스터 유나이티드 감독으로 부임하였으며 프리미어리그 13번 총합 20회 우승을 이뤄냈습니다. 챔피언스리그 2회 우승, 잉글랜드 FA컵 5회 우승 등 40개가 넘는 트로피를 들어올리는 성과를 이루어냈습니다. 뿐만 아니라 영국 축구 역사상 최초로 1999년 맨체스터 유나이티드가 트레블(리그 우승, FA컵 우승, UEFA 챔피언스리그 우승을 동시에 이루는 것)을 달성하도록 이끌었습니다. 이에 따른 공로를 인정받아 기사작위에 서임되었습니다.

그가 이런 업적을 거둘 수 있도록 해 준 것은 성실함입니다. 퍼거슨 감독은 어릴 때 아버지를 통해 배운 일찍 일어나는 습관이 여전히 몸에 배어 있습니다. 그는 매일 아침 7시에 훈련장에 나타났습니다. 그리고 훈련장에 도착한 후에는 선수들과 같이 훈련하고 홀로 팀에 대한 생각에 잠기는 것을 반복했습니다. 자는 시간과 식사하는 시간을 제외하고는 거의 모든 시간을 맨체스터 유나이티드에 대한 생각뿐이었습니다.

그는 선수들의 능력을 잘 파악하고 그들에게 든든한 버팀목이 되어주기도 했습니다. 또한 엄하게 가르치기도 했습니다. 퍼거슨 감독의 카리스마를 엿볼 수 있는 또 하나의 증거로 그에게 붙여진 '헤어드라이어'라는 별명입니다. 화가 난 퍼거슨 감독이 잘못한 선수에게 고함을 칠 때 그 소리가 어찌나 크고 강한지 그의 입바람으로 꾸지람을 듣는 선수의 머리가 강하게 휘날리며 젖은 머리카락이 마를 정도여서 그런 별명이 생겼다고 합니다.

학과 · 직업

관련 직업 감독, 코치, 브레인 트레이너, 점역사, 무술감독, 군인, IT교육 강사, 스포츠 트레이너, 조교, CS 강사, 기업체 교육 전문가, 기업체 인사담당자, 조난 구조 전문가, 선장, 도로교통 안전협회 관련 종사자, 동물 트레이너, 맹인견 트레이너, 동물원 및 관련 업계 종사자, 소방관, 산업안전 관련 종사자

• **직업 군인** : 나라를 지키기 위해 육군, 해군, 공군 같은 곳에서 일합니다. 육군은 지상전, 해군은 해상 작전과 상륙 작전, 공군은 공중에서 적에 맞섭니다. 전시 상황이 아닐 때에도 국가와 국민의 안전을 위해서 훈련하고 수호하는 일을 게을리 하지 않아요. 그래서 강인한 체력이 반드시 필요해요. 상황을 분석하고 판단할 수 있는 능력과 희생정신도 있어야 합니다.

• **동물조련사** : 돌고래, 물개, 원숭이, 개, 말, 사자와 같은 여러 동물을 훈련시키

는 일을 합니다. 동물조련사가 훈련시킨 동물은 멋진 공연을 해서 사람들을 즐겁게 만들기도 하고, 위급한 상황에서 사람을 구조하는 일도 해요. 시각장애인을 안내해 주는 역할, 마약을 찾아내는 일도 모두 훈련받은 동물들이 합니다. 동물조련사는 무엇보다 동물을 사랑하는 마음이 있어야 해요. 그리고 말이 통하지 않는 동물들을 훈련시키는 일이기에 오랜 시간 참고 기다릴 수 있는 인내가 필요합니다.

관련 학과 수의학, 생활체육학, 체육교육학, 스포츠학, 사관학교, 동물자원학, 스포츠레저학, 사회체육학

추천활동

- **육군박물관**(http://museum.kma.ac.kr)

무기류, 장비류는 물론이고 다양한 군사 유물을 볼 수 있어요.

- **해군사관학교박물관**(http://museum.navy.ac.kr)

이순신 장군의 행장과 임진왜란 때의 무기 등이 전시되어 있어요.

- **어린이대공원**(http://www.sisul.or.kr)

동물 체험교실과 '나도 사육사' 프로그램을 운영하고 있어요.

36

가르치기

스토리

도로시가 양철나무꾼과 허수아비, 사자에게 글을 가르치고 있네요. 모두들 글을 배우는 게 힘이 들지만, 도로시가 자세하게 가르쳐 주어 머릿속에 쏙쏙 들어오네요. 친구들을 가르치면서 보람된 마음을 알게 된 도로시는 친구들을 사랑하는 마음으로 가득차 있답니다. 도로시는 책임감을 갖고 사랑과 따뜻한 마음으로 지식이나 지혜를 효과적으로 설명해 주려고 노력합니다. 또 단순한 기술뿐만 아니라 사람이 살면서 필요한 생활교육이나 인성교육도 잘 알고 가르치려고 노력합니다. 도로시는 좋은 선생님이 되기 위해 다양한 과목을 열심히 공부하고 겸손한 마음을 위해 많은 책들을 읽고 생각하고 또 생각하네요.

읽을 책

저학년 선생님, 우리 선생님 / 패트리샤 폴라코 지음 / 시공주니어

학교에서 말썽만 부리는 유진은 아이들과 선생님에게는 골칫덩어리이다. 하지만 링컨 교장선생님은 유진의 마음 문을 열기 위해 노력합니다. 어느 날 새를 유심히 바라보고 있는 유진의 모습을 보고 선생님은 조류도감을 함께 보고, 화단을 만들면서 서로를 이해하며 친해지게 됩니다. 유진은 세상 밖으로 자신을 나오게 한 링컨 선생님께 감사하고 선생님이 자랑스러워하는 사람이 되겠다고 다짐하네요. 어른이 된 유진은 어떤 사람이 되었을까요? 좋은 선생님이 무엇이고 진정한 스승의 의미는 무엇인지를 알

려 주는 책입니다.

고학년 선생님이 된 예나의 시간여행 / 권안 지음 / 주니어김영사

예나는 미래의 직업을 직접 체험하고 조사해오는 방학숙제를 잊고 있다가 고등학교 물리 선생님인 아빠의 도움으로 과거와 미래로 시간여행을 떠나 직업 체험을 하게 됩니다. 과거와 미래에서 선생님이 되어 본 예나는 선생님이 하는 일과 마음가짐 등 선생님에 대해 알아 갑니다. 엄마와 아빠가 아이들을 가르치는 모습을 보며, 유치원, 고등학교 선생님도 되어 보고 특수학교에서 일일체험도 해 보고 미래에 가서 초등학교 선생님도 체험해보는 예나입니다. 가상체험이지만, 직업에 대해 구체적으로 알고 자신의 적성을 발견하여 진로를 결정하는 데 도움이 되는 책입니다.

청소년 가르친다는 것 / 윌리엄 에이어스 지음 / 양철북

좋은 선생님이 되려면 무엇이 필요할까요? 이 책은 좋은 교사가 되기 위해서 무엇을 준비하고 어떤 고민을 해야 하는지를 알려 줍니다. 자신의 경험을 바탕으로 총 8장에 걸쳐 교사로서의 성찰과 본질적인 조언을 하고 있습니다. 사려 깊고 다정한 교사, 헌신적인 교사상이란 무엇이고, 교사와 학생이 함께 만들어가는 공간인 교실을 어떤 공간으로 만들지 등을 고민해 볼 수 있습니다. 교사가 되고 싶은 학생들과 가르침의 본질을 알고 싶은 사람들 모두에게 권할만한 책입니다.

롤모델

교육가 페스탈로치

초등학교의 창시자이자 가난한 사람들의 아버지인 페스탈로치는 교육이 불평등한 세상을 바꿀 수 있다고 믿고, 아이의 착한 마음을 격려하면 아이들이 자라나 세상을 아름답게 바꿀 것이라고 생각했습니다. 교육을 통해 가난한 사람을 도우려는 꿈을 가지고 아이들이 중심이 되는 교육을 위해 몸을 바친 페스탈로치는 근대 교육의 아버지라고 불리우고 있습니다.

1746년 스위스 취리히에서 태어난 페스탈로치는 목사가 되어 가난한 민중을 도와주겠다는 꿈을 안고 신학을 공부하고 또 법학을 공부하였어요. 하지만 인간이 가장 자연적인 상태에서 선량한 본성대로 살아갈 수 있다는 루소의 가르침대로 농촌에서

농사를 지으며, 가난한 아이들을 위한 '빈민노동학교'를 세워 아이들 스스로 일하면서 공부하게 했어요. 그러나 거듭되는 흉년으로 인한 농사 실패와 후원의 단절로 빈민학교는 문을 닫게 되었습니다.

이 후 글을 쓰며 지내다가 교육을 통한 사회 변혁의 꿈을 이루기 위해 부르크도르프의 서민 초등학교에서 새로운 교육법을 실천해 나갔습니다. 수업 시간에 아이들이 자신의 말을 따라 하게하고 석판에 창문이며 책상, 글자의 모양 따위를 마음껏 그려 보게 하는 파격적인 교육법을 진행하였지만, 기존 교육에 익숙한 학부모의 반대로 더 이상 진행하기가 힘들었어요. 다시 한 번 상류층 아이들이 다니는 학교에서 새로운 교육법을 실천한 페스탈로치는 교육계의 주목을 받게 되고 교사 양성학교인 '사범학교'를 만들었습니다. 또 처음으로 '교과서'를 만들었는데 약 100년 동안 유럽 교과서의 본보기가 되었답니다.

귀족 중심의 교육을 민중 중심의 교육으로, 교사 중심의 교육이 학생 중심의 교육으로, 지식 중심의 교육을 생활 중심의 교육으로, 암기 중심이 계발 중심의 교육으로, 교육의 방향을 180도 바꾼 페스탈로치는 교육으로 세상을 바꿀 수 있다는 굳은 신념을 몸으로 실천한 진정한 교육가입니다.

참고도서 세상을 바꾼 학교 / 강무홍 지음 / 양철북

학과·직업

관련 직업 대학교수, 교사, 유치원교사, 보육교사, 기업체 교육 담당자, 인사담당자, IT 퍼실리테이터, 산업교육강사, 한자기억법 지도사, 학원장, 학원관련 산업 종사자, 진로진학 상담교사, 교수법 연구자

• **교사** : 학생들에게 과목을 지도하고 바른 인성을 가지고 올바르게 행동하도록 가르칩니다. 수업 지도 외에도 급식 지도, 학생 상담 등 학교에서 일어나는 모든 일을 돌보는 일을 해요. 교사는 학생들을 사랑하는 마음이 있어야 하며, 지식과 인성을 올바르게 가르칠 수 있는 사명감과 열정이 필요합니다. 물론 자신이 가르치는 교과를 알기 쉽게 설명할 수 있는 능력은 필수적으로 갖추고 있어야 해요.

• **특수교사** : 정신지체, 지체부자유, 청각장애학생, 맹학생 등 장애를 가진 학생들의 학습지도와 장애영역에 따른 치료교육, 직업 교육을 지도합니다. 특수교사가 되려면 능력보다는 마음과 자세가 더 중요합니다. 타인을 존중하고 사랑하는 마음, 성실하고 밝은 인성을 지녀야 합니다. 늘 긍정적인 생각과 적극적인 성격을 가진 사람에

게 적합한 직업입니다. 특수교육학과가 있는 사범대학에 진학하면 특수교육자격증이 주어지지만 교육대학원에서도 자격증을 받을 수 있답니다.

관련 학과 초등교육학, 평생교육학, 사회교육학, 유아교육

추천활동
- **영화 <죽은 시인의 사회>**(1989년)

진정한 교육이 무엇인지를 생각하게 만드는 영화로 1950년대 남자사립학교를 배경으로 입시 위주의 교육제도로 인해 힘들어 하는 학생들에게 진정한 삶의 가치를 일깨워주는 키팅 선생이 펼치는 교육관을 아름답게 표현했습니다.

- **서울교육박물관**(http://www.edumuseum.seoul.kr)

우리나라 교육의 발전을 한눈에 살펴볼 수 있는 곳으로 유물과 사진 등 각종 자료들을 전시하여 우리 조상들의 높은 교육정신과 역사를 알 수 있습니다. 문화교육체험으로는 전통천자문교실과 1일 박물관교실이 있으며, 문화재 관람도 할 수 있습니다.

37

충고 조언하기

스토리

오즈의 마법사를 만나러 가던 도로시와 친구들이 두 갈래의 길 앞에서 어디로 가야 할지 몰라 고민을 하고 있어요. 사자는 자기가 오른쪽 길로 얼른 뛰어가서 확인해 보겠다고 하고, 허수아비는 왠지 왼쪽길이 맞는 거 같다고 얘기해요. 도로시는 캔자스로 영영 돌아가지 못하게 되는 건 아닐까 걱정하며 울먹이고 있어요. 그때 양철나무꾼이 가지고 있던 나침반을 꺼내서 들여다보았어요. "아! 이제 알겠어! 우리는 왼쪽 길로 가야 해. 왼쪽 길 끝에 흐릿하지만 커다란 무언가가 있는 것이 보여. 그리고 이 나침반이 가리키는 방향을 보아도 알 수 있어. 모두 조금만 더 힘을 내서 어서 가자!" 이렇게 양철나무꾼은 상황을 잘 파악하고 알맞은 조언을 해요. 그리고 자신의 조언으로 친구들이 어려운 일을 잘 극복하게 되었을 때는 자신의 일처럼 기뻐해요.

읽을 책

저학년 탈무드 / 박수현 지음 / 아이즐

오랜 역사 속에 전해 내려온 유대인의 지혜가 담긴 탈무드 이야기 50편을 담은 책입니다. 고난의 역사 속에서 유대인의 정신을 바르게 지켜온 탈무드 이야기를 다양한 스타일의 그림과 함께 읽을 수 있습니다. 유대인들에게 탈무드는 살면서 어려운 일이 생길 때 해답을 얻는 깨달음의 교과서였습니다. 아이들도 이 이야기를 읽으며 지혜의 중요성을 알고, 그것이 자신과 타인을 위해서도 꼭 필요하다는 것을 깨달을 수 있을 것입니다.

고학년 유배지에서 보낸 정약용 편지 / 강정규 지음 / 영림카디널

정약용이 강진 유배지에서 귀양살이를 하는 동안 두 아들에게 보낸 편지를 모아 놓은 책입니다. 이 편지에는 정약용의 올곧은 생각과 자식에 대한 뜨거운 사랑이 엄격한 교훈과 함께 잘 나타나 있습니다. 아이들은 이 책을 읽으며 세상을 어떻게 살아야 하며 무슨 공부를 어떤 방법으로 해야 하는가를 배울 수 있을 것입니다. 그리하여 자기 자신에게 스스로 충고하고 조언할 수 있으며, 나아가 다른 사람들에게도 올바른 생각과 지혜를 가르쳐줄 수 있을 것입니다.

청소년 심리학 나 좀 구해줘 / 폴커 키츠 외 지음 / 갤리온

독일에서 출간된 책으로 수많은 사례를 통해 해결책을 제시해 주고 있습니다. 총 51개의 질문들에 대해 마치 이야기를 들려주듯이 편안하게 써내려갑니다. 세계 어디서나 누구나 공감할 수 있는 고민들에 대해 심리학 입장에서 싸우지 않고 갈등을 해소하는 방법을 제시합니다. 면접을 잘 보고 싶다, 나쁜 습관을 바꾸고 싶다, 남에게 끌리는 사람이 되고 싶다면 등의 고민에 대한 답변이 나옵니다. 저자들이 어떻게 사람들에게 충고하고 조언하는지를 유심히 관찰하면 유익한 정보를 얻을 수 있을 것입니다.

롤모델

컨설턴트 스티븐 코비

이 사람은 책 한 권으로 전 세계에 이름을 알린 사람이에요. 그가 쓴 《성공하는 사람들의 7가지 습관》이라는 책이 전 세계에서 38개 언어로 번역되어 1,500만 부 이상 판매되었으니까요. 그래서 '20세기에 가장 큰 영향을 끼친 비즈니스 서적'의 하나로 선정되었어요. 스티븐 코비는 세계적으로 존경받는 리더십의 권위자이며 조직개발 컨설턴트입니다.

그는 하버드대학교에서 MBA 학위를, 브리검영대학교에서 조직행동학 및 경영관리학으로 박사학위를 받았어요. 또한 〈타임〉지에서 '미국에서 가장 영향력 있는 25명' 가운데 한 사람으로 선정되었고 여러 개의 명예 박사학위를 받았습니다.

그가 이렇게 유명한 까닭은 그가 개발한 프로그램이 그 이전의 리더십 프로그램과는 달랐기 때문이에요. 대부분의 리더십 이론들은 집단을 통솔하고 이끄는 방법들을 제시하고 있었는데, 스티븐 코비는 '셀프 리더십'을 주장했어요. 다른 사람을 설득하

고 바꾸는 리더십이 아니라 자기 스스로의 행동을 돌아보고 주도적인 사람이 되기 위한 방법을 알려주었기 때문이에요. 그가 말하는 7가지 습관은 자신의 삶을 주도하라, 목표를 확립하고 시작하라, 중요한 것부터 먼저 하라, 상호이익을 모색하라, 이해시키려 하기 전에 먼저 상대를 이해하려 하라, 시너지를 창출하라, 심신을 단련하라입니다. 여기서 시너지란 여러 사람과 함께 협력하여 일함으로써 얻어지는 에너지를 말해요.

이렇게 책의 성공과 함께 코비 리더십 프로그램은 엄청난 성공을 거두었어요. 백악관 직원을 포함한 수백만 명이 코비 박사가 개발한 '7가지 습관' 프로그램을 이수했으며, 세계 500대 기업 중 460여 기업이 코비 프로그램을 도입하고 있을 정도입니다. 이 책 외에도 《소중한 것을 먼저 하라》, 《원칙중심의 리더십》, 《스티븐 코비의 오늘 내 인생 최고의 날》 등의 책을 써서 많은 이들에게 삶의 올바른 길에 대해 조언해주었습니다.

학과·직업

관련 직업 직업상담사, 라이프 코치, 경영지도사, 학습매니저, 창업 컨설턴트, 모델 에이전시, 비즈니스 코치, HR 컨설턴트, 상담가, 사회학자, 교수, 소비자 심리 전문가, 교정 전문가, 식이요법 전문가, 정신과의사, 심리학자, 변호사, 프랜차이즈 전문가, 재무 컨설턴트, 미래학자

- **이미지 컨설턴트 :** 옷이나 말투, 행동 등을 교정해서 한 사람의 이미지를 바꾸어 주는 일을 합니다. 이들은 고객에게 시간과 장소, 직업, 성격, 체격에 따라서 어울리는 옷의 디자인과 색을 상담해 주고, 품위 있게 행동하고 말하는 법을 알려 줍니다. 그렇기 때문에 시대와 유행의 변화를 잘 알아야 해요. 그리고 고객의 이야기를 잘 듣고 무엇이 필요한지 정확히 파악해서 조언해 줄 수 있어야 합니다.

- **재정상담사 :** 손님의 재산 상태를 파악해서 돈을 어떻게 관리할지, 어디에 투자하면 좋을지 알려 주는 일을 합니다. 그렇기 때문에 경제에 대해서 잘 알아야 해요. 그리고 고객의 돈을 정직하게 관리할 수 있는 마음이 필요해요.

관련 학과 경제학, 심리학, 상담교육학, 아동학, 경영학, 소비자심리학, 상담심리학, 법학, 교육학

추천활동
- 또래상담프로그램 참가하기
- 소비자보호원 방문하기
- 학습코칭 프로그램 참여하기

38

협상하기

스토리

오즈의 마법사와 도로시가 악수를 하면서 서로가 원하는 것을 이야기하고 있어요. 도로시는 집에 돌아가고 싶다고 하고, 오즈의 마법사는 나쁜 마녀를 물리치면 집에 보내주겠다고 하며 서로 협상을 하고 있답니다. 협상을 하려면 먼저 자신이 원하는 것을 명확하게 설명할 수 있어야 하고, 상대방이 원하는 것이 무엇인지를 정확하게 알아야 하며, 서로 원하는 목적이 이루어 질 수 있도록 의논해야 해요. 또 자신의 이득보다는 보다 많은 사람들의 마음을 이해하여 공공의 선을 이룰 수 있어야 합니다.

읽을 책

저학년 나는 말하기가 좋아 / 유다정 외 지음 / 다산 어린이

재잘이는 말하기를 좋아해서 열심히 말하다가 시끄럽다는 말을 듣고, 침묵이는 말을 잘하고 싶지만 어떤 말을 하면 좋은가를 몰라서 늘 조용합니다. 두 친구가 딴지를 만나 말 잘하는 법을 알게 되네요. 어떻게 하면 말을 잘하고, 말할 때 해야 할 행동, 예절들을 알게 되며 좋은 말이 중요한 이유를 깨닫게 됩니다. 말하기를 잘하면 어떤 직업이 좋을까요? 이 책은 말하기에 관련된 직업과 하는 일 등을 알려 주고 꿈을 이루기 위해 지금 해야 할 일들을 알려 준답니다.

고학년 5학년 2반 오마리 외교관 되다 / 김유리 지음 / 주니어 김영사

마리는 오만에서 온 같은 반 친구 소년 알리를 도와주고, 알리의 집에서 오만이라는 나라와 알리에 대해 알게 됩니다. 그런데 갑자기 낯선 남자가 찾아와 마리를 외교통상부로 데려가고, 오만의 외교 서기관이 된 마리는 외교관으로 활동하게 됩니다. 그곳에서 외교관이 하는 일들을 하며 외교관의 역할과 중요성을 깨닫게 되네요. 또 유엔의 평화 유지 단원이 되어 전쟁으로 살기 힘든 마을을 돕게 되고, 아이들을 위해 일하는 NGO 활동가가 되기도 합니다. 비록 꿈속에서 이루어진 일이지만, 다양한 경험을 한 마리는 자신의 적성이 무엇인지 알게 되고 외교관이 하는 일에 대해서도 자세히 알게 됩니다.

청소년 논리로 속이는 법 속지 않는 법 / 로버트 J. 굴라 지음 / 모멘토

학교 선생님이 학생들의 비판력과 협상력을 길러주기 위해 쓴 책입니다. 이치에 맞지 않는 일상적 발언 및 빗나간 주장과 논증 유형 155가지를 모아 알기 쉽게 설명합니다. 정치가와 언론인, 외교관, 컨설턴트, 토론자들이 주로 쓰는 거짓 논리들과 오류 또는 속임수를 파악할 수 있습니다. 저자는 이렇게 말합니다. "이 책은 매우 지적인 사람들조차 여럿이 모여 있을 때면 종종 의사소통이 전혀 안 되는 것을 보며 느낀 안타까움에 뿌리를 두고 있습니다. 왜 그토록 많은 회의와 토론이 두서없이 헤매기만 하다 끝나는 건지……" 때로는 논리적으로 설득할 줄 알아야 하는 협상가에게 정보를 주는 책이라고 할 수 있습니다.

롤모델
유엔 사무총장 반기문

반기문 총장은 1944년 대한민국 충북 음성의 농촌마을에서 태어났습니다. 어린 시절부터 외교관을 꿈꾸던 총장은 고등학교 때 외국 학생의 미국방문 프로그램에 선발되어 미국을 방문하여 케네디 대통령을 만나게 됩니다. 이 후 외교관이 되기 위해 서울대학교 외교학과를 졸업하고 외무고시에 합격합니다. 정식으로 외교관 생활을 하게 된 총장은 이 후 뛰어난 업무능력으로 1991년에는 외교부 유엔 과장, 2004년 대한민국의 외교부 장관에 올랐으며, 2006년 제8대 유엔 사무총장으로 선출되었습니다.

세계 안보와 취약한 국가의 인권 등 세계 평화를 위해 노력하는 반기문 총장은 중국과 미국 등의 강대국 사이에 일어나는 문제들을 노련하게 협상합니다. 또 유엔을

전쟁 및 테러, 빈곤과 남북격차, 에너지문제, 기후변화, 자연재해 등 전 지구적 문제와 국가 간 이해관계를 논의하는 주된 장이 되게 하고, 가난한 나라, 부자 나라가 서로 대립하지 않고 머리를 맞대어 고민할 수 있도록 조정하는 일을 합니다.

참고도서 세계위인전 WHO 42 – 반기문 / 스튜디오 해닭 지음 / 다산어린이

학과 · 직업

관련 직업 외교관, 로비스트, CEO, M&A 전문가, 스포츠 마케터, 웹에이전시 전문가, 외교관, 구매 전문가, 기업체 구매부 근무, 심리학자, 사회심리학자, 유통 전문가, 머천다이저, 국제기구 협상 관련 전문가

- **외교관 :** 우리나라를 대표하여 국내나 외국에 파견되어 외국과의 협상을 통해 정치나 경제, 상업적 이익을 보호하며 우리나라 국민을 보호하는 직업입니다. 국가를 대표하는 사람으로 확고한 국가관과 책임감이 있어야 하며, 협상능력과 판단력, 외국어 능력 등이 있어야 합니다. 외무고시에 합격하거나 특별채용으로 외교관이 될 수 있답니다.

- **스포츠 에이전트 :** 선수나 팀의 매니지먼트와 연봉 협상, 마케팅 홍보 등을 하는 직업으로 시합이나 경기에 관한 정보를 수집하고, 훈련과정을 설계하며, 스포츠 관련 회사와 선수를 연결하여 계약을 성사시킵니다. 스타를 발굴하여 재능을 키울 수 있게 도와주며 선수를 돌보고 스케줄 관리도 합니다. 또한 선수들 대신하여 연봉 협상부터 팬관리까지 합니다. 외국어 실력과 국제 감각이 필요하며 정확한 판단력도 있어야 합니다. 경영학이나 스포츠 관련학과를 전공한 경우가 많으며 자격증이 필요합니다.

관련 학과 정치외교학, 경영학, 국제경영학, 국제학, 외국어문학

추천활동

- **외교 사료관 : 어린이 · 청소년 외교관학교**(http://diplomaticarchives.mofa.go.kr/index.do)

외교 사료관은 우리나라 외교기록을 보존·관리하는 곳입니다. 전시실에는 각종 외교전시물을 통해 외교역사에 대해 알려 주고 외교 홍보를 하고 있습니다. 외교관학교는 어린이와 청소년으로 나누어 활동하며 외교부 소개와 한국외교사, 전시실관람해설, 상상여권 만들기, 외교관과의 대화 등으로 활동이 이루어져 있습니다. 외교관학교

를 통해 우리나라 외교 역사에 대해 알고 외교관이 해야 하는 일, 가져야 하는 가치관 등을 알 수 있습니다.

39

화해시키기

스토리

양철나무꾼과 허수아비가 사소한 일로 다투고 토라졌어요. 좀처럼 싸우는 일이 없는 친구들인데 어쩐 일인지 서로에게 단단히 삐쳤는지 말도 하지 않고 쳐다보지도 않아요. 도로시는 어떻게 해서든 둘을 화해시켜야겠다고 생각했어요. 그래서 양철나무꾼과 허수아비에게 각각 왜 화가 났는지, 지금 기분이 어떠한지, 상대방이 어떻게 해주기를 바라는지 물어보고 그들의 이야기에 진심을 다해 귀 기울여 들었어요. 그리고 양철나무꾼에게는 허수아비의 마음을, 허수아비에게는 양철나무꾼의 마음을 이야기해 주었어요. 어느 한쪽 편에 치우치지 않고, 서로 마음이 상하지 않도록 차분하고 다정하게 이야기를 해 주었어요. 그 덕분에 둘은 화해할 수 있었어요. 도로시는 다른 사람의 입장을 헤아리는 것을 잘 해요. 그리고 그것을 또 다른 상대에게 알맞게 전할 수 있어요.

읽을 책

저학년 무민과 화해의 편지 / 토베 얀손 지음 / 어린이작가정신

서로 간에 오해가 생기거나 말다툼이 일어났을 때 어떻게 화해하면 좋을 지에 대해 이야기해 주는 책입니다. 무민이 그려놓은 소 그림이 자신을 그린 거라 생각하고 화가 난 스노크 아가씨의 오해를 풀기 위해 열심히 화해를 시도하는 무민의 마음을 통해 진심을 담은 화해의 중요성을 배울 수 있습니다.

고학년 어린이를 위한 화해 / 전지은 지음 / 위즈덤하우스

초등학교 6학년인 현우는 남부럽지 않은 가정에서 살던 아이입니다. 그런데 어느 날 갑자기 아버지의 사업이 부도가 나면서 가난한 동네로 이사를 오게 되고 아버지도 함께 살 수 없게 됩니다. 아버지에 대한 원망과 갑작스런 환경 변화로 힘들어하는 현우는, 새롭게 전학 간 학교에서도 적응을 하지 못하고 겉돌기만 합니다. 현우에게 닥친 많은 문제들, 혼자서 극복하기엔 너무나 힘들지만 주위 사람들의 도움을 통해 하나하나 해결해 나가면서 현우는 이 모든 것을 해결하는 열쇠가 바로 '화해'에 있다는 것을 깨닫게 됩니다. 책을 읽으며 현우와 함께 '화해'가 보여 주는 놀라운 힘을 경험할 수 있을 것입니다.

청소년 지도 밖으로 행군하라 / 한비야 지음 / 푸른숲

바람의 딸 한비야가 긴급구호 단체 팀장으로 지구촌 곳곳을 다니며 써내려 간 현장 보고서입니다. 손길이 필요한 곳에서 남다른 열정으로 고통받는 사람들과 함께 하려는 저자의 모습이 진한 감동을 줍니다. 저자는 이 책에서 단 한 번만이라도 자신의 가슴을 뛰게 하는 일이 과연 무엇인지, 마지막 남은 에너지를 무엇에 쏟을 것인지 진지하게 고민해 보라고 말합니다. 진정한 화해가 무엇인지, 어떤 자세로 더불어 살아가야 할 지 생각해 볼 수 있는 책입니다.

롤모델
정치인 넬슨 만델라

1918년 이스턴 케이프의 작고 아름다운 시골 마을에서 추장의 아들로 태어났습니다. 그런데 어릴 때 아버지가 돌아가시고 이웃마을 추장의 도움으로 성장하게 됩니다. 그래서 흑인들의 최고 교육 기관인 포트헤어대학교에 다니게 되었지만, 학생회 선거 사건으로 학교를 그만두고 나서 그의 삶은 방향이 바뀌게 되었습니다. 추장이 강제로 시키는 결혼을 피하기 위해 가출을 하고, 새로운 곳에서 새로운 사람들을 만나면서 현실에 눈을 뜨게 되었어요. 그리하여 1952년, 변호사 시험에 합격한 만델라는 흑인 최초로 법률 사무소를 차려서 백인에게 억압당하는 흑인들을 도와주었습니다.

흑인들의 권리를 되찾기 위해 평화적인 시위가 있던 어느 날, 경찰들은 시위대에게

무차별 공격을 가합니다. 수많은 사람들이 부상을 입거나 목숨을 잃게 되는 샤프빌 대학살을 계기로 만델라는 비폭력 저항에서 무장투쟁으로 노선을 바꾸어 '민족의 창'을 설립합니다. 그리고 전 세계에 흑인들의 인권이 무참히 짓밟히는 현장을 알리기 시작합니다. 무장투쟁으로 인해 만델라는 사랑하는 가족과 떨어져 지내게 되고, 자신이 하고 싶은 일조차 마음대로 할 수 없게 됩니다. 결국 만델라와 동료들은 반역죄로 종신형 선고를 받습니다.

그리고 27년의 수감 생활 동안 감옥 안에서조차도 인권 운동을 멈추지 않았습니다. 비록 하루아침에 개선될 수는 없지만, 작은 변화로 세상은 조금씩 달라질 수 있다는 신념으로 포기하지 않습니다. 수감자들의 최소한의 권리를 보장해줄 수 있는 방안을 제안하기도 하고, 작은 텃밭을 가꾸어 수확하고 함께 나누는 생활 속에서 스스로 자유를 찾아갑니다.

만델라가 감옥에 있는 동안 흑인들의 의식은 점차 깨어나기 시작합니다. 전 세계로 남아프리카공화국의 자유화와 만델라의 석방을 외치는 목소리도 높아집니다. 1990년, 일흔두 살의 만델라는 드디어 감옥에서 석방됩니다. 이듬해, 남아프리카공화국은 43년 만에 흑인차별 정책이 폐지됩니다. 이 공로를 인정받아 만델라는 노벨 평화상을 수상합니다.

그 후 남아프리카공화국에서는 최초로 국민 참여 대통령 선거가 열려 흑인들이 처음으로 투표에 참여하고, 넬슨 만델라는 대통령에 당선됩니다. 그는 27년의 수감 생활 동안 억압받는 흑인뿐만 아니라 억압하는 백인의 영혼도 파괴당한다는 걸 깨달았습니다. 오랫동안 고통 받으며 자유롭지 못한 생활을 해왔지만, 만델라는 '진실과 화해 위원회'를 만들어 흑인과 백인의 갈등을 없애려고 노력했습니다. 이는 용서와 화해의 진정한 의미가 무엇인지 전 세계에 보여 주었습니다.

학과 • 직업

관련 직업 상담가, 가사조사관, 국제마찰 해결 관련 종사자, 변호사, 법관, 노조 관련 종사자, 노무사 및 노무관련 종사자, 갈등해결 컨설턴트, 정치인, 지역사회 전문가, 국제 협상가, 기업체 구매팀 근무자, 외교관, 부부치료 상담사, 소비자분쟁위원, 전자거래분쟁위원

- **성직자 :** 성당, 교회, 절과 같은 종교적인 장소에서 일하는 신부님, 목사님, 스님

과 같은 사람을 말합니다. 성직자는 종교 예식이나 의식을 진행하고, 종교 교리를 설명합니다. 또한 어렵고 힘든 이웃들을 돕고 평화로운 사회를 만들기 위해 사람들을 이끌어 나가는 것도 성직자의 역할이에요. 그리고 신자들이 정신적으로 건강하게 살아갈 수 있도록 조언하고 지도하는 일도 합니다. 따라서 자신의 종교에 대한 믿음과 책임감이 있어야 해요. 그리고 나쁜 유혹에 흔들리지 않는 굳은 의지도 필요해요.

· **노무사** : 노동과 관련한 법에 대한 전문적인 지식과 경험을 바탕으로 근로자의 임금이나 복지, 법률상의 권리 등에 관한 문제를 합리적으로 개선하고, 종업원과 고용주 사이에 분쟁을 사전에 예방하고 조정하는 전문가입니다. 법에 대해 정확히 알고 있어야 하며 문서를 작성하는 일이 많기 때문에 꼼꼼함이 필요해요. 상황에 따라 알맞은 법률을 적용할 수 있어야 하기에 의뢰인의 이야기를 잘 듣고 공감할 수 있는 능력이 필요합니다.

관련 학과 법학, 정치외교학, 심리학, 행정학, 경제학, 경영학, 사회학

추천활동
· **평화박물관**(http://www.peacemuseum.or.kr)
평화를 주제로 한 전시회 등을 관람할 수 있습니다.
· **유엔 체험**
· **유네스코 한국본부, 국제 해비타트 본부 등의 체험**

40

의견 주장하기

스토리

허수아비는 나쁜 마녀의 죄를 밝히려고 여러 가지 증거품을 가져와서 재판을 하고 있어요. 허수아비는 자신의 의견을 주장하기 위해 가져온 증거품을 내세우며 자신의 생각을 논리적으로 이야기하고 있네요. 나의 의견주장만 있고 거기에 대한 객관적인 증거가 없으면 사람들에게 공감을 얻을 수 없어요. 나의 의견을 주장하기 위해서는 다양한 자료를 수집해서 논리적으로 명확하게 설명해야 해요. 또 사람들의 공감을 얻을 수 있는 여러 사례도 제시하면 좋답니다. 물론 사람들 앞에서 당당하게 자신감을 갖고 발표하는 담대함도 있어야 해요.

읽을 책

저학년 발표하겠습니다 / 군 구미코 지음 / 푸른길

1학년 1반은 매일 아침 한 사람씩 칠판 앞에 나가 반 아이들에게 알려 주고 싶은 것을 발표합니다. 발표를 하면 자신의 의견을 잘 말할 수 있기 때문이지요. 친구들을 놀라게 해주고 싶은 주인공 하키는 바닷가에서 주워 온 유리조각보다 더 좋은 것을 찾으러 다닙니다. 다음 날 아침 하키는 아주 놀라운 발표를 합니다. 그것은 바로 돋보기로 세상을 관찰하는 것이에요. 돋보기로 통해서 보면 모든 것이 달라져 보이거든요. 새로운 세상을 관찰하고 자신감 있게 자신의 의견을 말할 수 있는 하키의 모습을 보면서 발표의 즐거움을 배울 수 있답니다.

고학년 독수리 오남매 법률가를 만나다 / 홍경의 지음 / 한겨레아이들

우리 주변에서 일어날 수 있는 학교 폭력 문제, 환경 오염 문제, 불법 다운로드 문제를 다루면서, 법에 관한 이야기와 법률가에는 어떤 직업들이 있는지 하는 일은 무엇인지를 알게 해 주는 책입니다. 현직 판사, 검사, 변호사, 법학과 교수의 활동하는 모습을 보면서는 법률가라는 직업을 더 구체화 시킬 수 있고 법의 필요성과 중요성, 법률가의 마음가짐 등에 대해 알 수 있답니다.

청소년 나의 권리를 말한다 / 전대원 지음 / 뜨인돌

우리는 흔히 '법은 만인 앞에 평등하다.'는 말을 듣습니다. 그런데 현실은 그렇지 않지요. 어떻게 해야 법이 사회적 약자들을 배려하고 좀 더 공정한 사회가 될 수 있을까요? 저자는 "권리 위에 잠자는 자는 보호받지 못한다."는 말을 던지고 있습니다. 이 말은 자신의 권리는 스스로 찾는 것이지 누가 대신 찾아주는 것이 아니라는 뜻입니다.

고등학교에서 <법과 사회> 과목을 가르치고 있는 저자는 우리 귀에 익숙한 권리 항목을 소개하면서 그 권리가 실제 생활 안에서 제대로 지켜지고 있는지를 묻습니다. 천부인권, 모성권, 교육권, 양심적 병역거부, 피의자 인권, 노동기본권, 종교의 자유, 안락사에 이르기까지 우리 삶의 긴밀하게 연관되어 있는 권리들을 저자 자신의 경험과 여러 사례를 들어 친절하게 설명하고 있습니다.

롤모델

인권변호사 조영래

조영래는 1947년 3월 26일, 대구에서 태어났어요. 대구에서 유지공장을 운영하던 부모님은 더 이상 사업을 이어가기 힘들게 되자 서울로 이사를 오는데, 그때가 초등학교 5학년 때. 조영래는 당시로선 경쟁이 매우 치열했던 경기중학교에 입학합니다.

경기고에 들어간 조영래는 웅변반과 불교학생회, 농촌 연구반에서 활동을 하며 한일회담 반대 시위를 주도하기도 했습니다. 서울대 전체 수석으로 대학에 입학한 후에도 계속 사회문제에 관심을 가지고 공부하였지요. 졸업 후 사법고시를 준비하던 중에 전태일 분신 사건이 일어나자, 조영래는 친구 장기표와 함께 전태일 장례식을 치르면서 사회적 약자의 처지에 대해 많은 생각을 하게 됩니다.

1971년에는 사법 시험에 합격하고 사법 연수원에 입소했으나 '서울대생 내란 예비

음모 사건'으로 구속되고 맙니다. 서울대 출신들이 정부를 뒤집어엎은 뒤 각계 대표를 중심으로 새 정부를 세우려 했다는 죄목이었어요. 1년 6개월의 옥고를 치르고 나왔는데, 이번에는 다시 '민청학련 사건'으로 수배되어 6년간 숨어 지내야 했습니다. 조영래는 숨어 지내는 동안 《전태일 평전》을 완성합니다.

　유신 체제가 무너지면서 복권된 1983년, '시민 공익 법률 상담소'라는 이름의 변호사 사무실을 열었습니다. 변호사가 되어 가장 먼저 맡은 사건이 '망원동 수재 사건'인데, 행정 당국을 상대로 한 소송에서 결국 승소하지요. 이를 시작으로 조영래는 '여성 조기 정년제' 사건, '연탄공장 주변 진폐증 환자 사건' '대우 어패럴 사건' 등의 변론을 맡았습니다. 1986년 '부천서 성고문 사건'이 터지자 그 사건의 진상을 끈질긴 노력으로 밝혀 내 군사 정부의 부도덕성을 드러냈지요. 특히 이 사건은 조영래를 인권 변호사로 인식하게 된 계기가 되었어요. 당국이 사건을 은폐하고 성고문을 한 경찰관을 무죄혐의로 풀어주었지만 조영래는 포기하지 않고 끈질기게 문제를 파헤치고 설득하였고, 결국 제5공화국 정권이 막을 내린 후 그 경찰관은 징역 5년을 선고 받게 되었어요. 진실은 결국 승리한다는 것을 보여준 것이지요. 1990년 폐암으로 인해 43세의 나이로 눈을 감았습니다.

학과 · 직업

관련 직업　변호사, 검사, 교수, 노무사, 판사, 변리사, 컨설턴트, 기자, 언론 관련 근무자, 저널리스트

- **검사 :** 범죄를 저지른 사람들을 처벌하는 사람입니다. 사법시험에 합격하고 사법연수원을 마치면 검사가 될 수 있어요. 나의 의견을 논리적으로 주장할 수 있어야 하며 합리적인 생각을 하고 정의감이 필요합니다.
- **변호사 :** 법률적 다툼이 있거나 재판을 할 때 어느 한 편의 입장을 대변해 주는 역할을 합니다. 다양한 사건과 분쟁이 일어났을 때 자신의 의뢰인이 재판에 승리할 수 있도록 증거를 찾고 과거의 재판 결과를 찾아 재판을 준비하고 진행합니다.

관련 학과　법학, 국제법무학

추천활동

- **청소년 모의법정 체험활동**

각 학교나 지방법원에서 실시하는 모의법정 활동에 참여할 수 있고 시·군에서 주최하는 모의법정대회에도 참가할 수 있습니다.

- **대법원 견학활동**(http://www.scourt.go.kr/portal/wise_search/search/search_total.jsp)

대법원과 각 지방법원에서는 어린이와 청소년이 법원을 견학하고 체험할 수 있도록 견학 프로그램을 실시하고 있습니다. 법에 대해 알고 법원에서 하는 1인 검사, 판사, 변호사 등 법에 관련된 일을 하는 사람들에 대해 알 수 있습니다.

41

설명하기

스토리

많은 위험을 이겨내고 드디어 오즈의 마법사를 만난 도로시와 친구들. "나는 위대하고 무서운 마법사 오즈다. 너희는 누구냐? 왜 나를 찾아왔지?"라고 묻는 오즈 앞에서 양철나무꾼, 사자, 허수아비는 온몸이 바들바들 떨려서 제대로 대답할 수가 없었어요. 그래서 도로시는 친구들을 대표해서 오즈에게 자기들이 찾아온 이유를 당당하게 말했어요. 혹시 오즈가 이해하지 못할까봐 최대한 차근차근 자세히 설명하려고 애썼어요. 친구들은 도로시의 설명을 들으며 감탄했어요. '어쩌면 저렇게 나의 상황과 마음을 잘 알고 딱 알맞게 설명할 수 있을까!' 도로시는 평소에도 친구들이 모르는 것을 물어볼 때 친절하게 설명해 주는 것을 좋아했어요. 그리고 어떻게 하면 더 쉽게 설명해 줄 수 있을지 늘 고민했어요.

읽을 책

저학년 밤을 켜는 아이 / 레이 브래드베리 지음 / 국민서관

밤과 어둠을 싫어하는 아이가 있습니다. 스위치를 내리면 어둠이 찾아오기 때문에 아이는 스위치도 싫어합니다. 친구들이 달빛 아래 뛰어노는 소리를 들으면 함께 놀고 싶지만, 밤이 무서워 나가지 못합니다. 친구들이 뛰어노는 소리는 아이를 더욱 외롭고 쓸쓸하게 만듭니다. 그런 아이에게 어둠이라는 소녀가 찾아와 아이의 마음을 이해해 주고, 더 이상 어둠과 밤을 싫어하지 않게 도와줍니다.

고학년 껄껄 선생 여행기 : 열하일기를 쓴 박지원 이야기 / 김기정 지음 / 해그림

참된 학문을 하기 위해 탐구하고, 그것을 백성을 위해 실천하고자 했던 박지원의 배움에 대한 열정과 인간에 대한 사랑을 《열하일기》의 굵직한 여정을 따라가며 입체적으로 보여 주는 책입니다. 호기심 많고 익살스럽고 유머를 좋아하는 박지원이 중국을 여행하며 자신이 보고 배운 것들을 재미있게 설명해 줍니다. 그리고 그 여정을 통해서 조선을 위해 어떤 고민했는지도 엿볼 수 있습니다.

청소년 여러분! 이 뉴스를 어떻게 전해 드려야 할까요? / 한학수 지음 / 사회평론

몇 년 전 세상을 떠들썩하게 했던 '황우석 사태'를 취재한 MBC의 피디가 쓴 책입니다. 저자는 이 사건의 발단부터 결말까지 자신이 직접 취재한 내용을 써내려 가면서 이 사건의 본 모습을 그려내고 있습니다. 저자의 목적은 이 사건을 충실하게 전달하는 게 아니라 한국 사회의 일그러진 단면을 보여 주려는 것입니다. 이 책에는 취재가 힘들 때마다 피디로서 느낀 고뇌와 갈등이 드러납니다. 한편으로는 진실을 드러내지 말라는 압박을 받기도 한 저자는 세상을 살만한 곳으로 만드는 것은 거짓된 희망이 아니라, 정직한 절망이라는 믿음으로 글을 썼다고 밝히고 있습니다.

롤모델

미술평론가 유홍준

1949년 서울에서 태어나, 서울대 미학과, 홍익대 대학원 미술사학과(석사), 성균관대 대학원 동양철학과(박사)를 졸업했습니다. 1981년 동아일보 신춘문예 미술평론으로 등단한 뒤 미술평론가로 활동하며 민족미술협의회 공동대표와 제1회 광주비엔날레 최고관리자를 맡았습니다. 1985년부터 2000년까지 서울과 대구에서 젊은이를 위한 한국미술사 공개강좌를 개설하여 한국미술의 뛰어남과 중요성을 널리 알리는 데 큰 역할을 했습니다. 또한 '한국문화유산답사회' 대표를 맡아 활동했으며, 영남대 교수 및 박물관장, 명지대 문화예술대학원장, 문화재청장을 거치며 우리 문화의 소중함을 많은 이들에게 알리기 위해 노력했습니다.

교수님의 저서 《나의 문화유산답사기》는 많은 사람들이 보다 쉽게 우리 문화유산에 대해 알 수 있도록 설명한 책입니다. 그밖에도 많은 책을 집필했으며, 한국간행물

윤리위원회 저작상(1998), 제18회 만해문학상(2003) 등도 수상했습니다.

학과·직업

관련 직업 스포츠 해설가, 도슨트, 문화관광 해설사, 쇼호스트, 교수, 아나운서, 성우, MC, 연예인, 작가, 만화가, 스토리텔러, 기업체 홍보 담당자, 정치인, 게임자키

- **여행가이드** : 여행지의 숙박, 교통, 지리 등을 잘 알고, 여행객들을 안전하게 잘 이끌어야 합니다. 또한 여행지의 역사, 문화적인 폭넓은 지식을 바탕으로 여행객에게 정보 전달을 할 수 있어야 해요. 그렇기 때문에 사람들과 잘 어울릴 수 있어야 하고, 친절해야 합니다. 또한 안내할 문화재와 자연 환경에 관한 정보를 정확히 알고 있어야 해요. 그리고 다양한 국적의 여행자를 위해서 외국어 실력을 갖추고 있다면 더욱 좋겠지요.

- **역사물 해설가** : 박물관, 궁궐, 유적지에서 관람객들에게 설명을 해주는 일을 합니다. 전시된 책과 편지, 생활 도구를 비롯해서 건축물들에 대해서 알기 쉽게 설명해줍니다. 그러기 위해서는 역사와 여러 가지 유물들에 대해서 많이 알고 있어야 해요. 그뿐만 아니라 우리 역사를 자랑스러워하는 마음도 필요합니다. 또한 많은 사람들 앞에서 조리 있게 말할 수 있어야 해요.

관련 학과 역사학, 스포츠학, 교육학, 신문방송학

추천활동

- **유스내비 아나운서 체험**(http://www.youthnavi.net)
아나운서를 비롯한 다양한 직업체험을 제공합니다.
- **박물관이나 고궁을 다니며 해설사의 설명 들어보기**

42

글짓기

스토리

도로시는 여러 친구들과 자신이 겪은 모험을 글로 쓰려고 책상에 앉아서 지나온 일들을 생각하고 있어요. 재미있었던 일 두려웠던 일들을 세세히 기억해두었다가 글짓기를 하고 있네요. 작가가 되려면 책을 많이 읽고(다독) 많이 생각하고(다상량) 많이 써봐야(다작)해서 도로시는 책을 꾸준히 읽고 많은 정보를 수집하고 분류하여 정리합니다. 글쓰기 작업은 다양한 경험과 생각들을 정교하게 만들어 글로 새로운 창작품을 만드는 것이므로, 늘 창의적 생각을 해야 해요. 또 글을 잘 쓰기 위해 올바른 문장작성법을 알아야 하고 알맞은 말로 표현할 수 있어야 합니다. 특히 여러 사람들이 잘 읽을 수 있도록 쉽게 써야 해요.

읽을 책

[저학년] 강아지똥 할아버지 / 장주식 지음 / 사계절

강아지똥 할아버지는 교회의 종지기로 몸이 아프지만 강아지와 자연과 동화를 벗삼아 세상을 아름답게 살아갑니다. 슬프지만 따뜻하고 아름다운 동화로 많은 사람들에게 감동을 준 권정생 동화작가는 이름난 작가가 되어도 부와 명예를 마다하고 자연의 품에서 작은 식물과 동물, 어린이를 사랑하며 어린이를 위한 동화를 썼답니다. 자신을 낮추고 세상을 살아간 아름다운 할아버지 이야기를 만나봅니다

고학년 애들아, 정말 작가가 되고 싶니? / 이현 지음 / 풀빛

작가가 되려면 어떻게 해야 할까요? 이 책은 작가가 되고 싶은 아이들의 마음을 알고, 작가에 대한 모든 것을 이야기 해 줍니다. 작가가 되려면 어떻게 세상을 바라보아야 하는지 마음가짐은 어떻게 가져야 하는지를 자세히 알려 주고, 작가란 직업에 흥미를 갖게 해 줍니다. 과거부터 현재까지 세계 여러 작가들의 다양한 이야기를 알려주고, 작가 자신의 고민들을 솔직하게 들려줍니다.

청소년 청소년을 위한 자유로운 글쓰기 33 / 김주환 지음 / 양철북

현직 고등학교 선생님이 현장에서 만난 학생들의 글을 가지고 자유로운 글쓰기 방법을 33가지로 나누어 이야기하고 있습니다. 글쓰기는 다른 사람과 소통을 위한 과정입니다. 글쓰기는 강요가 아닌 자유로운 내면의 발산이 되어야 하고, 글쓰기를 통해 자기 해방을 느껴야 한다는 게 저자의 소신입니다. 시, 이야기, 비평으로 나누어 각각 장르별 글쓰기에 대한 전략을 쉽고 간결하게 설명하고 있습니다. 사소한 일상에서 의미 있는 글감을 찾아내는 능력을 기르고, 자신감을 얻을 수 있는 책입니다.

롤모델
동화작가 황선미

황선미 작가는 《마당을 나온 암탉》, 《나쁜 어린이표》 등 아이들 뿐만 아니라 어른들에게도 사랑 받는 대한민국 대표 동화작가입니다. 1963년 충청남도 홍성에서 태어나 서울예술대학, 광주대학교, 중앙대학교 대학원에서 문예창작을 공부하고, 1995년 단편 《구슬아, 구슬아》로 아동문학평론 신인문학상, 중편 《마음에 심는 꽃》으로 농민문학상을 받으면서 문단에 등단하였습니다. 이후로도 꾸준히 작품을 발표해 여러 문학상에서 상을 수상했습니다. 조금 늦은 나이에 글쓰기 공부를 하여 동화작가로 등단하게 된 황선미 작가는 자신의 일을 갖고 싶다는 간절한 마음으로 열심히 동화를 써서 작가의 꿈을 이루게 됩니다.

황선미 작가의 자전적 이야기가 담긴 '처음 가진 열쇠'는 가난했던 70년대를 배경으로 작가의 꿈을 품게 되는 한 소녀의 이야기를 아름답게 표현하고 있습니다. 작가의 동화 속에는 소박하지만 꿈을 이루고자 하는 아름답고 따뜻한 이야기가 담겨져 있습니다. 또한 어린 시절 겪은 일들을 담담하게 표현하여 아이와 어른 모두가 공감하

고 감동을 받는 답니다. 사람들 마음 깊은 곳까지 동화의 닻을 내려 가슴 깊은 곳까지 감동을 선사해주는 황선미 동화작가는 지금도 아름다운 동화의 세계로 우리를 초대하고 있답니다.

참고도서 처음 가진 열쇠 / 황선미 지음 / 웅진주니어

학과 • 직업

관련 직업 방송작가, 소설가, 시인, 극작가, 자유기고가, 만화콘티 작가, 번역가, 연출가, 정치전문 라이터, 시인, 철학가, 르포작가, 매뉴얼 제작 전문가, 기업체 홍보 담당직원, 북마스터, 평론가, 신문기자, 잡지사 기자, 다큐멘터리 작가, 스토리텔러

• **방송작가** : 드라마, 라디오, 예능, 다큐멘터리 등 각 방송의 특징에 맞게 대본을 쓰는 일을 하는 직업입니다. 다양한 방송 내용에 따라 논리적이거나 재치 있게 또는 진솔하게 글을 작성해야 합니다. 호기심과 상상력이 풍부하며 책을 많이 읽고 글을 써봐야 해요. 방송에서는 다양한 삶의 현장을 다루므로 사람들에 대한 이해력이 많아야 하며 세상을 긍정적으로 바라보는 시각을 가져야 합니다.

• **소설가** : 상상력을 가지고 현실에 있을 듯 한 이야기를 글로 쓰는 사람입니다. 신문사 신춘문예에서 수상하거나 문예지를 통해 등단하기도 하지만 요즘에는 인터넷을 통해 소설을 발표하기도 합니다. 세상을 보는 관찰력과 호기심을 글로 잘 표현해 낼 수 있어야 하며, 상상력과 창의력, 문장력 등이 있어야 좋은 글을 쓸 수 있답니다

관련 학과 국어국문학, 문예창작, 시나리오

추천활동

• **글짓기 대회**(배재대학교 주최 소월 청소년 문학상 등)

• **박경리 문학공원 : 어린이 · 청소년 토지학교**(http://www.tojipark.com/main.php)

박경리 작가의 옛집과 공원, 집필실 등을 원형대로 보존하고 소설《토지》의 배경을 3개의 테마공원으로 만들어 놓은 곳입니다. 공원관람과 글쓰기 행사, 토지학교 등 곳곳에서 작가의 삶을 돌아 볼 수 있습니다. 어린이 · 청소년 토지학교에서는 12권의《청소년 토지》를 함께 읽고 일제 강점기 때의 우리 민족의 삶과 문화를 이해하는 시간을 갖습니다.

- **만해기념관**(http://www.manhae.or.kr)

한용운 일대기, 문학작품, 연구자료 등을 볼 수 있습니다.
- **한국현대문학관**(http://www.kmlm.or.kr)

43

짐작하기

스토리

이른 아침 허수아비가 밖에 나가보니 바람이 예사롭지 않았어요. 허수아비는 늘 옥수수 밭 한가운데의 높은 장대에 매달려 있었기 때문에 약한 바람에도 민감했어요. 그리고 바람의 방향과 세기를 통해 앞으로 어떤 기상변화가 있을지 짐작할 수도 있어요. 도로시는 허수아비에게 오즈의 나라로 날아오기 전에 캔자스에 무시무시한 북풍과 세찬 남풍이 함께 불었다고 이야기를 해 주었어요. 허수아비는 잠시 생각하더니 도로시에게 말했어요. "북쪽에서 불어온 바람과 남쪽에서 불어온 바람이 정확히 너희 집 위에서 부딪혀 거대한 회오리바람을 일으킨 게 분명해. 어느 한 바람이 약했다면 강한 바람이 그것을 밀어냈을 텐데, 두 바람은 모두 강력했기 때문에 둘이 합쳐져서 엄청난 회오리바람을 만들었을 거야." 허수아비의 말을 들으니 도로시는 그제야 자기가 오즈의 나라에 오게 된 것이 이해가 되었어요. 허수아비는 이렇게 몇 가지 단서들을 분석해서 앞으로의 일을 짐작해 내는 것을 좋아해요.

읽을 책

저학년 지렁이 일기예보 / 유강희 지음 / 비룡소

우리 생활과 밀접한 다양한 날씨를 참신한 발상과 따뜻한 시선으로 풀어낸 동시 40편을 담았습니다. 날씨에 생명력을 불어넣고, 날씨에 실린 감정을 느끼고, 재미있는 상상을 펼쳐 보이는 동시는 아이들의 흥미와 호기심을 돋우고, 날씨를 새롭고 특별하

게 바라볼 수 있게 해 줍니다.

고학년 날씨를 바꾸는 요술쟁이 바람/ 허창회 지음 / 풀빛

날씨의 변화와 날씨를 예상하는 방법을 알기 쉽게 설명한 책입니다. 삼국지에 보면 제갈공명이 바람의 방향을 바꿔 적벽대전을 승리로 이끌었다는 이야기가 나오는데, '정말 그랬을까?', '정말 하늘에 기도를 올린다고 바람이 방향을 바꿀 수 있는 걸까?' 하는 질문을 시작으로 바람에 대한 다양하고 신기한 이야기들을 들려줍니다. 그리고 바람이 날씨 예측과 어떤 관계가 있는지에 대해서도 꼼꼼하고 자세하게 그림과 함께 소개되어 있습니다.

청소년 청소년을 위한 사회학 에세이 / 구정화 지음 / 해냄출판사

저자는 초·중·고등학교 사회 교과서 대표 필자이자 경인교육대학교 사회교육과 교수입니다. 이 책은 우리를 둘러싼 다양한 일상 속 현상을 통해, 사회 문화의 주요 흐름과 핵심 개념을 한눈에 읽어내도록 도와주는 책입니다. 나도 사회적 약자일까? 여성은 태어나는 것일까 만들어지는 것일까? 사회복지는 사람을 게으르게 만드는가? 지금의 청소년이 60살이 되면 어떤 사회가 될까? 등과 같은 질문을 던지고 그에 대해 친절하게 안내해 주고 있습니다. 이 책을 통해 미래 사회에 대해 사회학적 관점으로 상상해보고 예측해 봄으로써 자신의 아이디어를 체계화 시키고 실용화시키는 데 도움을 받을 수 있을 것입니다.

롤모델

기상통보관 김동완

대한민국 기상예보의 역사는 1965년 국립중앙관상대(현 기상청)와 방송사 간에 직통 전화를 통해 날씨를 전달한 것이 첫 시작입니다. 이후 1970년대에 들어 동양방송(TBC)에서 제 1호 기상캐스터가 등장했는데, 그 사람이 바로 김동완 통보관입니다. 당시 관상대 직원이었던 김 통보관은 매직펜으로 일기도를 직접 그리며 구수하고 명쾌한 날씨 해설로 인기를 끌었습니다. 그리고 '여우가 시집가는 날', '파리가 조는 듯한 더위' 등 독특한 해설로도 유명했습니다. 경북 김천에서 자란 김동완 캐스터는 사범대에 진학하기 위해 서울로 향했는데, 당시 기차 안에서 신문에 실린 '국립중앙관상

대 직원 모집'을 보고 지원하게 되었어요. 그것이 30년 동안 기상캐스터의 길을 걷게 된 시작이었어요.

당시에는 일기예보를 정확하게 하지 못할 때가 종종 있었어요. 특히 거대한 태풍으로 많은 피해를 입게 되었는데, 그것을 미리 예보하지 못했을 때는 자신이 죄인이 된 기분이 들어 고개를 들고 다닐 수 없었다고 해요. 그는 기상예보의 중요성을 뼈저리게 느꼈고, 그것이 한 길을 우직하게 걸을 수 있는 계기가 되었어요. 그리고 국민들에게 일기예보를 친근하고 신뢰감 있게 전달한 공로로 2010년 세계기상의 날에 국민훈장 동백장을 받았습니다.

학과·직업

관련 직업 국제금융 전문가, 국제투자 전문가, 미래학자, 천문학자, 시나리오 작가, 정책 수립 전문가, 인구통계학자, 사회학자, 정책보좌 전문가, 교육 기획가, 기업체 기획부서 근무자, 교통체계 수립 전문가, 철학가, 사회조사 분석사, 주식관련 전문가, 투자금 유치 전문가, 펀드 전문가, 환경 영향 평가 연구원

• **기상관측가 :** 날씨에 관한 자료를 분석하여 앞으로 나타날 날씨를 예측합니다. 일상적인 날씨 뿐만 아니라 일출과 일몰 시간, 엘니뇨, 지진, 황사와 같은 기상 이변에 대해서도 연구하고 사람들에게 미리 알려 줍니다. 기상관측가는 많은 자료를 분석할 수 있는 능력이 필요해요. 또한 자료를 보고 앞으로 일어날 일을 짐작해내는 것도 잘 할 수 있어야 합니다. 따라서 치밀하고 꼼꼼해야 해요.

• **천체 물리학자 :** 우주 탄생의 기원을 밝히는 빅뱅이론, 빛도 빨아들일 수 있다는 블랙홀, 은하의 구조 등을 연구합니다. 우주에 대한 호기심과 꾸준한 연구로 우주가 어떻게 만들어졌는지, 어떤 모양인지, 어떻게 변화하는지 알아내는 일을 합니다. 그러기 위해서는 천문학에 대한 깊고 넓은 지식이 필요해요. 또한 별의 움직임을 관찰하고 앞으로 어떻게 움직일지도 짐작할 수 있어야 해요.

관련 학과 천문학, 지구과학, 사회학, 경제학, 국제통상학

추천활동

• **기상청**(http://www.kma.go.kr)
날씨 체험 캠프에 참여할 수 있어요.

- **대구기상대**
기상대를 견학하면서 날씨 관측과 각종 기상 모형 등을 체험할 수 있어요.

44

문제 해결하기

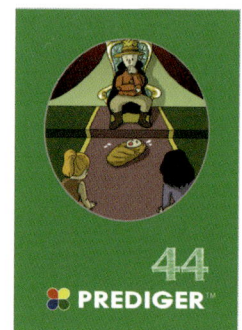

스토리

허수아비가 솔로몬처럼 어린 아이의 엄마를 찾기 위해 고민을 하고 있네요. 현명하게 문제해결을 하기 위해 생각에 잠긴 허수아비는 어렵지만 문제의 상황을 정확히 판단하여 해결을 했답니다. 먼저 편안한 마음으로 발생한 문제에 대한 모든 사실들을 수집하여 통찰력과 직관력을 가지고 해결을 하는 것이 좋아요. 통찰력을 가지려면 다양한 현상들을 관찰하고 지속적으로 새로운 지식을 습득하기 위해 노력해요. 여러 방면의 지식을 습득하여 서로 연결시켜 다양한 사고를 하며 통합하는 능력이 필요합니다. 또 다양한 상황을 충분히 경험해야 직관력을 갖게 되는데, 체험을 통해 얻어지는 생각들이 모여 문제를 해결하는 데 도움이 된답니다.

읽을 책

저학년 출동! 마을은 내가 지킨다 / 임정은 지음 / 사계절 출판사

우리 마을을 안전하게 지키는 일을 하는 윤 경사 아저씨는 지구대에서 일하면서 경찰이 지구대에서 하는 일을 바르게 상세히 알려 줍니다. 후배 경찰 박 순경 아저씨와 짝이 되어 지구대에서 일어나는 사건사고 이야기를 담고 있습니다. 지구대의 모습과 제복, 순찰자, 조직, 경찰 인터뷰 등을 그림으로 자세히 설명하고 있답니다.

고학년 어린이 꿈발전소 8 - 경찰서 / 배경희 지음 / 국일아이

우주는 경찰을 꿈꾸는 용감하고 씩씩한 소년으로 탐정이 되고 싶어하는 봉구와 태권소녀 한별이와 같이 강아지 유괴사건을 해결하려 합니다. 사건을 해결하는 과정 중 강력계 강 형사를 알게 되어 경찰에 대해 많은 것을 배우게 됩니다. 이 책은 우리가 편하고 안전하게 살 수 있도록 돕는 경찰관에 대한 정확한 정보를 알려 주고 경찰관이 되려면 어떻게 하는 지를 자세히 알려 줍니다.

청소년 법치란 무엇인가 / 마리아나 발베르데 지음 / 행성 : b 온다

'청소년 청년 시민을 위한 민주주의 교양 입문'이라는 부제가 붙은 이 책은 법이 우리 사회에서 어떤 역할을 하는지, 우리는 법에 의해 어떻게 움직이는지를 심층적으로 분석해 주고 있습니다. 저명한 법학 전문가로 캐나다 토론토 대학에서 법학과 사회학을 가르치는 저자는 무법지대에서 점령군이 경찰을 대신하는 중남미 국가의 사례를 들면서 법을 집행하는 경찰의 신뢰와 법의 권위가 얼마나 중요한지를 역설합니다. 법을 연구하는 학자, 법을 집행하는 법조인, 법을 만드는 국회의원, 경찰, 소방관 및 교도 관리자에 이르기까지 법률관계 일을 하고 싶은 사람들이 읽으면 흥미로운 책입니다.

롤모델

범죄 심리학자 표창원

표창원은 경찰대학을 졸업하여 경찰관으로 근무하다가 형사를 거쳐 경찰대학 교수가 되었고, 범죄심리분석관, 방송인 등으로 활발히 활동하고 있습니다. 경찰에서부터 범죄심리분석관까지 범죄 사건의 문제를 해결하기 위해 오랫동안 자신의 일을 지켜온 표창원은 사회적으로 물의를 많이 일으킨 사건들을 해결하여 범죄수사에 많은 도움이 되었답니다. 학창시절부터 정의와 상식에 벗어나는 일, 옳지 않다고 생각하는 일엔 불같이 화를 냈던 표창원은 "정의는 내 인생의 화두였다."라고 말하며 자신의 삶과 가치관을 드러내어 우리 사회의 어두운 상처를 치유하며 정의를 꿈꾸는 사람입니다.

국내 최초의 프로파일러로 연쇄살인, 엽기적인 범죄 등 다양한 범죄자들의 심리를 날카롭게 분석하며 우리 사회의 어두운 상처를 치유하기 위해 많은 노력을 하고 있습니다.

참고도서 나는 셜록 홈스처럼 살고 싶다 / 표창원 지음 / 다산북스

학과 • 직업

관련 직업 형사, 탐정, 경찰관, 정치인, 과학수사관, 범죄 심리학자, 국제 조사관, 소비자 전문 상담사, 멘사두뇌게임 지도사, 산업안전기사

- **형사 :** 형법의 적용을 받는 범죄 사건을 수사하고 범인을 추적 및 검거하는 일을 전문적으로 하는 경찰관입니다. 일반적으로 사복을 입고 일을 합니다. 하나의 사건이 발생되면 끝날 때까지 끊임없이 자료를 수집하고 수사를 해야 하기 때문에 체력이 좋아야 하고, 인내심이 필요하고 사회를 지킨다는 사명감을 가져야 합니다. 경찰 채용시험이나 경찰대학을 졸업하면 경찰관이 된 후 형사로 발령받고 활동을 할 수 있습니다.

- **과학수사관 :** 범인을 발견하고 증거를 수집하여 사건의 진상을 밝히는 수사활동을 과학적 지식, 기술과 감식시설 장비나 기계를 최대한 활용해서 수사를 하는 직업입니다. 과학수사 분야는 문서감정, 마약, 유전자, 음성분석, 형사사진, 거짓말 탐지 등 다양하게 이루어져 있어 전문적인 지식을 요구합니다. 첨단 장비의 개발과 사용, 컴퓨터 수사기법 등 다양한 과학 수사기법을 다룰 줄 알아야 하며 문제를 정확하게 해결하기 위해 꼼꼼하고 분석적이어야 합니다.

관련 학과 경찰학, 정치학, 심리학, 정치학, 법학

추천활동

- **동아리 :** 환경문제 해결 프로그램 만들기
- **소방안전체험관 :** 재난 구조 체험
- **서울청소년수련관 :** 서울폴리스아카데미(http://www.youthc.or.kr)

경찰 직업에 관심 있는 청소년을 대상으로 경찰대 학생과의 만남을 통해 경찰대 진학과 경찰 업무에 대해 알아보고, 경찰박물관 탐방과 직업 체험활동을 하면서 경찰직업에 대해 다양한 정보를 알 수 있습니다. 경찰 체험활동을 통해 경찰직업의 특성을 알고 진로 설계 계획을 세울 수 있습니다.

45

의미 찾기

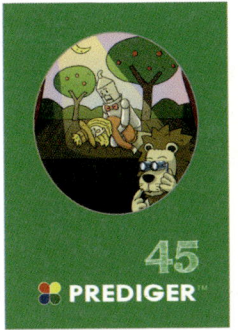 

스토리

오즈나라에 축제가 있는 날이에요. 양철나무꾼과 허수아비는 연극을 하기로 했어요. 겁쟁이 사자는 비록 사람들 앞에 서는 것은 심장이 뛰어서 도저히 할 수가 없지만, 꼼꼼하게 보는 것은 잘 할 수 있다고 했어요. 그래서 사자는 객석에 앉아서 연극을 관람했어요. 사자는 언제나 이렇듯 무대에 서기보다는 객석에서 관람을 했기 때문에 자신만의 감상법으로 공연을 즐길 줄 알아요. 연기를 하는 배우들의 표정과 사소해 보이는 무대 장치까지도 꼼꼼히 살피며 의미를 찾을 수 있어요. 배우가 왜 저런 대사를 하는지, 말없이 앉아 있는 배우의 표정 속에는 어떤 마음이 숨어 있는 것인지, 사자는 그 안에 담긴 수많은 의미를 알아낼 수 있어요. 그러다 보면 연극 속에 푹 빠져 자신이 마치 배우가 된 느낌마저 들어요. 사자는 더 많은 공연을 보고 그 안에 담긴 의미를 찾아보고 싶어요.

읽을 책

저학년 명화를 처음 보는 어린이를 위한 바바의 미술관 / 필리스 로즈 브루노프 지음 / 국민서관

코끼리 왕 바바는 아내와 함께 기구를 타고 마을을 둘러보다가 오래된 기차역이 비어 있는 걸 발견합니다. 기차역을 어떻게 할까 고민하다가 오랫동안 모아둔 미술 작품을 전시할 미술관으로 바꾸기로 결심했어요. 여러 코끼리들이 도와서 미술관이 처음 문

을 여는 날, 바바 부부는 아이들과 미술관에서 그림을 보며 즐거운 시간을 갖습니다.

고학년 어린이 미술관 / 어멘더 렌쇼 지음 / 사계절

구상 회화에서 행위 미술까지 표현과 감상의 핵심을 쉽고 재미있게 짚어 주는 어린이 미술서입니다. 고대에서부터 현대까지 시대를 아우르는 다양한 작품을 수록해, 작품을 꼼꼼히 살펴보며 예술가들이 무엇을, 왜, 어떻게 표현했을까 하는 질문을 던집니다. 정답 대신에 생각의 고리를 풀어갈 실마리를 하나씩 제시하여 독자 스스로 미술을 감상하는 방법을 깨달을 수 있도록 구성된 책입니다.

청소년 무엇을 어떻게 읽을 것인가 / 권희정 지음 / 꿈결

고등학교에서 철학을 가르치는 저자가 쓴 책으로, 36권의 책을 소개하면서 생각하는 재미에 대해 말하고 있습니다. 철학은 이름과 개념을 외우는 것이 아니라 질문을 발견하고, 발견한 질문에 답하기 위한 과정임을 말하고 있습니다. 사랑에 눈 뜬 연인이 로맨스 영화를 즐기듯이 누구나 자신이 당면한 삶의 처지에 따라 고민을 하고 그 고민을 해결하기 위해 책을 찾는다고 말합니다. 책을 읽다 보면 저자의 생각 방식과 책에서 의미를 길러내는 방법, 자기 생각과 지식을 통합하는 방법 등을 배울 수 있을 것입니다.

롤모델

시인 김용택

전북 임실군 덕치면에서 태어나 스물한 살 때 초등교사 임용고사를 통해 선생님이 되었어요. 교사생활을 하면서 혼자 문학을 공부해 1982년 창작과비평사에서 펴낸 《21인 신작시집》, 《꺼지지 않는 횃불》에 〈섬진강〉 외 8편의 시를 발표하면서 문단에 나왔습니다. 《섬진강》, 《맑은 날》, 《그대, 거침없는 사랑》, 《그 여자네 집》, 《나무》, 《시가 내게로 왔다》, 《콩, 너는 죽었다》 등의 시집과 시선집을 펴냈고, 김수영문학상과 소월시문학상을 받았습니다. 산문집 《그리운 것들은 산 뒤에 있다》, 《섬진강 이야기》, 《섬진강 아이들》, 《촌놈 김용택 극장에 가다》 등을 냈으며 어린이를 위한 동화, 동시집을 꾸준히 발간하고 있습니다. 산골 초등학교 선생님으로 시를 쓰며 살게 된 것을 가장 큰 행복이라 여기며, 지금은 은퇴 후, 여러 곳에 강연을 다니며 여전히 시쓰기를 하고 있습

니다. 그는 이렇게 말합니다.

"난 시를 지어내는 사람이 아니야. 자연이 말해 주는 것을 받아쓰고 사람들이 사는 모습을 가져와 베껴 쓰는 사람이지."

학과·직업

관련 직업 시인, 칼럼리스트, 철학자, 심리학자, 평론가, 극작가

- **미술치료사 :** 사람들이 그린 그림을 보고 마음에 어떤 문제를 가지고 있는지 찾아내고 치료해 주는 일을 합니다. 그림 안에는 그린 사람의 마음이 담겨 있고 그것을 잘 찾아내기 위해서 그림을 꼼꼼히 보고 상대를 이해하려는 마음이 필요해요. 특히 미술치료는 힘든 상황에 처해 있어 마음이 아픈 사람들을 만나는 경우가 많기 때문에 이런 사람들을 배려할 수 있어야 합니다. 그리고 미술에 대한 지식도 많아야 해요.

- **영화평론가 :** 영화를 분석하고 비판하는 일을 합니다. 작품에 담긴 의미는 무엇인지, 사회적으로 어떤 영향을 미칠 것인지, 사람들의 마음을 어떻게 잘 표현했는지 등을 꼼꼼하게 분석합니다. 그러기 위해서는 영화에 대한 지식이 있어야 해요. 영화뿐만 아니라 다양한 매체를 많이 접하고 그것을 읽어내는 능력을 키워야 해요.

관련 학과 영상영화학, 국문학, 철학, 심리학, 연극영화, 문예창작, 신문방송학

추천활동

- **한국영화박물관**(http://www.koreafilm.or.kr/museum)
영화 관련 체험프로그램을 통해 영화의 원리를 이해하고 창작활동을 할 수 있어요.
- **한국만화박물관**(http://www.komacon.kr/comicsmuseum)
만화로 즐기고 배울 수 있는 다양한 프로그램들이 준비되어 있습니다.
- **서울 역사박물관**(http://www.museum.seoul.kr)
체험공간, 3D 유물 검색, 경희궁 정보를 제공합니다.
- **서울역사박물관 어린이**(http://work.museum.seoul.kr/chd)
서울 발전과정, 퀴즈 역사관, 전시실을 안내하고 운영하고 있습니다.
- **대전역사박물관**(http://www.daejeon.go.kr/his/index.do)
- **전주역사박물관**(http://www.jeonjumuseum.org)
- **군산근대역사박물관**(http://museum.gunsan.go.kr)

- 부평역사박물관(http://www.bphm.or.kr)
- 하남역사박물관(http://www.hanammuseum.com)

46

홍보하기
알리기

스토리

양철나무꾼이 새로 나온 마차를 많은 사람들 앞에서 홍보하고 있네요. 마차의 새로운 기능과 마차를 이용하면 편리한 점에 대해 이야기하고 있어요. 양철나무꾼은 마차를 많은 사람들에게 알리기 위해 여러 가지 방법으로 홍보를 했어요. 신문에 광고를 내기도 하고 거리 전광판에 광고사진을 올리기도 했어요. 인터넷을 통해 마차의 성능에 대해 자세히 설명하기도 했지요. 또 SNS를 통해 입소문을 내어 많은 효과를 보았답니다. 홍보를 통해 많은 사람들이 알차고 좋은 정보를 알게 되었어요.

읽을 책

[저학년] 날아라, 대한민국! / 서경덕 외 지음 / 토토북

우리나라 대한민국의 자랑거리는 무엇일까요? 세계 속에서 우리나라는 어떤 나라일까요? 이 책은 대한민국 최초 홍보 전문가 서경덕이 우리가 정확히 알고 있어야 할 우리 역사와 자랑스러움, 기본적인 정보들을 모아 만든 책입니다. 대한민국을 세계에 당당하게 소개하고 알리는 방법들을 이야기해 주고 세계 시민으로 우리가 갖춰야 할 에티켓을 알려 주며 우리 것을 소중히 여길 수 있게 해 줍니다.

[고학년] 왜 자꾸 사고 싶을까? : 광고의 비밀 / 김현주 지음 / 미래아이

광고에는 도대체 어떤 비밀이 숨겨져 있기에 우리는 광고를 보면 자꾸만 사고 싶

고, 먹고 싶은 것일까요? 이 책은 광고와 소비의 관계, 미디어가 광고에 미치는 영향 등을 알려 주며, 분별없이 광고를 받아들여 소비를 많이 하는 아이들에게 올바른 소비자가 될 수 있도록 도와주고, 광고에 대한 기본적인 이해를 할 수 있게 합니다.

청소년 컬처 코드 / 클로테르 라파이유 지음 / 리더스북

'세상의 모든 인간과 비즈니스를 이해하는 열쇠'라는 부제가 붙은 이 책은 대중의 마음을 움직이는 일을 하고 싶은 사람에게 매우 흥미로운 책입니다. '컬처 코드'란 자신이 속한 문화를 통해 일정한 대상에 부여하는 무의식적인 의미로써, 쇼핑, 건강, 음식, 사랑, 직업, 정치 등에 영향을 미칩니다. 컬처 코드를 이해하면 왜 미국은 축구 대신 야구가 인기가 있는지, 왜 일본은 이혼율이 낮은지, 어떻게 이탈리아 남자들은 여자들을 쉽게 유혹하는지 등을 알 수 있습니다. 다양한 사례들을 통해 고객과 시장을 이해하고 성공적인 홍보 전략을 수립하는 데에 도움을 주는 책입니다.

롤모델

홍보 전문가 서경덕

1974년 서울에서 태어난 서경덕은 성신여자대학교 교수, 대한민국 홍보 전문가이며 방송인으로 알려져 있습니다. 대한민국 홍보를 시작한 이유는 대학시절 유럽 배낭여행을 하면서 한국의 낮은 인지도에 대한 안타까운 마음 때문이었어요. 처음 시작은 우리나라 태극기 배지를 구입해 세계 여러 나라 친구들 배낭에 달아주는 것이 었지만, 뉴욕타임즈에 독도 광고를 실고 동해와 한글, 비빔밥 등 대한민국의 역사와 문화를 홍보하는데 힘써 우리나라를 대표하는 홍보 전문가가 되었답니다. 작은 일부터 시작한 우리나라 홍보일이 현재는 많은 유명인들의 도움으로 범위가 점차 커지며 다양해지고 있답니다. 독도, 동해, 위안부 문제를 알리기 위해 지속적으로 광고 캠페인을 하고 있으며, 한식캠페인 막걸리캠페인, 한글 공부방 등 세계에 우리나라의 한식과 한글, 문화, 역사를 알리기 위해 함께 노력하고 있습니다. 음악으로 우리나라의 독도와 아리랑을 알리기 위한 계획을 세우고 뉴욕 타임스퀘어에 세계 최초 대한민국 전용 광고판을 만들려고 생각하고 있답니다. 세계에 한국을 널리 알리기 위해 끊임없이 최선을 다하고 있는 한국 홍보 전문가 서경덕에게 우리나라를 사랑하는 마음을 배우게 됩니다.

참고도서 세계 지도보다 큰 꿈을 펼쳐 봐 / 서경덕 지음 / 계림북스

학과 · 직업

관련 직업 홍보 전문가, 선거 운동원, CF 제작사, 마케팅 컨설턴트, 기업체 마케팅부서 담당자, 언론인, 신문기자, 방송인, 판매 전문가, 아나운서, 기업체 의전 담당자, 기업체 홍보 담당자, 언론특보, 기상통보관, 정당 대변인, 북마케터, 스포츠 해설자, 리포터

- **홍보 전문가** : 나라, 기업 등을 많은 사람들에게 알리기 위해 홍보 프로그램을 연구하여 광고물, 광고행사, 홍보물 만들기 등을 하는 직업입니다. 홍보 프로그램을 잘 만들려면 예술적 감각과 창의력이 있어야 하며 자료를 분석하고 능력이 필요합니다. 많은 사람들과 함께 하는 일이므로 좋은 인간관계를 위해서는 친화력, 사회성, 협동심 등을 갖고 일을 하는 것이 좋답니다.

- **리포터** : 오락, 교양, 시사, 음악 등의 다양한 방송 프로그램에서 자신이 취재한 내용을 소개하는 직업입니다. 프로그램의 성격에 따라 리포터의 기준이 달라지기는 하지만, 일반적으로 전문 리포터가 프로그램 단위로 계약해서 담당합니다. 취재를 위해 사건 현장에 직접 찾아가거나 사건 당사자들을 인터뷰합니다. 취재한 내용을 정확하고 신속하게 전해야 하고 표준어와 바른 우리말을 구사할 줄 알아야 합니다. 사람들과 친화력이 있어야 하고, 시청자에게 호감과 신뢰감을 줄 수 있는 용모도 필요합니다. 정치, 경제, 사회, 문화 등 여러 분야에 지식과 관심을 가져야 합니다.

추천활동

- 한국 광고박물관(http://admuseum.kobaco.co.kr/main.jsp)
- 반크 체험활동(http://www.prkorea.com)

사이버 외교사절단 반크는 대한민국을 세계에 알리며 지구촌을 변화시키는 단체로, 사이버외교관과 월드체인저, 사이버 독도사관학교, 글로벌 역사아카데미 등 다양한 사이트에서 어린이와 청소년들이 활동할 수 있습니다. 우리나라를 세계에 알리는 다양한 홍보활동을 하면서 세계인으로 성장할 수 있습니다.

- 아리수홍보관(http://e-arisu.seoul.go.kr)

47

발표하기

스토리

오즈의 마법사가 떠나고 허수아비는 오즈 대신 에메랄드 시를 다스리게 되었어요. 그런데 그곳은 함박눈이 자주 내려서 불편할 때가 많아요. 허수아비는 에메랄드 시의 사람들에게 많은 눈이 내려도 끄떡없는 집에 대해 말하고 있어요. 지붕은 비스듬하게 만들어서 많은 눈이 쌓여도 천장을 내려앉게 만들 일이 없다고 말해요. 그리고 초록색이 아닌 여러 가지 다양한 색들을 사용해서 집을 짓는 것도 좋다고 얘기했어요. 허수아비는 절대 어렵게 설명하지도 않고, 빠르게 말하지도 않아요. 많은 사람들 앞이라고 해서 긴장하지도 않아요. 누구나 허수아비의 이야기를 들으면 쉽게 이해할 수 있어요. 그리고 허수아비가 말하는 것들이 정말 좋을 거라고 확신해요. 허수아비는 모든 사람들을 위해서 어떻게 하면 더 쉽고 정확하게 말할 수 있을까 늘 생각해요. 그리고 그렇게 준비하고 무사히 발표를 잘 마친 후에는 무척 뿌듯해 한답니다.

읽을 책

저학년 아주 무서운 날 / 탕무니우 지음 / 찰리북

발표 수업을 앞둔 아이의 긴장된 마음을 섬세하게 그려 낸 그림책입니다. 주인공 링링은 발표 수업을 앞두고 걱정이 많습니다. 친구들 앞에서 발표를 해야 하지만 가슴은 쿵쾅쿵쾅, 온몸은 화끈화끈합니다. 내일은 '나의 꿈'이라는 주제로 발표 수업을 하는 날. 링링은 늦은 밤 쉬이 잠들지 못하고 머릿속으로 지진, 화산 폭발, 해일, 외계

인이 침공하는 상상을 합니다. 하지만 다음 날 아무 일도 일어나지 않았고, 꼼짝없이 친구들 앞에서 발표를 해야만 했어요. 링링은 어떻게 했을까요? 발표에 대한 두려움이 있는 어린이와 발표하기를 좋아하는 어린이가 모두 함께 재미있게 읽을 수 있는 책입니다.

고학년 진실을 보도하는 방송 기자 앵커 / 김유리 지음 / 주니어랜덤

텔레비전을 통해 진실을 보도하는 방송 기자와 앵커의 세계를 그리고 있는 책입니다. 우리가 막연히 알고 있는 방송 기자와 앵커는 어떤 일을 하는 직업인지, 어떤 자질을 가져야 하는 지 등을 열정 넘치는 한미소 기자의 일상을 통해 살펴봅니다.

청소년 전달력 / 아오키 사토시 지음 / 홍익출판사

브리태니커사의 세일즈 매니저로 여러 차례 판매 대상을 수상한 사람으로, 현재는 출판회사를 설립하고 성공심리학 강사로 활발한 활동을 하고 있습니다. 이 책에서는 상대방에게 정확하게 의사 전달을 하고 당당하게 자신의 의견을 말하는 습관을 키울 수 있는 방법을 알려 주고 있습니다. 저자는 30년 경험을 바탕으로 긍정적인 사고방식과 상대를 배려하는 마음 등을 키우는 연습을 하도록 쉽게 이야기합니다. 저자는 꾸준한 노력과 반복학습, 긍정적인 사고방식과 자신감을 갖는 일, 그리고 상대를 배려하는 마음을 가지면 누구라도 전달력의 달인이 될 수 있다고 말합니다.

롤모델

방송인 오프라 윈프리

인종차별과 어려운 가정환경을 극복하고 자신만의 개성으로 오늘날 토크쇼의 신화가 된 오프라 윈프리는 1954년 미국 미시시피 주 코스키우스코에서 미혼모의 딸로 태어났습니다. 어린 시절 자주 거처를 옮겨 다니며 불안정한 사춘기를 보내던 오프라 윈프리는 남자 친척들에게 성폭력을 당하는 큰 상처를 입었습니다. 하지만 아버지와 새어머니의 헌신적인 보살핌으로 WLAC 텔레비전 방송국에서 흑인 여성으로는 최초로 뉴스 아나운서가 되었습니다. 대학교를 졸업하기도 전에 WJZ 텔레비전 방송국의 뉴스 공동 아나운서로 발탁되었으나 자질 논란으로 토크쇼 〈피플 or 토킹〉의 공동 진행자로 옮기게 되었습니다. 이때부터 자신의 재능을 펼치며 시카고 WLS 텔레비전 방송국

에서 <에이엠 시카고>를 진행하다 자신의 이름을 걸고 <오프라 윈프리 쇼>로 바꿔 전 세계인이 시청하는 최고의 토크쇼 진행자로서 '토크쇼의 여왕'으로 불렸습니다. 그녀는 토크쇼에서 출연자와 서로 친숙하게 고백하는 듯이 소통하는 것으로 명성을 얻으면서, 그녀는 토크쇼 장르를 대중화시켰고 큰 변화를 일으켰습니다. 이후 토크쇼 진행에 머무르지 않고 '하포 프로덕션'을 설립하여 방송제작 사업을 시작한 오프라 윈프리는 활발한 사업으로 많은 수익을 얻어 억만장자가 되었습니다. 그리고 지금까지 오프라 윈프리는 많은 사람의 관심과 사랑으로 자신이 성공했다고 믿었기에 다양한 분야에서 자선 사업을 펼쳐 어려운 이웃들에게 '긍정의 메시지'를 전달하고 있습니다. 2011년 5월 <오프라 윈프리 쇼>는 아쉽게 끝났지만, 더 많은 사람과 소통하고 싶은 오프라 윈프리는 자신만의 꿈을 향해 새로운 도전을 준비하고 있습니다.

학과 · 직업

관련 직업 캐스터, 교사, 기업체 수주 담당자, 전문 강사, 마케터, 통역가

• **아나운서** : 라디오나 텔레비전에서 뉴스를 전달하거나 각종 프로그램을 진행합니다. 진행하는 프로그램에 따라서 앵커, 스포츠 캐스터, MC 등으로 나누어집니다. 어느 프로그램을 하든지 많은 사람들 앞에서 전달해야 할 내용을 또박또박 말해야 하고, 다른 사람들에게 호감과 신뢰를 줄 수 있어야 해요.

• **동시통역사** : 각종 국제회의나 세미나 등에서 연사의 말을 사람들에게 실시간으로 통역해 주는 일을 합니다. 국제 콘퍼런스 등에서는 참석자에게 무선 통역기를 나눠 주는데, 이를 귀에 꽂으면 동시통역사의 통역을 들을 수 있어요. 그런 통역을 하는 사람이 바로 동시통역사입니다. 들은 내용을 바로 통역해서 전달해야 하기 때문에 고도의 집중력과 순발력이 필요합니다. 그리고 상대방이 알아들을 수 있도록 정확한 발음으로 말할 수 있어야 합니다.

관련 학과 외국어 관련학(영어, 독어, 프랑스어, 일본어, 중국어 등), 신문방송학, 사회학, 교육학

추천활동

• **외국문화원 어학 프로그램**(독일문화원, 프랑스문화원, 영국문화원, 뉴질랜드문화원, 러시아문화원, 일본문화원, 중국문화원 등)

- **신영영화박물관**

가상 스튜디오에서 직접 아나운서 역할을 할 수 있어요.

48

전략짜기

스토리

나쁜 마녀로부터 에메랄드 성을 지키기 위해 오즈의 마법사와 양철나무꾼이 작전을 짜고 있어요. 호시탐탐 에메랄드 성을 빼앗기 위해 공격해 오는 나쁜 마녀를 물리치기 위해 치밀하고 꼼꼼하게 전략을 세우는 오즈와 양철나무꾼입니다. 공격해 오는 적의 수는 얼마이고 어떤 무기를 쓰는지, 공격해오는 방향은 어디인지 또 싸움을 할 가능성이 높은 곳의 지형과 특징을 잘 알아두어야 해요. 또 우리는 어떻게 방어하고 공격하는지와 같은 작전을 정확히 짜서 피해를 줄여야 해요. 전략과 작전을 짜려면 아주 긴밀하고 정확하게 계획을 세워야 하므로 관찰력과 통찰력 등 다양한 능력을 키워야 합니다.

읽을 책

저학년 이순신 : 거북선을 만들어 왜적을 물리친 충무공 / 김병규 지음 / 효리원

왜적으로부터 나라를 지키기 위해 목숨을 바쳐 싸운 충무공 이순신 장군의 이야기로, 이 책은 이순신 장군의 업적과 인간적인 모습 등이 담겨 있어 이순신 장군의 삶에 대해 자세히 알려 줍니다. 거북선으로 왜적을 물리치는 전략가 이순신 장군의 모습을 생생하게 느낄 수 있답니다.

청소년 MT 콘텐츠학 / 정창권 지음 / 장서가

최근 융합, 통섭이라는 말이 등장하면서 콘텐츠 기획 능력에 대한 관심이 커진 가운데, 몇 년 사이에 대학에서 콘텐츠 관련 학과가 크게 늘었습니다. 디지털 시대 흐름 속에서 다양한 매체가 출현하면서 기업의 광고조차 스토리 없이 대중을 설득하기 어려운 시대가 되었기 때문입니다. 이 책은 이런 흐름 속에서 '콘텐츠'라는 용어가 정확히 무슨 뜻이고, 콘텐츠학과에서는 무엇을 배우는지 진로는 어떤지 등을 소개합니다. 문화와 아이티, 디지털과 스토리텔링, 지식과 재미의 융합을 어떻게 하는 건지 구체적인 사례도 들어 있습니다.

롤모델
야구 감독 김인식

1947년 서울에서 출생하여 어려서부터 동네 친구들과 야구를 즐겨 하다 배문고 2학년 때부터 선수 생활을 시작하게 됩니다. 졸업 후 한일은행에서 에이스 투수로 활약하다가 어깨에 부상을 입고 선수생활을 마감하게 되고, 배문고, 상문고, 동국대 야구부 감독을 맡은 후에 1986년 해태 타이거즈 수석 코치로 프로 지도자의 길을 걷기 시작합니다. 이 후 쌍방울 레이더스, OB 베어스/두산 베어스, 한화 이글스의 감독을 역임하고, 2002년 아시안 게임 금메달을 시작으로 2006년 월드 베이스볼 클래식에서 3위, 2006년 월드 베이스볼 클래식에서 3위, 2009년 월드 베이스볼 클래식에서 준우승을 차지하게 됩니다. 2009년 이후 야구 감독에서 물러났으나 야구에 대한 열정을 간직하고 있어요. 국민감독이라고 불리는 김인식 감독은 원칙을 세우고 믿음의 야구를 하는 감독으로 우리나라 국민들에게 믿음을 주는 감독입니다. 김인식 감독의 원칙은 믿음, 경험, 조화, 인재, 대화, 희망입니다. 그는 사람을 움직일 수 있는 능력을 갖춘 감독으로, 리더십을 발휘하여 우리나라 야구대표팀을 이끌어 간 사람입니다.

참고도서 김인식 리더십 / 고진현 지음 / 채움

학과·직업
관련 직업 직업 군인, 스포츠 감독, 프로게이머, 상품기획자, 브랜드 매니저, 컨벤션 기획사 운영, 마케팅 전문가, 게임 디자이너, 이벤트 기획자, 공연 프로듀서, PR 전문가, 연회 전문가, 영화 기획자, 샵마스터, 여행상품 기획자, 기업체 기획부서 근무자, 글로벌 판매 관련 전문가, 도시개발 전문가

- **프로게이머 :** 컴퓨터 네트워크에서 벌어지는 게임대회에 출전하여 게임 경기를 하는 사람입니다. 게임 실력을 위해 꾸준히 연습하고 경기를 위해 전략도 세워야 합니다. 빠른 손놀림과 강한 체력이 필요하며 순발력과 치밀함 등이 필요합니다. 전략에 따라 승패가 좌우되므로 수많은 전략을 짜야 하며 팀워크를 위해 사회성도 있어야 합니다.
- **스포츠 감독 :** 운동경기를 하는 선수들을 지도하고 훈련시키는 사람입니다. 팀을 통솔하기 위해 다양한 기술과 교육자로서의 마음도 가져야 하며 경기 시에는 전략, 작전을 세워 경기를 이길 수 있도록 해야 합니다. 전문적인 운동기술과 통솔력이 필요하며, 무엇보다도 선수들의 마음을 이해하고 장, 단점을 알아서 개개인의 역량을 최대한 펼칠 수 있어야 합니다.

관련 학과 군사학, 체육교육학, 사관학교, 게임공학, 컴퓨터게임

추천활동
- **키자니아 : 특수부대 훈련소**(http://www.kidzania.co.kr/web/www/home)
- **국방부 문화체험 : 육군 지상군페스티벌**(http://www.armyfest.or.kr)

대한민국 국방부에서 국방문화체험을 각 군별로 실시하고 있습니다. 육군과 해군, 공군 등 다양한 곳에서 어린이들과 청소년을 위해 국가 안보를 위한 체험 행사를 다양하게 구성하여 활동할 수 있게 합니다. 육군에서 실시하는 지상군페스티벌에서는 육군역사관, 병영 생활관의 전시와 관람, 육군 퍼레이드 공연, 신병 체험활동 등의 다양한 체험활동을 할 수 있습니다.

- **보드게임 체험**

49

다르게 보기

스토리

양철나무꾼과 사자가 각자 다른 모양의 망원경을 가지고 오즈가 살고 있는 에메랄드 성을 살펴보고 있어요. 에메랄드 시에 갔을 때 성 입구에서 문지기가 준 안경을 쓴 후로는 세상이 온통 초록색으로 보이는 것이 참 이상했거든요. 처음에는 그곳에 있는 모든 것들이 초록색으로 되어 있는 거라고 생각했어요. 그런데 그곳에서는 도로시의 하얀 얼굴도 초록색으로 보이는 것은 이해할 수 없었어요. 그래서 양철나무꾼과 사자는 에메랄드 시를 벗어난 후에 높은 곳에서 그곳을 보아야겠다고 생각했던 거예요. 멀리서 바라본 에메랄드 시는 초록색이 아니었어요. 성에서 준 안경을 벗고 망원경을 통해 보니 전과는 다른 것들이 보였어요. 이렇게 양철나무꾼과 사자는 다른 사람들이 늘 보던 거라며 아무렇지 않게 여기는 것들도 다르게 보는 것을 좋아해요. 그러다 보면 보이지 않았던 부분까지도 발견할 수 있게 되어 무척 기쁘답니다.

읽을 책

저학년 누구나 세상의 중심이다 / 김향금 지음 / 웅진주니어

홍대용은 영조 때 떵떵거리는 명문 양반집에서 태어났지만, 당시의 유생들과는 달리 천문, 역법, 지리 등 현실에 유용하고 백성을 이롭게 하는 실용 학문에 열정을 쏟았어요. 우리나라 사람으로는 처음으로 개인 천문대를 만들어 자신이 직접 제작한 천체 관측 기구인 혼천의로 하늘과 별의 운행을 관측했으며, 천문학 연구에 필요한 기

하학과 수학 연구에도 힘을 쏟은 근대적 과학자였습니다. 또한 이론과 명분에 얽매여 있던 양반들의 학문적 태도를 비판하며 앞선 청나라의 과학 문물을 받아들여야 한다고 과감하게 주장했습니다. 그리고 동양 최초로 '우주는 무한하고, 지구는 둥글며 스스로 돈다'는 사실을 과학적으로 입증했습니다. 이는 남들과 다른 시각으로 바라보고 끊임없이 의문을 갖고 그것을 해결하기 위해 노력했기에 이룰 수 있었던 업적입니다. 이 책을 읽으며 의문을 가지고 남들과는 다른 시각으로 바라보는 것의 중요성을 알게 될 것입니다.

고학년 편견과 싸워 이긴 위대한 지도자 / 헤더 볼 지음 / 꼬마이실

책에서 소개하고 있는 열 명의 지도자는 인권, 평화, 환경을 위해 많은 노력을 했습니다. 이들은 피부색이나 종교, 혹은 여성이라는 단순한 사실만으로 멸시를 당했습니다. 하지만 강하고 의지가 굳었던 이 여성들은 포기를 몰랐습니다. 스스로를 믿고 변화를 가져올 수 있는 자신의 능력을 믿었습니다. '골다 메이어'는 이스라엘 최초의 여성 총리가 되었고, '로자 파크스'는 공공 버스에서의 인종 분리 정책을 금지하게 만들었고, '아웅산 수치'는 군사 정권에 의해 수년 동안 가택연금을 당하면서도 민주주의에 대한 열망을 꺾지 않았습니다.

이 책에 나오는 여성들은 모두 더 나은 세상을 만들기 위해 앞장을 섰고, 남들과 다른 생각을 하고 주변의 편견에 맞서 자신을 믿고 의지를 굽히지 않은 씩씩한 여성들입니다. 이들의 삶을 통해 남들과 다른 생각을 하고 꿋꿋하게 자신의 뜻을 이루어 내는 삶의 중요성을 배우게 될 것입니다.

청소년 10대 세상을 디자인하다 / 바바라 A. 루이스 지음 / 소금창고

다소 생소할 수 있는 '소셜디자이너'에 대한 개념과 그 접근 방법에 대해 안내해 주는 책입니다. 사회문제, 교육문제, 환경 문제 등 7개 분야로 나눠서 청소년들이 사회에 참여할 수 있는 방법과 그 사례를 소개하고 있습니다. 참여방법도 관심사 찾기, 주제공부, 활동계획, 실행 등 모두 4단계로 설명해 주고 있어서 활용하기에 좋습니다. 청소년이 사회 변화를 위해 목적의식을 갖고 참여하고 싶은 흥미를 불러일으킬 책입니다.

롤모델

천문학자 갈릴레오 갈릴레이

갈릴레오는 1564년에 이탈리아의 피사에서 빈센초 갈릴레이(Vincenzo Galilei)의 장남으로 태어났습니다. 갈릴레오의 집안은 귀족 집안이었지만, 그가 태어났던 때에는 가정형편이 어려워져 생활이 무척 어려웠어요. 갈릴레오는 아버지로부터 글을 배운 후 열네 살에 수도원에 입문하여 3년 동안 생활했습니다. 수도원에서 갈릴레오는 그리스의 유명한 철학자이자 과학자인 아리스토텔레스에 심취했고, 어떻게 해서든지 자신도 유명한 과학자가 될 것이라고 마음먹었어요. 그리고 열일곱 살 때에는 아버지의 권유로 피사대학의 의학부에 입학했습니다. 그러나 그는 의학부에 다니면서도 수학과 과학에 열중했습니다. 그는 아리스토텔레스의 저작을 많이 읽으면서 거기에 나타난 몇 가지 문제점을 인식하기 시작했고, 책에 기록되어 있는 지식보다도 자연현상 자체를 점차 중시하는 태도를 가지게 되었습니다. 이 때문에 갈릴레오는 과거의 학설을 맹목적으로 수용하는 교수들과 잦은 논쟁을 벌였고, 급기야 '논쟁꾼'이라는 별명을 얻기도 했습니다.

갈릴레오는 1589년에 친구 수학자들의 도움으로 피사대학에서 수학을 강의하는 교수 자리를 얻을 수 있었습니다. 그는 학생들에게 낡은 지식을 그대로 가르치지 않았고, 잘못된 점을 지적하면서 강의했습니다. 이 후 파도바대학으로 자리를 옮긴 갈릴레오는 당시에 널리 소개되기 시작한 새로운 지식들을 폭넓게 익힐 수 있었습니다. 그래서 천문학을 공부하면서 코페르니쿠스의 지동설에 공감하게 되었고, 1597년에는 케플러(Johannes Kepler)의 《우주의 신비》를 지지하는 편지를 쓰기도 했습니다. 뿐만 아니라 스스로 망원경을 만들어, 최초로 밤하늘을 관찰하는 데 망원경을 사용했습니다. 그리고 밤하늘을 관찰하다가 지구가 우주의 중심이 아니라는 분명한 증거를 찾아냈어요. 지구 역시 다른 행성들과 마찬가지로 태양의 주위를 돌고 있었던 것입니다.

갈릴레오는 하늘에 대한 사람들의 생각을 바꾸어 놓았습니다. 이것은 아주 유익한 일이었지만, 교회에 있는 사람들한테는 아주 불안한 일이기도 했어요. 당시 교회는 지구가 우주의 중심이라고 굳게 믿어왔기 때문이지요. 그래서 지구가 움직인다는 갈릴레오의 주장은 절대적인 힘을 가진 교회에 반기를 드는 것이나 다름없었어요. 결국 갈릴레오는 종교재판에 회부되었고, 그는 진실을 밝히기 위한 노력을 멈추지 않았습니다. 그리고 지동설을 입증했으며 현대 역학을 향한 길을 열어주었습니다.

학과 · 직업

관련 직업 화가, 작가, 과학자, 광고 디자이너, 사회운동가, 사회사업가, 사업가, 경영 코치, 미래학자, IT 컨설턴트, 첨단제품 디자이너, 창의력 사고 지도사, 사물인터넷 전문가, 혁신 컨설턴트, 트리즈 전문가, 기업체 기획부서 종사자

- **그래픽 디자이너 :** 포스터나 신문, 잡지의 광고에 사용되는 그래픽을 디자인하는 일을 합니다. 독특한 아이디어로 눈여겨보지 않아도 한눈에 들어올 수 있도록 디자인을 해야 해요. 그래서 일상적인 것도 평범한 시각이 아닌 남다른 시각으로 바라보고 아이디어를 낼 수 있어야 해요. 또한 많은 이들과 함께 협력해서 일해야 하기 때문에 다른 사람들과 의견을 나누고 조화를 이룰 수 있는 능력도 필요해요.

관련 학과 미술 관련학, 그래픽디자인, 산업디자인, 과학 관련학, 의상디자인학, 의류학

추천활동

- **박물관은 살아있다**(http://alivemuseum.com)

원근법, 유리의 투영, 거울 등의 효과를 이용해 마법 속 아이디어를 실재의 공간으로 구현한 조형예술을 체험할 수 있습니다.

- **디키빌 : 광주디자인체험관**(http://dekivill.com)

어린이들의 디자인 놀이터인 디키빌은 다양한 놀이체험과 학습체험을 하며 다양한 분야의 디자인을 체험할 수 있는 어린이 전문디자인 체험관입니다. 디자인의 기본 원리와 과정을 알게 하며 생각을 자유롭게 표현할 수 있는 문화공간으로, 다양한 체험활동으로 구성되어 있습니다.

50

생각 결합하기

스토리

도로시와 양철나무꾼, 허수아비, 사자가 모두 모여 자신들의 생각을 모아 결합하여 새로운 것을 창조하려고 해요. 한 사람의 생각보다는 여러 사람의 생각을 결합하면 보다 효과적이고 효율적인 것을 만들어 낼 수가 있어요. 여러 사람의 생각을 결합하기 위해서는 서로의 생각을 존중해 주는 마음을 가져야 하며 최선의 것을 선택하여 서로 유기적으로 잘 어울릴 수 있도록 해야 합니다. 물건이 가지고 있는 용도를 통합하거나 변경하고 역으로 다시 생각하는 창의적인 사고를 꾸준히 하다보면 세상을 놀라게 할 만한 것을 만들어 낼 수 있을 거예요.

읽을 책

저학년 파티시에가 될 테야 / 박선희 지음 / 여원

파티시에 달콤해란 아이는 빵과 케이크 만드는 것을 세상에서 가장 좋아합니다. 성격은 명랑, 쾌활하며 특기는 케이크를 많이 먹는 것이고, 취미는 빵집을 돌아다니며 빵 맛보기입니다. 달콤해의 꿈은 나만의 맛을 지닌 빵과 케이크를 만들어 사람들과 행복을 나누는 파티시에가 되는 것이에요. 빵을 만들면서 실수도 하지만 맛있는 빵을 만들기 위해 늘 노력합니다. 파티시에가 하는 일은 무엇이고 파티시에가 되려면 어떤 노력이 필요한지를 알려 주는 책입니다.

고학년 꿈을 입히는 패션 디자이너 / 유다정 지음 / 주니어랜덤

조각보 선생이 주최한 패션 디자인 공모전에 상을 받은 5명의 디자이너 편안해, 유연남, 은방울, 엘리나가 '조각보 디자인 사무실'에 첫 출근을 했어요. 패션쇼를 위해 5명의 디자이너는 서로 다른 개성으로 패션 아이템을 생각합니다. 같은 직업을 가지고 있는 패션디자이너지만 옷에 대한 생각들은 서로 달라서 편안한 옷, 새로운 옷, 독특한 소재의 옷, 우리 전통의 옷, 색의 조합이 멋진 옷을 기획합니다. 이 책은 옷이 만들어 지기까지 디자이너의 일과 옷을 만들 때 중요하게 생각하는 것이 무엇인지 등을 그림으로 재미있게 보여 줍니다.

청소년 상상하여 창조하라 / 유영만 지음 / 위즈덤하우스

한양대 교육공학과 교수이면서 지식생태학자인 유영만은 이 책에서 "나는 상상한다. 고로 존재한다."는 말을 하면서 누구나 창조적 선각자가 될 수 있는 무한한 가능성을 지니고 있다고 주장하고 있습니다. 그는 창조력은 무에서 유를 만든다기보다 이미 있는 유에서 다른 유를 만들어내는 것이고, 유와 유를 섞어서 새로운 유를 만드는 것이라고 말합니다. 그가 생각하는 10가지 창조력의 원칙은 눈여겨보기, 마음으로 묻기, 안보여도 참기, 이미지로 그리기, 뒤집고 엎기, 차이를 존중하기, 모순을 끌어안기, 이것저것 엮기, 좌우지간 저지르기, 신나게 놀기입니다. 지식 생태학자의 엉뚱하고 기발한 지식의 융합을 접할 수 있는 책입니다.

롤모델

디자이너 코코 샤넬

코코 샤넬은 1883년 프랑스에서 태어나 어려서 고아가 되어 수녀원에서 자랍니다. 수녀원의 생활은 엄격하여 적극적이고 활발했던 코코 샤넬과 맞지 않아서 십대 후반 수녀원에서 나와 의상실에 취직해 돈을 벌기 시작합니다. 더 많은 돈을 벌어야 했던 코코 샤넬은 클럽 가수가 되었지만, 가수를 포기하고 옷 수선을 다시 시작하고 더 나아가 여성들의 옷을 전문적으로 만들게 되었어요. 당시 여성들은 움직임이 자유롭지 못한 옷을 입었어야 했는데, 코코 샤넬은 편견을 깨고 짧은 치마와 활동이 편한 바지를 만들어 여성들의 삶을 바꾸어 놓았답니다. 창조적이고 편리한 디자인으로 사랑 받던 코코 샤넬은 2차 세계대전 당시 나치독일에 협력한 혐의로 스위스로 망명하여 디자이

너를 포기하고 생활하다가 1955년 울 소재의 새로운 샤넬 슈트를 발표하여 디자이너로 다시 복귀하여 늘 창조적인 아이디어로 새로운 옷을 만들다 1971년 생을 마감하게 됩니다. 어려운 환경을 극복하고 패션디자이너로서 창조적인 삶을 산 코코 샤넬, 오늘날에도 그녀의 샤넬 스타일은 계속되고 있답니다.

참고도서
코코 샤넬 / 앙리 지델 지음 / 작가정신
코코 샤넬 : 자유를 선사한 패션 혁명가 / 홍경한 지음 / 웅진주니어

학과 · 직업

관련 직업 디자이너, 융합콘텐츠 디렉터, 퓨전 음악가, 파티시에, 병원코디네이터, 미디어 산업 종사자, 사물인터넷 전문가, 빅데이터 산업 관련 종사자, 소셜미디어 관리 전문가, 특허청 근무, 발명가, 프로그래머, 건축가

- **파티시에** : 달콤한 케이크, 과자, 쿠키 등을 만드는 사람입니다. 다양한 맛과 모양을 만들기 위해 창의적으로 생각하고, 미각이 뛰어나야 하며 아름다운 장식을 위해서는 미적 감각도 있어야 합니다. 또한 체력이 튼튼해야 하며 다양함을 결합할 수 있는 창의력이 있어야 합니다.

- **병원코디네이터** : 병원에서 환자를 상담하고 예약관리, 진료 접수 등 의료서비스를 제공하고 병원의 홍보를 위해 마케팅 기획을 하는 직업입니다. 기본적인 상담을 위해 의사, 간호사로부터 의학지식에 대해 배우기도 하는 등 병원에 관한 전반적인 것에 대해 알아야 하므로 성실하고 긍정적인 마음으로 가져야 합니다.

관련 학과 의상학, 제과제빵학, 요리학, 의료경영학

추천활동

- **백남준 아트센터**(http://njp.ggcf.kr/)
- **디키빌 : 광주디자인체험관**(http://dekivill.com)

어린이의 디자인 놀이터인 디키빌은 다양한 놀이체험과 학습체험을 하며 다양한 분야의 디자인을 체험할 수 있는 어린이 전문디자인 체험관입니다. 디자인의 기본 원리와 과정을 알게 하며 생각을 자유롭게 표현할 수 있는 문화공간으로, 다양한 체험활동으로 구성되어 있습니다.

- 근현대디자인박물관(http://www.designmuseum.or.kr)
- 영국디자인박물관 사이트(http://www.designmuseum.org)
- 쿠퍼휴잇국립디자인박물관(http://www.cooperhewitt.org)
- 스위스디자인박물관(http://www.vitra.com)

51

아이디어 내기

스토리

허수아비는 자신의 머릿속에 지푸라기뿐이라며 생각을 할 수 없다고 말하지만, 도로시와 친구들이 위험에 빠졌을 때 번개처럼 멋진 아이디어를 떠올렸어요. 무서운 괴물에게 쫓길 때 큰 나무를 베어서 다리를 만들면 된다는 것, 큰 강을 앞에 두고 건널 수 없어서 쩔쩔매고 있을 때 뗏목을 만들면 된다는 것도 허수아비의 아이디어였어요. 그뿐만이 아니에요. 사자가 꽃향기에 취해서 쓰러졌을 때 수레를 만들어 옮기자고 얘기한 것도 허수아비였어요. 그럴 때마다 모두 반짝이는 아이디어에 감탄하며 허수아비를 칭찬해 주었어요. 이제 허수아비는 빠르게 생각하고 새로운 아이디어를 내는 것이 무척 즐거워요. 허수아비는 앞으로도 계속 반짝이는 아이디어가 떠오를 때마다 친구들에게 알려 줄 거예요. 그리고 자신의 기발한 생각으로 친구들이 더 안전하게 여행을 다니고 더욱 편안하게 지낼 수 있다면 정말 좋겠다고 생각해요.

읽을 책

[저학년] TV를 발명한 소년 / 캐슬린 크럴 지음 / 봄나무

14살 소년 시절에 감자밭을 갈던 중 떠오른 기발한 생각을 8년 만에 현실로 만들어 텔레비전을 발명한 필로 판즈워스의 이야기를 담은 책입니다. 끝없는 열정과 노력, 그리고 기발한 그 상상력이 시골에서 가난하게 살던 필로 판즈워스를 현대 문명을 대표하는 텔레비전 발명가로 만들었음을 보여 주고 있습니다.

고학년 미래탐험 꿈발전소 30 : 광고회사 / Team. 신화 지음 / 국일아이

기발한 창의력으로 제품을 대중에게 알리는 광고회사를 소개하는 책입니다. 광고는 어떤 곳에서 누가, 어떻게 만드는지 광고회사에 대한 궁금증을 해결해 줍니다. 또한 책을 읽으며 광고에 흥미를 갖고, 광고라는 직업의 세계를 실감나게 경험할 수 있을 것입니다.

청소년 광고천재 이제석 / 이제석 지음 / 학고재

광고계의 오스카상이라 불리는 클리오 어워드 동상, 미국광고협회가 수여하는 애디 어워드 금상 등 세계 유수의 국제 광고제에서 수상하며 '공모전 신화'를 이룬 광고 디자이너입니다. JWT NEW YORK, BBDO 등 세계 최고의 광고 대행사에서 아트 디렉터로 일하며 오레오 캠페인 등 수많은 히트작을 만들어냈습니다. 귀국 후 2009년 아름다운 가게 캠페인, 신문사들과 한 공익광고 캠페인 등 세상을 바꾸는 광고를 만들기 위해 '이제석 광고연구소'를 세웠습니다. 냉엄한 광고 세계에서 살아가는 저자의 경험은 언론이나 광고 분야로 진출하고 싶은 청소년들에게 좋은 귀감이 될 것입니다.

롤모델

사업가 스티브 잡스

애플의 창업자이며 '우리 시대의 아이콘'으로 불렸던 스티브 잡스는 1955년 2월 24일 미국 캘리포니아 주 샌프란시스코에서 태어났습니다. 폴과 클라라 부부에게 입양되었고 어려서부터 전자기기에 관한 호기심이 남달랐습니다. 그는 참신한 아이디어로 획기적인 제품들을 만들어 21세기 디지털 문화를 바꾼 창조적 인물로 자신의 꿈에 관해 누구보다 엄격하고 강력한 집념을 보였습니다. 포기를 몰랐던 그는 강한 추진력과 상상력을 가지고 꿈을 이루고자 노력했습니다. 그리하여 1976년 스티브 워즈니악과 애플을 공동 창업, 애플 I 로 성공 가능성을 확인하고, 이어 애플 II 를 통해 개인용 컴퓨터를 대중화시켰습니다. 1985년 애플의 경영 악화로 경영권에서 밀려난 잡스는 애플에서 나온 이후 넥스트를 창업하여 경영하다가 1996년 애플이 넥스트를 인수하게 되면서 다시 애플로 돌아오게 되었습니다. 1997년, 임시 CEO로 돌아온 잡스는 새로운 경영으로 혁신적인 제품을 내놓아 애플이 대성공을 거두는 데 큰 몫을 했습니다.

스티브 잡스는 상상을 현실로 만드는 창조적인 인물이었습니다. 그는 '실용적인

몽상가'로 불렸는데 꿈만 좇으며 허황된 생각만 하는 몽상가였다면 애플사의 획기적인 제품들은 나오지 못했을 것입니다. 하지만 그는 시대 흐름을 읽으며 상상 속에서만 가능했던 것을 현실에서 만들어 냈습니다.

입양아라는 꼬리표와 괴팍한 성격 탓에 그는 여러 번 위기의 순간을 겪어야 했습니다. 물론 살다 보면 누구나 어려움을 겪을 때가 있습니다. 그런 위기에 처할 때마다 쉽게 포기하는 사람이 있는가 하면 위기를 기회로 바꾸는 현명한 사람도 있습니다. 스티브 잡스는 마술사처럼 매 순간 위기가 올 때마다 자신의 꿈을 생각하며 자신의 잘못을 깨닫고 바꾸려고 노력했습니다. 그 결과 이전과는 다른 애니메이션이나 음악시장까지 진출하며 새로운 영역을 개척했습니다. 스티브 잡스가 위기를 기회로 바꾸고, 상상을 현실로 만들어 낼 수 있었던 가장 큰 힘은 어떤 상황에서도 꿈을 포기하지 않았던 굳은 의지 때문이었습니다. 하지만 안타깝게도 2011년 8월 24일, 스티브 잡스는 애플의 CEO 자리에서 물러남을 밝혔고, 그해 10월 5일 췌장암이 악화돼 사망했습니다.

학과 · 직업

관련 직업 장난감 전문가, 광고 기획가, 이벤트 연출가, 발명가, 네이미스트, 테마파크 디자이너, 보험 상품 기획자, 자동차 디자이너, 게임 설계 전문가, 광고 디자이너, 마케팅 전문가

• **카피라이터** : 신문과 잡지, TV 광고에 나오는 말과 글을 씁니다. 인상에 남는 글로 소비자의 심리를 자극할 수 있어야 해요. 의뢰받은 제품에 대해서 충분히 조사하고 특징을 뽑아 간결한 문구를 작성합니다. 그리고 시대의 흐름이나 가치에 대해서도 민감하게 반응하고, 소비자의 심리 상태도 분석합니다. 카피라이터는 여러 분야의 지식을 골고루 가지고 있어야 하며, 글을 잘 쓰는 능력이 반드시 필요해요.

• **크리에이티브 디렉터** : 다양한 광고파트를 총 지휘하고 감독하여 광고주에게 직접 정확한 메시지를 전달하고 세일즈를 하는 직업입니다. 광고 크리에이티브가 하는 가장 중요한 일은 독창적이고 또 소비자들에게 눈에 띌만한 좋은 광고를 만드는 일이랍니다. 그래서 참신한 아이디어를 생각해 낼 수 있는 능력이 무엇보다 중요해요.

관련 학과 광고학, 디자인학, 애니메이션, 마케팅

추천활동

- **별난 물건 박물관**(http://www.funmuseum.com/new)

별난 물건과 과학 완구를 체험 전시하는 곳입니다. 직접 만지고 노는 즐거움을 통해 창의력을 증진시킬 수 있습니다.

- **아이디어박물관**(http://www.ideakeyword.com)
- **반짝이는 박물관**(http://www.twinklemuseum.com)
- **조명박물관**(http://www.lighting-museum.com)

에디슨 조명스쿨 수업을 합니다.

- **생각하는 박물관**(http://www.thinkmuseum.com)
- **믿거나말거나 박물관**(http://www.ripleysjeju.com)
- **머리가 좋아지는 IQ박물관**(http://www.iqmuseum.co.kr)

52

발명하기

스토리

도로시가 하늘을 나는 빗자루와 무엇이든 할 수 있는 만능 모자를 쓰고 하늘 날아 고향으로 돌아가고 있네요. 연구에 연구를 거듭하고 수많은 실패를 경험하여 드디어 발명품을 만든 도로시는 집에 돌아 와서도 새로운 것을 발명할 생각으로 가득차 있답니다. 도로시는 자신이 만든 발명품을 많은 사람들이 편리하게 쓰고 좋아해주니 너무 행복해요. 하나의 발명품이 나오기까지 많은 시간과 노력이 필요하지만, 끈기를 가지고 오늘도 열심히 생각하고 또 생각하며 실험을 반복하는 도로시랍니다.

읽을 책

저학년 발명가 매티 / 에밀리 아널드 맥컬리 지음 / 비룡소

매티는 가난하게 살았지만 아빠가 물려주신 공구상자로 무엇이든 만드는 것을 좋아하는 호기심 많은 여자아이입니다. 공장에서 일을 하던 매티는 기계에 대한 관심이 많아 늘 설계도를 그리고 무언가를 만들었습니다. 매티는 종이봉지 만드는 기계 공장에 다니다가 오늘날 많이 쓰이는 바닥이 평평한 종이봉지를 만드는 기계를 발명하게 되고 특허를 얻기까지의 어려운 과정을 겪었습니다. 이 책은 150년 전 여성에 대한 편견과 가난한 환경을 극복하고 발명가의 목표를 이룬 매티의 이야기가 담긴 책입니다.

고학년 에디슨과 발명 천재들 / 조승연 지음 / 주니어중앙

세계의 역사를 바꾼 발명가 12명의 이야기를 들려줍니다. 발명가는 어떻게 발명을 하게 되었으며, 어떤 원리를 이용해 발명품을 만들었는지 발명가들의 인간적인 모습들은 어떠했는지를 설명하여 흥미를 더합니다. 전기를 발명한 에디슨, 글자를 발명한 세종대왕, 자동차를 만든 벤츠, 개인용 컴퓨터의 시대를 연 잡스 등 여러 분야의 발명가를 만나 볼 수 있는 책입니다.

청소년 교과서에 나오지 않는 발칙한 생각들 / 공규택 지음 / 우리학교

'이야기로 만나는 창의성의 비밀'이라는 부제가 붙은 이 책은 현직 국어 선생님이 썼습니다. 저자는 오래전부터 다양한 매체를 활용해 학생들의 창의성 신장을 위한 흥미로운 수업을 해왔는데, 이 책은 그동안 과학 영재들과 함께 한 활동을 바탕으로 만들었습니다. 이 책에는 우선 과거 엉뚱하고 기발한 아이디어로 세상을 변화시킨 사람들의 이야기가 담겨 있으며, 각 꼭지마다 재미있고 기발한 문제들을 수록해 청소년들이 일상에서 문제 상황에 직면할 때 스스로 창의적인 해결 방안을 생각해 볼 수 있게끔 했습니다.

롤모델

땅콩박사 조지 카버

땅콩박사라고 불리는 조지 카버는 흑인 노예의 아들로 태어났습니다. 어려서 어머니는 노예상인들에게 잡혀가고, 형은 청년시절에 병으로 세상을 떠났습니다. 인종차별로 인해서 학교도 제대로 다니지 못했던 조지 카버는 어떻게 박사가 되었을까요? 세상을 여기저기 떠돌아다니며 일을 하면서 어렵게 학교를 다니던 카버가 삶을 지탱하고 배움에 대한 열정을 갖게 된 것은 하느님의 사랑 때문이었습니다. 어려움을 이겨내고 흑인으로는 최초로 농과대학을 졸업한 카버는 대학교수가 되는 것을 포기하고, 어려운 이들의 교육을 위해 작고 보잘 것 없는 흑인 교육기관에 들어가서 학생들을 가르치고 농부들을 직접 찾아가 가르쳤습니다. 남부지방에 널리 퍼져 있던 목화재배가 어렵게 되자 토마토, 양파, 고구마, 땅콩 등의 농사법과 요리법을 알려 주고, 채소 저장 방법과 위생적인 주택관리법 등을 알려 주었습니다.

조지 카버가 땅콩박사로 불리게 된 이유는 땅콩과 관련된 기름, 잉크, 비누, 초등 수백 가지의 상품을 만들고 기술들을 발명해서 남부의 농업과 경제적인 문제를 해결

해 주었기 때문입니다. 또 많은 발견과 발명을 했지만, 명예나 돈을 추구하지 않고 하느님을 섬기는 마음과 겸손한 성품으로 어려운 사람들을 위해 헌신한 이 시대의 진정한 발명가입니다.

학과·직업

관련 직업 발명가, 과학자, 예술가

- **발명가** : 새로운 기술이나 물건을 만들어 내는 일을 합니다. 새로운 아이디어를 생각하고 설계하여 제품을 만들어 본 후에 실용성이 있는지 검토한 후에 특허를 내어 상품화하기도 합니다. 분석적인 사고방식과 다양한 기계들을 다룰 수 있어야 하며 무엇보다도 창의성과 도전정신이 필요합니다.

- **예술가** : 미술가, 음악가, 무용가, 작가, 배우 등 예술 활동을 하는 사람입니다. 예술 작품을 새롭게 만들어 다양하게 표현합니다. 미술가는 그림이나 조각, 여러 분야의 디자인 등을 다양한 방법으로 구상하여 아름답게 표현합니다. 음악가는 작곡가, 작사가, 연주가, 성악가 등 자신이 가지고 있는 예술적 재능을 악기나 목소리, 지휘 등으로 표현을 합니다. 무용가는 발레리나, 고전무용, 현대무용 등으로 예술적 활동을 몸으로 표현합니다. 예술 작품을 창작하는 직업이므로 창의적이고 감정이 풍부해야 하며 상상력도 필요합니다.

- **캐릭터 디자이너** : 컴퓨터게임, 애니메이션, 팬시상품 등 여러 가지 캐릭터를 기획하고 디자인하여 상품에 적용시키는 일을 하는 사람입니다. 캐릭터 개발을 위해 시장 분석과 아이템을 구상하여 제품이나 작품을 디자인 합니다. 새로운 제품이나 작품에 캐릭터를 창조하기 위해서는 사물이나 현상을 볼 때 세심하게 보는 관찰력이 필요하며 창의적이고 상상력이 풍부해야 합니다.

관련 학과 전자학, 기계공학, 산업디자인, 벤처사업 관련학, 로봇공학, 산업공학, 물리학, 자동차공학, 사물인터넷 관련학

추천활동

- **참소리박물관**
- **에디슨과학발명관**
- **특허청 발명교육센터**(http://iec.kipo.go.kr)

- 경주과학로봇발명관
- 국립과천과학관 : 무한상상실

아이디어를 실제로 실현할 수 있도록 필요한 설계를 도와주고, 제작에 필요한 장비와 기술지원까지 여러 가지 서비스를 제공하여 청소년들의 꿈과 상상을 펼칠 수 있게 해 줍니다. 발명의 원리를 이해하고, 창의적인 문제해결 방법으로 자신만의 아이디어를 내는 상상반짝, 전문가들과 토의하고 아이디어를 어떻게 실제로 발현할 지 고민하여 만드는 상상노하우, 디지털 장비를 이용해 아이디어를 직접 만들어 보는 상상만들기 등 다양한 프로그램으로 구성되어 있습니다.

에필로그

흥미를 비범성으로 키워주는 비법, 책 읽기

자기가 하는 일에 흥미가 높고 중요하게 여기는 청소년과 그렇지 않은 청소년의 행동을 조사한 흥미로운 통계가 있습니다. 1994년 미국의 에들라이 게일은 두 집단의 청소년이 시간을 어떤 식으로 보내는가를 알아보았습니다. 그가 조사한 결과를 보면 자기가 하는 일을 좋아하는 청소년 집단은 일주일에 깨어 있는 시간 동안 11시간을 공부한 반면, 그렇지 않은 청소년 집단은 그 절반인 6시간밖에 공부하지 않았습니다. 또한 두 집단은 취미생활이나 운동에 보내는 시간도 두 배 정도 차이가 났습니다.

1996년에 헥트너가 연구한 결과에서도 두 집단은 집중력, 즐거움, 자부심, 미래의식 등에서 뚜렷한 차이를 보였습니다. 자기가 하는 일에 흥미가 높고 좋아하며 의미를 느끼는 청소년은 시간을 능동적이고 알뜰하게 보내는 반면, 그렇지 못한 청소년은 주어진 시간을 자신의 실력을 연마할 수 있는 기회로 연결시키지 못한다는 것을 알 수 있습니다. 또한 흥미가 높은 청소년은 집중을 더 잘하고 즐거움도 많이 느끼며 자긍심도 높고 자기가 하는 일이 미래의 목표 달성에 도움이 된다고 생각한다는 것도 알 수 있습니다. 이러한 연구 결과가 한결같이 말해주는 것은 바로 자기가 좋아해서 몰입할 수 있는 것이 무엇인지를 찾으라는 것이고, 자신의 흥미를 습관이 되게 하여 전문화로 발전시킬 수 있어야 한다는 것입니다.

진로전문가들은 진로를 결정짓는 요소를 크게 세 가지로 정리합니다. 흥미와 성격, 능력이 그것입니다. 이 셋을 다 갖추고 있다면 좋겠지만, 대부분의 사람들은 그렇지 못합니다. 그렇다면 이 가운데 진로 결정에 가장 중요한 요소는 무엇일까요? 전문가는 일단 흥미가 중요하다고 말합니다. 흥미는 뭔가 끌려서 자꾸 관심이 가는 것입니다. 강가에 가서도 강가의 돌에 흥미를 갖는 사람이 있고, 강에서 노는 데에 흥미를 갖는 사람도 있습니다. 그런가 하면 강 속에 노니는 민물고기 관찰하기를 좋아하는 사람도 있습니다. 낚시에 흥미가 있는 사람, 낚시 도구에 흥미가 있는 사람, 강가에서 자라는 식물에 흥미를 갖는 사람도 있지요. 어디 그뿐인가요? 강의 환경에 흥미가 있는 사람도 있고, 강보다는 사람과 어울리는 데 흥미를 갖는 사람도 있습니다. 강에서 시를 짓는 사람, 강에서 휴가를 즐기는 아이디어를 고안하는 데 흥미를 갖는 사람도 있겠지요.

이렇게 사람들은 관심과 흥미 분야가 다릅니다. 요리 프로그램을 보면서도 어떤 사람은 외식을 하고 싶어 하고, 어떤 사람은 직접 만들어보고 싶어 하며 어떤 사람은 요리보다 요리 프로그램이나 요리 진행자의 옷차림, 요리 사진에 더 관심을 가집니다.

흥미는 뭔가를 하고자 하는 강력한 동기를 일으킵니다. 흥미가 있으면 밤을 새워서라도 하고 싶어집니다. 자기 분야에서 위대한 업적을 남긴 사람들도 처음에는 모두 작은 흥미와 관심에서 시작했지요. 여기서 말하는 흥미는 자신의 내면에서 꿈틀대는 작은 불씨와 같은 것을 말합니다. 단순히 시간 때우기나 심심풀이용 흥미나 호기심만을 말하지 않습니다. 시간 가는 줄 모르고 '몰입'하는 그 무엇을 말합니다.

이렇게 말하면 컴퓨터 게임이라고 대답하는 사람이 많을지 모릅니다. 컴퓨터 게임은 그 구조상 강력한 몰입상태로 들어가도록 되어 있습니다. 게이머가 주인공이 되어 조작하고 단계를 올려가는 시스템이어서 목표를 이루었을 경우 굉장한 성취욕과 흥분을 느끼고, 그렇게 계속하다 보면 밤을 새는 줄 모르고 빠져들게 되어 있습니다. 그러다 보니 많은 아이들이 게이머가 되어 날마다 게임만 하고 살면 좋겠다고 생각하기도 합니다. 몰입의 순간이 너무 달콤하고 짜릿하니까요. 하지만 게이머도 결국 게임 프로그램의 시스템 안에서 조종당하는 신세임을 부인할 수 없습니다. 게임하는 것이 좋고, 게임을 만드는 것이 좋다면 프로게이머가 될 수도 있겠지만, 한편으론 게임 회사가 어떻게 게임을 만들고 운영하는지도 공부해 볼 수 있습니다. 게임스토리 작가가 될 수도 있고 소프트웨어를 개발하는 개발자가 될 수도 있겠지요.

이렇듯 흥미도 나무를 키우듯이 키워야 됩니다. 흥미를 비범성으로 키워가려면 어떻게 해야 할까요? 가장 좋은 것은 자주 해 보는 것이지요. 또 그 분야에서 일하고 있는 사람을 만나서 일의 현장을 들여다보면 좋겠지요. 그리고 책 읽기가 필요합니다. 어떤 분야에 대한 지식을 넓혀가는 데에 있어 책만큼 쉽고도 유익한 매개체가 없기 때문입니다.

물론 나무를 좋아한다고 해서 모두 나무를 키우는 정원사나 식물학자가 되는 것은 아닙니다. 나무를 좋아해서 그것에 관한 책을 읽다가 때로는 전혀 다른 분야로 관심의 방향이 틀어질 수도 있습니다. 나무가 좋아 나무에 관한 책을 보다가 열대림에 관심을 가지게 되었고, 열대림에 대해 알아보다가 열대지방의 문화에 관심을 가지게 되어 문화 인류학자가 되고 싶어질 수도 있습니다. 문화 인류학에 관심을 가지다가 외교관으로 직업을 바꿀 수도 있고요. 어떤 직업을 갖게 되든지 그 시작은 흥미입니다. 그리고 그 흥미를 비범성으로 키워나가는 것은 바로 책입니다.

흥미가 당기면 같은 분야의 책을 많이 읽어 전문성 기르기

어떤 아이는 학교 성적은 별로지만 '힙합'에 대해서는 웬만한 전문가보다 더 유식한 지식을 가지고 있기도 합니다. 그 아이는 아마 힙합에 관심이 많아서 그 분야의 책을 두루 섭렵했을 것입니다. 자기가 좋아하는 분야의 책은 누가 읽으라고 강요하지 않아도 흥미가 생기기 마련입니다. 그럴 때 한두 권의 책으로 만족하지 말고 계속 꼬리를 이어 가며 같은 분야의 책을 탐험해 보면 좋습니다. 예를 들어 명화에 대해 많은 평론가가 해석해 놓은 책을 읽는다고 생각해 봅시다. 세계적으로 유명한 그림은 대부분 사람들에게 널리 알려진 그림들이고 수많은 평론가가 저마다 한 마디씩 자기 생각을 풀어놓기 마련입니다. 그래서 명화에 관한 책을 서너 권 읽으면 저자들의 공통점과 차이점이 눈에 들어오기 시작합니다. 반복과 차별성을 동시에 느끼게 됩니다. 전 세계적으로 가장 유명하다는 레오나르도 다빈치의 '모나리자'에 대해서도 평론가의 다양한 시선을 알 수 있지요.

저자들의 다양한 시각들을 읽어내는 것은 지식의 시작 단계라고 할 수 있습니다. 다음에는 왜 저자들마다 다르게 볼까를 생각해 보아야 합니다. 평론가들의 시선을 이해하려면 결국 미술 전반에 관한 이론서를 읽을 필요를 느낄 것입니다. 색채, 구도, 작가의식, 역사, 사회적 의미 등에 관한 지식을 알아야 하겠지요. 이렇게 꼬리에 꼬리를 물고 점점 더 전문적인 세계로 발을 들여놓는 것입니다. 물론 전문성이 단순히 책을 많이 읽는다고 해서 생기는 것은 아닙니다. 하지만 전문적인 지식을 가지고 있으면 전문가로 발돋움 하는 데에 큰 도움이 된답니다.

음식에 관한 책을 읽다 보면 음식의 역사를 알게 되고, 궁중음식을 읽다 보면 왕조사에 대해서도 배우게 됩니다. 또 간장, 된장, 젓갈 등 발효음식에 대해 읽다 보면 발효에 대한 과학적 지식을 배우게 됩니다. 음식에 담긴 우리 민족의 정서라든가 음식에 얽힌 여러 옛이야기, 생활 용품들, 풍습에 이르기까지 많은 지식들을 접하게 됩니다. 그러므로 구미가 당기는 분야의 책을 열심히 읽어 보세요. 결국은 다 만나게 된답니다. 지식은 거미줄처럼 서로 긴밀하게 연결되어 있으니까요.

서점이나 도서관에 가서 보면 한 명의 저자가 여러 권의 책을 쓴 경우를 볼 수 있습니다. 왕성한 집필을 하는 저자들 중에는 수십 권에 달하는 책을 쓰기도 합니다. 책을 읽다가 맘에 든 저자를 만나면 그 저자가 쓴 다른 책들도 읽어보는 것이 좋습니다. 같은 저자가 썼기 때문에 비슷한 점도 있겠지만, 저자의 생각을 더 깊이 이해할 수 있게 됩니다. 저자가 쓴 책은 저자 자신의 인생이 담겨 있기 때문에 마치 저자를 만나 오랫동안 이야기를 나눈 것 같은 느낌을 갖게 될 것입니다. 유명한 저자들은 실제로 만나볼 기회가 아주 적습니다. 그들이 쓴 책을 다 읽음으로써 그들을 만나게 되는 것입니다. 어쩌면 책으로 만나는 것이 직접 만나는 것보다 훨씬 뜻 깊은 만남일 수도 있습니다.

좀 더 적극적인 독자라면 책에 나와 있는 저자의 메일로 편지를 보내도 좋습니다. 바쁜 저자이지만 자기에게 메일을 보내는 독자에게 답장을 보낼 만큼의 여유와 아량은 있을 테니까요. 저자들은 바쁜 나날을 보내고 있으므로 저자의 블로그나 출판사 홍보를 통해 저자가 어디서 강의를 하는지를 알아보는 것도 좋습니다. 저자가 직접 강의하는 현장에 가서 저자의 음성을 들으면 책을 읽을 때와 또 다른 느낌으로 다가올 것입니다.

좋아하는 것이 직업으로 연결된다

'사람의 손으로 이렇게 위대한 것을 만들 수 있다니!'

14살 소년 가우디는 끝을 알 수 없게 높은 성당 천장을 올려다보며 말로 다할 수 없는 경이로움에 사로잡혔습니다. 가난한 대장장이의 아들로 태어난 가우디가 화가의 꿈을 접고 건축가로 꿈을 바꾼 계기가 된 것은 바로 유적지의 오래된 건축물이었습니다.

가우디는 틈만 나면 친구들과 유적지로 놀러 다녔는데 특히 여러 시대의 건축물이 남아 있는 타라고나 유적지에 자주 갔습니다. 어느 날 가우디는 타라고나 유적 안의 대성당으로 들어갔습니다. 가우디는 대성당 안에 들어서자마자 장엄한 성당의 분위기에 압도되었습니다. "아, 사람이 이 거

대한 것을 만들었다니!" 가우디는 끝없이 높은 천장을 오래도록 올려다보면서 말할 수 없는 경외감을 느꼈습니다. 그 순간 가우디는 건축가가 되기로 결심합니다. 그때부터 가우디는 사람들이 잘 찾지 않아 폐허가 되어버린 옛 수도원 터를 갈 때마다 가만히 앉아 머릿속으로 수도원의 옛 모습을 그려보곤 했습니다. 기둥, 지붕, 담, 창문 등이 어떻게 설계되고 축조되었을지 상상해 보았습니다. 자신이 건축가가 되었을 때 지을 아름다운 성당을 수십 번 지어보았습니다. 유적지 건축물에 대해 알려고 역사책을 열심히 읽었습니다.

그런 가우디가 대학에서 건축학을 전공하면서 책 읽기를 게을리 할 리 만무하지요. 가우디는 매일 도서관에 틀어박혀 고대에서부터 현대에 이르기까지 온갖 건축물들과 세계 여러 나라의 건축물들에 대한 책을 읽었습니다. 건축에 관한 책만 읽었던 게 아닙니다. 철학이며 미학, 역사에 대한 책도 두루 읽었습니다. 그리고 공부 틈틈이 가우디는 건축 현장에 아르바이트를 하였습니다. 이렇듯 가우디에게는 책과 삶이 따로 떨어져 있지 않았습니다.

안토니 가우디, 멋진 성당을 지어보겠다는 소박한 꿈을 안고 시작했지만 그는 우리에게 영원히 잊지 못할 유산들을 남겼습니다. 그가 지은 구엘 저택과 구엘 공원, 카사 밀라 등은 1984년 유네스코 세계문화유산으로 지정되었습니다. 모두 1900년에서 1905년 사이에 지어진 건축물들입니다. 역사가 오래된 건물이 아닌데도 세계문화유산으로 등록된 것은 그만큼 건축사에 획을 그을 만큼 독창적이면서 아름답기 때문이지요. 자로재고 칼로 잘라낸 듯이 네모반듯한 건축물이 들어서던 19세기에, 그는 상상으로

만 그리던 집들을 만들어내어 천재 건축가로 이름을 남겼습니다. 그전까지 가지고 있던 건축에 대한 생각을 180도 바꾸어 놓은 사람으로 평가되고 있답니다. 지금도 스페인 바르셀로나에 가면 그가 설계하고 40여 년 동안 손질했던 성가족 대성당이 우뚝 세워져 있습니다. 그 성당은 지금도 계속 짓고 있다고 합니다.

가우디가 건축가로서 자신의 꿈을 펼칠 수 있었던 비결은 무엇일까요? 그는 꿈을 꾸었고 그 꿈을 이루기 위해 수많은 책들을 읽었습니다. 건축가가 되겠다는 뚜렷한 목적을 가지고 그에 도움이 될 만한 책들은 모두 읽어 치운 것입니다. 어디 책만 읽었을까요? 건축 현장에서 일해가면서 실무도 익히고 학비를 벌었습니다. 이렇듯 삶과 꿈, 책은 분리되는 것이 아니라 서로 아주 긴밀하게 연결되어 있답니다.

그러므로 먼저 꿈을 꾸십시오. 그리고 꿈을 이루려면 책을 읽으세요! 거꾸로 해도 좋습니다. 책을 열심히 읽으세요. 그러면 책 속에서 꿈을 발견하게 될 것입니다. 꿈을 꾸고 책을 읽으면서 기꺼이 삶의 현장에서 경험을 쌓다 보면 어느 새 머릿속에서만 그리던 세계가 현실적으로 이루어지는 때가 올 것입니다. 수도원 성당을 바라보며 '아, 나도 저런 성당을 짓고 싶다!'라는 소박한 상상을 했던 열 살 꼬마 안토니 가우디가 그랬던 것처럼 말입니다.

책을 통해 일하는 의미와 가치를 배운다

수많은 책이 말해주는 사실, 그것은 성공한 사람들은 결코 돈을 많이 벌 수 있다는 이유만으로 직업을 고르지 않았다는 것입니다. 자신이 가장 하고 싶었고, 잘할 수 있다고 생각하는 일에 투신하여 창조성을 발휘했기 때문에 결과적으로 돈과 명예가 따라온 것입니다. 물론 그 출발은 모두 다를 수 있습니다. 어떤 이는 생계 때문에 어쩔 수 없이 일을 하게 되었다가 평생 그 일을 하게 된 사람도 있고, 어떤 이는 우여곡절 끝에 길을 찾은 경우도 있습니다. 길을 찾아가는 여정은 달랐어도 그들은 모두 자기 일에 대해 자부심과 가치를 느꼈습니다.

책은 여러분이 하고 싶은 일, 또는 선택한 일에 대해 가치를 느끼도록 도와줍니다. 똑같은 일을 하고, 똑같은 것을 경험해도 어떻게 생각하느냐에 따라 그 의미가 달라지고, 어떻게 의미를 부여하며 일을 했느냐에 따라 나중에 그 결과는 하늘과 땅만큼이나 달라질 수도 있습니다. 똑같이 의사가 되고 싶어 의대에 진학을 했어도 의사라는 직업에 대해 어떤 의미를 두고 있는가에 따라 공부하는 자세가 달라지고 나중에 의사에 되어서도 환자를 대하는 태도가 달라집니다. 의사로서 자부심을 가지고 늘 배우는 자세로 성실하게 일하다 보니 어느 새 상당한 실력을 갖추게 되고, 수십 년 후에는 자기 분야에서 괄목할 만한 업적을 이루어 수많은 후배들의 귀감이 될 것입니다.

"히틀러를 비롯한 나치당 의원들도 고전을 즐겨 읽었다."

어느 책에선가 이 한 문장을 읽고 순간 머리를 한 대 맞은 거처럼 멍해지면서 충격을 받았던 기억이 납니다. 600만이라는 유태인을 학살한 그들도 고전을 읽고 감상했다니. 도대체 그들은 어떻게 책을 읽었던 것일까요? 책을 읽되, 바르게 읽는 것, 제대로 읽는 것이 중요하다는 것을 새삼 깨닫게 됩니다.

때때로 우리 주변에는 아주 똑똑하고 유능하면서도 얼굴에 즐거움이 없는 사람을 봅니다. 가장 훌륭하다는 것은 남보다 더 잘하는 것을 의미하지 않습니다. 진정으로 훌륭한 것은 가장 자기답게 되는 것이지요. 사람마다 성공의 의미는 다르겠지만 공통점은 있습니다. 바로 자기 자신답게 사는 것입니다. "가장 훌륭한 사람이 될 필요는 없다. 가장 훌륭한 너 자신이 되기만 하면 된다."라는 말이 있습니다. 넘버원이 아니라 온리 원only one이 되어야 합니다.

남이 보기에 번듯해 보인다는 이유 하나로 의사, 회계사, 변호사가 된다면, 항상 경쟁에 시달리거나 더 뛰어나야 한다는 강박관념을 가질 수 있습니다. 반면 자기만의 멋과 개성을 발전시키기 위해, 자기다움을 실현하기 위해서 직업을 찾는 사람은 일은 좀 고되겠지만 즐거움의 에너지가 넘칩니다. 이런 자신감을 가지려면 남과 비교하지 말아야 합니다. 외모에 대한 평가나 편견에도 맞설 수 있어야 합니다. '나는 나야!'라는 정체성을 가져야 할 것입니다. 배짱과 같은 것이지요.

이럴 때 책은 자기답게 사는 길, 자기만의 창조적인 길을 가는 데에 도움을 주는 훌륭한 멘토입니다. 책은 그저 책으로 버려지지 않습니다. 좋은 책은 우리를 내적 성숙의 길로 이끕니다. 책이 우리 마음에 들어오면 변화를 일으킵니다. 그래서 마음이 점점 더 열리고 커집니다.

좋은 것은 자꾸자꾸 해 보아야 습관이 됩니다. 작은 시내가 굽이굽이 흘러가서 강이 되고 강들이 흘러 바다가 됩니다. 도랑이나 작은 시내는 조금만 비가 많이 와도 금세 흘러넘치거나 지류가 바뀌어 버립니다. 하지만 강은 다릅니다. 일단 강이 되고 나면 어지간한 홍수가 아니면 방향을 다르게 틀지 않습니다. 유유히 흐르면서 온갖 더러운 것들을 삼키면서도 생물들에게 생명의 원천을 제공합니다. 책을 읽으면서 사는 것도 이와 같습니다. 한 권 한 권 읽다 보면 어느 새 든든한 강줄기가 되어 있는 자신을 발견할 것입니다. 그때가 되면 삶에서 부딪치는 웬만한 갈등이나 문제들을 헤쳐 나갈 수 있게 되지요. 마치 강물이 그러하듯이.

흥미와 적성에 따라 꿈을 디자인하는
프레디저 진로설계

1판 8쇄 펴낸날 2022년 5월 3일

지은이 지수근 · 임성미
펴낸이 나성원
펴낸곳 나비의활주로

기획편집 유지은

주소 서울시 성북구 아리랑로19길 86, 203-505
전화 070-7643-7272
팩스 02-6499-0595
전자우편 butterflyrun@naver.com
출판등록 제2010-000138호

ISBN 978-89-97234-24-0 13370

※ 이 책은 저작권법에 따라 보호받는 저작물이므로 무단 전제와 무단 복제를 금지하며,
   이 책의 내용을 전부 또는 일부를 이용하려면 반드시 저작권자와
   도서출판 나비의활주로의 서면 동의를 받아야 합니다.
※ 잘못된 책은 바꿔 드립니다.
※ 책값은 뒤표지에 있습니다.